인사행정론

하 상 균

도서출판 대영문화사

머리말

모든 행정의 주체는 사람이고, 인사행정의 주체는 공무원이다. 인사가 만사라는 말이 있듯이 공무원의 자질이나 역할이 무한경쟁시대의 자산이다. 유능한 인재를 확보하고 효율적으로 관리하는 것은 정부활동의 성패를 좌우한다. 즉, 공무원을 효율적으로 활용하고 합리적으로 관리하는 것은 무한경쟁시대의 필수요인이다. 이를 위한 모든 노력과 활동이 인사행정의 주류이다.

대학이나 전문기관에서 인사행정 관련 강의를 한지 십수 년이 지나면서 교재의 집필 필요성을 절감하게 되었다. 기존의 교재들이 지나치게 방대하며 상세하게 서술되어 훌륭한 지침서 역할을 한 것도 사실이다. 하지만, 방대한 내용을 간결하게 구성하여 누구나 쉽게 접근할 수 있는 교재를 개발하자는 취지를 살려 본 교재를 집필하였다. 공무원을 준비하는 수험생이나 대학 교재로서의 역할에 충실하고자 하는 저자의 마음이 녹아 있다.

본 교재에서는 임용, 능력발전, 사기앙양이라는 인사행정의 3대 요소에 초점을 두고 서술되었다. 즉, 유능한 공무원의 선발 및 배치, 변화하는 환경에 효율적으로 대처하기 위한 능력발전방안, 공무원의 충분한 보상과 인정을 통한 사기제고 등에 많은 역점을 두었다. 나아가 인사행정 전반에 관련된 이론과 제도를 소개하고, 현실적 측면을 토대로 분석과 개선

방안에 역점을 두었다.

본 교재는 총 4편으로 간결하게 구성되었다. 제1편에서는 인사행정의 기초, 제2편에서는 인사행정제도, 제3편에서는 인적자원의 효율적 관리, 제4편에서는 근무규율로 구성되어 있다.

제1편에서는 인사행정의 의의에서 인사행정의 개념과 특성, 인사행정과 인사관리의 차이, 인사행정의 이념과 목적을, 인사행정의 체계에서는 내·외적 환경요인을 체계적으로 정리하였다.

제2편에서는 인사행정제도의 유형으로 정실주의와 엽관주의, 그리고 실적주의, 적극적 인사행정과 직업공무원제 및 대표관료제를 다루었으며, 인사행정기관에서는 중앙인사행정기관과 각국의 중앙인사행정기관을, 공직의 분류체계에서는 공직의 분류, 직위분류제와 계급제, 고위공무원단을 중심으로 정리하였다.

제3편에서는 공직임용, 즉 인력계획, 모집, 시험, 임용 등을, 능력발전에서는 교육훈련, 근무성적평정, 다면평가제도, 승진 및 배치전환을, 사기앙양방안에서는 사기, 보수 및 연금을, 인간관계관리에서는 인사상담과 고충처리, 제안제도, 공무원단체 등을 중심으로 정리하였다.

제4편에서는 공무원의 의무와 책임, 즉 공직윤리와 공무원의 행동규범, 공무원의 책임을, 그리고 신분보장 및 부패 등을 정리하였다.

학문적 역량이나 경험의 부족으로 미흡한 부분이 많음을 스스로 인정하지 않을 수 없다. 향후 더욱 증진하여 많은 부분을 보완할 것을 약속드린다.

본 교재가 출간되기까지 원고교정 등에 힘쓰신 장선옥 선생, 물심양면 지원해주신 정재훈 과장과 졸고의 출판을 기꺼이 허락해 주신 임춘환 사장님께도 진심으로 고마움을 표하고 싶다.

2015년 12월
한양서재에서 저자 씀

차 례

제 2 편 인사행정제도

제 4 편 근무규율

제 1 편

인사행정의 기초

제 1 장 인사행정의 의의

제 1 절 인사행정의 개념 및 특성

1 의 의

조직은 인간이 운영, 관리하며 조직활동이 원활하게 이루어지기 위해서는 인적자원의 중요성이 무엇보다도 강조될 수밖에 없다. 인사행정(Public Personnel Administration)은 정부조직에 필요한 인적자원을 채용하고 사기앙양과 능력발전을 통해 효율적인 행정을 구현하려는 것이다. 인사행정의 일반적 산출목표는 인적자원의 효율적 활용, 만족스러운 직장생활의 보장, 공무원의 능력발전의 촉진 등 복합적이고 다양하게 연관되어 있다.

최근 조직에 필요한 사람을 비용적 관점이 아닌 자원 내지 자본으로 이해하고 관리해야 한다는 인식이 확대되고 있으며, 조직의 발전 및 경쟁력 향상에 중요한 역할을 하는 전략적 자본으로 인식하는 경향이 강하다.

인사행정은 정부의 목표를 달성하기 위한 인적자원이 중요하다는 인식에서 비롯되며, 환경과 상호 작용하는 개방체제적 성격을 가진다. 또한, 인사행정은 정부의 목표달성을 위해 직접적인 기능을 하는 것이 아니라, 계선기관의 활동을 지원하는 보좌적 기능을 수행하는 수단적 성격을 아울러 가진다.

2 인사행정의 특성

사회현상이나 성격이 시대에 따라 변화하듯이 인사행정도 상황이나 여건변화에 맞게 달라진다. 전통적 인사행정과 현대적 인사행정은 관점이나 접근방법, 기법과 절차 등에서 상당한 차이를 가진다.

1) 환경과의 상호 작용성

인사행정은 외부환경으로부터 영향을 받기도 하지만 영향을 미치기도 하는 개방체제적 성향을 지닌다(강성철 외, 2014: 23). 즉, 다양한 요구를 수용하고 적절히 대응해야 하며, 동일한 원리나 제도라 할지라도 상황이 달라지면 그 내용이나 효과도 달라진다.

2) 가치 갈등적 성격의 내포

환경으로부터의 요구가 다양하여 서로 상반되는 내용을 포함하기도 하며, 시대상황의 변화에 따라 우선순위나 내용이 달라지기도 한다. 즉, 엽관주의 시대에는 민주성을, 실적주의 시대에는 능률성을, 현대적 인사행정인 적극적 인사행정에서는 형평성을 주요한 가치로 삼는다.

3) 종합 학문적 성격

인사행정에 대한 체계적 연구나 효율적인 관리전략수립은 정치학, 법학, 심리학, 조직행동학, 사회학 등 종합 학문적 관점에서 접근해야 하며, 다양한 분야의 지식이 요구된다.

4) 인적자원관리

정부조직에 필요한 인력을 단순한 통제의 대상으로 보는 것이 아니라, 정부조직의 목표달성을 위한 핵심적인 자산(asset), 즉 인적자원(human resource)으로 인식하며 인적자원의 관리를 조직의 전략적 관리와 연계시킬 것을 강조한다.

제2절 인사행정과 인사관리

1 유사성과 차이성

1) 유사성

기업의 종업원관리인 인사관리와 정부조직의 공무원관리인 인사행정은 목표달성에 필요한 유능한 인재를 채용하여 적재적소에 배치하며, 능력발전을 도모한다는 측면에서는 공통점을 가진다. 즉, 인력계획·채용·인사이동·사기앙양과 능력발전 등 관리기술·절차 면에서 매우 유사하다.

2) 차이성

첫째, 행정의 공익성·평등성·독점성·계속성 등의 요청에 따라 공무원의 임용자격과 시험, 복무, 윤리, 단체활동, 정치활동 등에서 민간기업에 비해 더 많은 제약이 수반된다. 즉, 인사행정은 인사관리에 비해 자율성이 약하다.

둘째, 인사행정은 국민의 요구와 정치적 영향의 정도에서 인사관리와 차이가 크다. 즉, 정부의 역할이나 기능이 광범위하며 전체 국민에게 영향을 미치므로, 정치적 요인이 크게 작용할 수밖에 없다.

셋째, 인사행정의 주요 원칙이나 기준과 절차는 법령으로 정해져 있기 때문에, 민간기업의 인사관리에 비해 재량과 선택의 폭이 좁고 비탄력적이다(박천오 외, 2014: 8). 민간기업도 법령에 적용을 받지만 대부분 개괄적이라 자율성이 높다.

넷째, 인사행정과 인사관리는 추구하는 궁극적 목적에서 차이가 있다. 인사행정은 공익을 목표로 하므로, 효율성 외에 민주성, 형평성 등 다양한 가치를 고려하여 정책적 판단을 해야 하는 경우가 많다.

다섯째, 인사행정은 전체 국민의 봉사자로서 엄격한 공직윤리와 행동규범에 바탕을 두며, 직무자체가 공공성을 강하게 요구하므로, 민간기업보다는 더 높은 윤리 기준이 요구되며 신분보장도 민간부문에 비해서 강하다.

인사행정	타율성, 정치성(비시장성), 법정주의, 신분보장(↑), 공익, 직업윤리(↑)
인사관리	자율성, 경영성(시장성), 비법정주의, 신분보장(↓), 이윤, 직업윤리(↓)

2 인사행정의 3대 요소 및 범주

1) 기능의 변천과정

(1) 통제지향의 임용 및 채용

고전적 조직은 인적자원관리의 규정과 지침을 정하고, 이에 따라 채용 및 임용관리(인력계획·채용·선발·시험·면접·배치·퇴직관리)를 전개하는 통제 중심적인 관리로 객관주의·과학주의·능률주의 인사행정이며, 실적주의와 과학적 관리가 기초가 된다.

(2) 인간 중심의 사기앙양 및 신분보장

신고전적 조직 이후부터는 심리적인 자발성에 호소하는 사기앙양이나 신분보장 등에 의하여 적극적으로 인적자원을 관리하려는 인문주의 인사행정이 활성화되기에 이르렀다. 보수의 현실화, 연금제도의 활성화, 공무원단체의 인정, 제안제도, 인사상담, 직업공무원제에 의한 신분보장, Flex Time제 등이 핵심내용이다.

(3) 인간 중심의 능력발전

1950년대 후반부터 보다 체계적·적극적·효율적인 인적자원관리를 위한 공무원들의 현재적, 또는 잠재적인 능력(지식·기술·가치관 및 태도)을 향상하는 데 주력하면서 교육훈련, 근무성적평정, 승진, 제안제도, 전직과 전보 등이 강조된다.

2) 인사행정의 3대 요소

상술한 바에 의하여 인사행정의 3대 요소(범주나 활동국면)를 시대흐름으로 보면, ① 채용(임용) → ② 사기앙양 및 신분보장 → ③ 능력발전으로 체계화된다.

제3절 인사행정의 이념과 목적

1 인사행정의 이념

행정이념이란 행정이 추구하는 미래의 궁극적 최고 가치로서, 이상적인 미래상, 또는 행정철학, 행정의 지도정신, 더 나아가서는 공무원의 행동지침 및 방향을 의미한다. 인사행정 또한 행정의 하위체제의 하나이기에 지향하는 가치는 행정이 추구하는 이념을 그 본질로 한다. 즉, 합법성, 능률성, 효과성, 효율성, 민주성, 사회적 형평성 등이 있다.

1) 합법성(合法性)

행정이 법에 근거를 두고 법에 의하여 규제됨으로써 행정의 자의적인 활동이 허용되어서는 안된다는 이념으로서, 법치행정의 원리를 강조하던 19세기 입법국가시대의 산물이다. 즉, 인사행정에서의 합법성은 인적자원의 채용, 배치, 훈련, 보상 등 법의 범위 내에서 이루어져야 하며, 인사권자의 자의성이 개입되어서는 안된다.

합법성을 유지함으로써 부정부패를 방지할 수 있으며, 인사행정의 일관성을 유지할 수 있고, 예측 가능성이 증대되는 장점이 있다. 하지만, 경직성과 법규만능주의, 목표전환(형식주의, 동조과잉), 행정편의주의 등은 단점으로 작용한다.

2) 능률성(能率性)

능률이란 최소의 비용과 노력 · 시간으로 최대의 성과 · 산출을 얻는 비율, 즉 투입 대 산출의 비율을 말하는데, 행정의 능률화는 적은 투입으로 산출을 극대화시키는 것을 의미한다. 능률성을 이해하는 데에는 두 가지 관점이 있다.

첫째, 기계적 능률관이다. 정치 · 행정 이원론적인 기술적 행정학에서 강조되었으며, 행정목적의 다원성과 인간성을 무시하고 X이론적 인간관에 입각한 이념으로서 수단의 합리성에만 초점을 둔다. 합리적 · 산술적(算術的) · 대차대조표적 · 타산적 · 기계적 · 객관적 능률성이라고도 한다. 귤릭(L. H. Gulick)은 “능률은 행정의 가치체계에 있어서 첫째의 공리(公理)이며, 기본적 선(善)이다”라고 하였다.

둘째, 사회적 능률관이다. 1930년대 인간관계론 이후 등장한 행정은 기계적 능률관을 추구하는 것뿐만 아니라, 사회목적의 실현과 행정조직 속에서 인간적 가치를 실현하는 것 또한 중시해야 한다는 Y이론적 인간관에 입각하여 인간적 요인을 중시하는 것으로 디목(M. E. Dimock)

이 최초로 사용했다. 능률의 민주적 달성을 의미하는 것으로 봉사적 능률, 인간적 능률, 규범적 능률, 발전적·합목적적 능률, 장기적 능률, 질적·상대적 능률이라고 한다.

3) 효과성(效果性)

효과성이란 행정에 있어서 목표의 달성정도를 의미하며 발전행정론에서 특히 강조하는 행정이념으로서, 우리나라 행정의 경우 1980년대 이전까지 강조되었다. 능률성이 구조적·수단적·개별적·과정적 차원에서의 이념인 데 반해, 효과성은 조직적·목적적·전체적·동태적·기능적 차원에서의 이념이다. 효과성의 측정·평가를 위하여 조직목표가 설정되어야 한다.

4) 효율성(效率性)

효과성과 능률성을 포괄하는 개념으로서 최소의 투입으로 최대의 산출을 기하되(능률성), 그 산출이 원래 설정한 목표 내지 만족기준에 비추어 보아 얼마나 바람직한 효과를 미쳤는가(효과성)를 나타내며, 경우에 따라서는 생산성(productivity)과 유사한 의미로 이해되기도 한다(유민봉·박성민, 2014: 50). 인사행정에서는 한정된 비용으로 유능한 인재를 선발, 교육훈련, 적재적소의 배치 등으로 조직의 목표달성이 가능하도록 함을 의미한다.

공공행정의 경우 생산성을 측정하기 어려운 이유로는 생산성의 판단기준의 다양성, 공공행정의 다목적성(多目的性), 정보와 자료의 부족, 계량화 곤란, 고객과의 다원적 관계 등이 있다.

5) 민주성(民主性)

대외적 측면에서의 민주성은 국민의 의사가 우선하고, 행정이 국민에 대하여 책임을 지며, 국민을 위한 행정을 수행하는 것으로서, 국민이 무엇을 요구하느냐에 따라 그에 적절한 대응을 도모하는 반응성(反應性)·대응성(對應性)을 갖는 행정활동을 말한다. 대내적 측면에서의 민주성은 조직 내의 인간관리에 있어서 인간화·민주화를 지향해야 한다는 의미이다.

인사행정에서 대외적 민주성의 확보방안으로는 행정책임의 강조와 행정통제의 강화, 행정구제제도(이의신청, 소청, 심사청구, 행정상담제도)나 옴브즈맨(ombudsman) 제도 등의 확립, 행정윤리의 확립과 가치의 다원성, 행정참여의 확대(관·민협동체제의 모색) 및 민중통제의 강화, 공개행정 및 투입기능의 확대, 관료제의 대표성, 공·사 교류의 강화 등이다(하상군·장문학, 2009: 114).

인사행정에서 대내적 민주성의 확보방안으로는 조직내부, 또는 상하관계에 있어서 민주적 행정행태의 정립, 합의에 의한 갈등의 해결(위원회, 회의식, 분권제 조직), 특권보다는 지식·기술에 근거한 업무의 체계화, 충분하고 자유로운 의사소통(하의상달, 수평적 커뮤니케이션) 촉진, 직무충실(job enrichment), 직무확대(job enlargement) 등 인간 중심적 직무설계, MBO의 운용 및 분권화, 권한위임 등의 촉진을 통한 관리, Y이론에 따른 인간관리 및 비공식조직의 활성화, 자아실현 욕구의 충족, 바람직한 가치관의 정립을 위한 교육훈련, 헤드십(headship)보다는 리더십(leadership)에 의한 인간관리 등이다.

6) 사회적 형평성(social equity)

사회적 불평등을 제거하기 위해 사회적·정치적·경제적으로 불리한 입장에 있는 계층을 위하여 국가가 특별히 배려해야 한다는 것이 사회적 형평성이다. 즉, 행정이 대외적·대내적으로 모든 면에서 공정하고, 특히 불리한 입장에 있는 계층에 대한 형평을 중시하는 것이다. 공익성, 공평성, 절차의 정당성, 평등성, 혹은 분배적 정의, 경제적 민주성과 유사한 의미로 사용된다(이종수·윤영진 외, 2012: 164).

소극적 형평성의 측면에서 보면 성별·연령·출신지역 등을 따지지 말고, 누구에게나 기회균등이 보장되는 수평적 형평성을 확립해야 한다. 적극적 의미의 형평성은 사회적 가치의 공정한 배분을 말한다. 즉, 채용, 승진, 보수 등에 있어서 차별받기 쉬운 여성·장애인 등 사회적 약자에 대한 배려가 있어야 한다(김렬, 2014: 14).

2 인사행정의 목표

인사행정의 이념이 인적자원관리에 있어 추상적인 방향성을 제시하는 기능을 한다면, 인사행정의 목표는 그 이념을 충실히 수행하기 위한 구체적인 행동지침을 제공한다(유민봉 · 박성민, 2014: 58).

인적자원관리라는 측면에서 인사행정의 목표는 '인적자원의 자산화(asset)'에 있다. 즉, 조직 전체적 차원에서의 생산성 목표와 개인 구성원 차원에서의 만족성 목표가 조화롭게 통합되는 것이 인사행정의 궁극적 목표라 하겠다(최종태, 2008: 57-58).

제 2 장

인사행정의 체계

인사행정은 정부의 목표달성을 위한 행정체계 내에 속한 하위체계로서 외부환경과 상호 작용하는 개방체제적 성격을 띤다. 이처럼 개방체계로서의 인사행정은 외부로부터 다양한 영향을 받으면서 내부적으로 여러 가지 기능을 수행한다. 이러한 점에서 인사행정의 체계는 크게 내적 체계와 외적 체계로 구분할 수 있는데, 내적 체계는 인사행정의 실질적인 내용이 되는 제반기능·과정적 활동을 포함한다. 그리고 외적 체계는 인사행정에 영향을 미치는 외부환경의 총체를 말한다.

제 1 절 인사행정의 내적 체계

인사행정은 정부가 설정한 목표달성을 위해 필요한 인적자원을 효율적으로 관리하는 총체적 활동을 말한다. 인사행정의 내적 체계는 대체로 기능적 차원과 과정적 차원에서 이루어지는 제반활동으로 구성되며, 이는 곧 인사행정의 실질적인 내용으로 볼 수 있다.

1 인사행정의 기능적 활동

1) 인사행정의 기능 구분

인사행정의 기능에 대한 구분은 다양한 시각에서 접근할 수 있다. 즉, 공직사회의 외부에 있던 사람이 공직사회 내부로 진입해 공무원으로서 인사행정과 관련해서 갖게 되는 경험을 중심으로 고찰해 본 것을 말한다. 다시 말하면, 외부의 유능한 공직희망자를 신규채용하여 공무원으로서의 신분을 취득하고, 신임 교육훈련의 과정을 토대로 적재적소에 배치하여 주어진 직무를 수행하면서 근무성적평정을 받고 능력발전을 위한 교육훈련을 받는 과정을 말한다.

이들에게는 공직자에 걸맞는 각종 의무와 책임이 부여되며, 근무에 대한 반대급부로서 금전적 · 비금전적 보상이 이루어진다. 이를 정리하면, 인적자원의 확보, 인적자원의 활용, 인적자원의 개발, 인적자원의 유지, 인적자원의 보상 등과 같은 기능적 활동으로 개념화될 수 있다(김렬, 2014: 25-26).

(1) 인적자원의 확보

이는 정부조직의 목표달성에 필요한 유능한 인적자원을 외부로부터 획득하는 활동으로 외부임용, 혹은 신규채용을 의미한다. 공무원의 신규채용은 공개경쟁채용과 경력경쟁채용(특별채용)의 방법에 의하며, 이는 대체로 모집, 선발, 채용후보자 명부작성 및 등록, 임용추천 및 통고, 시보임용 후 정규임용 등의 절차를 밟는다.

(2) 인적자원의 활용

이는 신규채용된 공무원을 정부조직의 내부에서 다양한 방법으로 활용하는 것을 의미하며 이를 내부임용이라 한다. 여기에는 수직적 인사이동(승진, 강임, 강등)과 수평적 인사이동(전보, 전직, 겸임, 파견, 전입 · 전출, 인사교류 등) 및 휴직, 직위해제, 정직, 면직(퇴직), 해임, 파면, 복직 등의 형태가 있다.

(3) 인적자원의 개발

이는 공무원의 능력이나 실적 등을 평가하여 보완하고 향상시키는 활동을 말한다. 이러한 활동은 공무원을 변화하는 환경에 잘 대응하기 위한 노력의 일환이며, 근무실적이나 성과평가, 교육훈련, 경력개발 등을 포함한다. 즉, 공무원 개개인의 능력이나 실적 등을 공정하고 객관적인 평정을 통해 지식과 기술 등의 확충을 위한 교육훈련을 실시하는 것으로, 장기적인 관점에서 공무원의 경력을 미래지향적으로 발달시키는 경력개발활동이 여기에 포함된다.

(4) 인적자원의 유지

이는 공무원으로 하여금 정부조직 내에서 안정적으로 근무할 수 있는 환경을 조성하여, 그들의 직무수행이 정부의 목표달성에 기여하도록 유도·지원하는 활동을 말한다. 여기에는 공무원의 신분보장과 노동조합의 인정 등과 같이 권익을 보호하는 활동, 공직윤리의 확립을 위한 행동규범의 제도화 및 실천화 노력, 주어진 의무위반에 대한 제재활동 등을 포함한다.

(5) 인적자원의 보상

이는 공무원의 근무에 대한 직접적인 보상으로서 지급되는 보수, 간접적인 보상으로서의 연금, 기타 후생복리 등을 제공하는 활동을 말한다. 여기에는 합리적 보수수준 및 보수제도의 정립, 연금제도의 효율적 운영, 맞춤형 복지제도 등 다양한 후생복리에 관한 사항을 포함한다.

2) 인사행정기능 간의 연계

인적자원의 확보, 활용, 개발, 유지 및 보상으로 분류되는 주요 기능들이 항상 순차적으로 이루어지는 것이 아니라, 상황에 따라 상호 밀접한 연관성을 가진다. 예를 들면, 신규채용된 공무원의 능력수준이 높으면 교육훈련수요가 상대적으로 줄어들 수 있으므로, 인적자원의 확보와 인적자원의 개발은 투입과 산출의 관계에 있다.

또한, 효율적인 교육훈련 등 인적자원의 개발활동으로 공무원의 능력이 향상되어 성과가 높아지면 자연스럽게 보상의 수준도 높아질 수 있다. 이러한 보상수준의 향상은 외부 유능한 인재의 공직진입을 촉진시키고, 인적자원의 활용 및 유지에도 긍정적으로 작용하게 된다.

따라서 인사행정의 기능적 차원을 구성하는 제반활동들은 상호 순환적으로 연관되어 있으며, 유기적이고 동태적인 과정을 통하여 정부조직 내의 인적자원을 종합적으로 관리하는 토대가 된다.

2 인사행정의 과정적 활동

조직이 정한 목표를 효과적으로 수행하기 위해서는 계획하고, 조직화하고, 지휘하고, 조정하고, 평가해야 한다. 인사행정에서도 인적자원의 확보, 활용, 개발, 유지 및 보상 등을 효과적으로 수행하기 위해서는 이들 제반기능들을 계획하고, 집행하며, 평가·환류하는 체계적인 접근이 필요하다.

1) 인사행정의 계획

이는 인사행정의 기본방침을 결정하고 그에 따라 인사행정을 합리적으로 수행하기 위한 계획을 수립하는 활동으로 유능한 인재의 확보, 활용, 개발, 유지 및 보상 등에 모두 관련된다. 예를 들면, 유능한 인재의 모집 등과 같은 공무원의 확보계획, 공무원을 적절히 배치·활용하기 위한 활용계획, 공무원에 대한 근무성적평정 및 교육훈련 등을 실시하기 위한 개발계획, 공무원의 신분보장 등 권익보호 및 책임이행을 위한 방안 마련 등의 유지계획, 공무원의 보수와 연금 등을 포함한 각종 보상체계의 구축 및 활용계획 수립 등을 총체적으로 포함한다.

2) 인사행정의 집행

이는 수립된 인적자원관리계획을 구체적으로 실천에 옮기는 과정으로 유능한 인재의 확보, 활용, 개발, 유지, 보상 등 전반에 관련되어 있다. 예를 들면, 신규채용을 통한 유능한 인재의 확보기능의 수행, 각종 내부임용에 의한 활용기능의 실천, 근무성적평정 및 교육훈련 실시 등을 통한 개발기능의 실행, 신분보장 및 의무·책임의 확보 등과 같은 유지기능의 이행, 각종 보상제도의 운영 등을 포함한다.

3) 인사행정의 평가

이는 인적자원계획의 실행결과를 토대로 계획된 것과 비교하여 그 차이를 발견하고 이를 통한 시정조치, 즉 환류하는 것을 말한다. 이러한 평가활동은 공무원의 확보, 활용, 개발, 유지, 보상 등 인사행정의 각 기능에서 이루어진 모든 실행활동에 대한 분석 및 그 결과의 환류까지를 포괄한다.

제2절 인사행정의 외적 체계

인사행정의 외적 체계는 인사행정의 내적 체계를 제외한 인사행정에 영향을 미치는 전반적인 외부환경을 말한다. 인사행정은 내부규범, 절차 및 규정도 중요하지만, 외부환경인 정치, 경제, 사회, 문화, 민간부문 등 다양한 환경적 요소로부터 상당한 영향을 받는다. 이러한 외부환경의 변화나 요구를 인사행정의 내적 체계에 투입되어 각종 제도의 개선이나 인적자원관리의 제반활동에 적절하게 대응하여야 한다.

1 법적 환경

국가의 각종 법규는 인사행정에 직접적인 영향을 미친다. 모든 행정행위 및 행정과정이 법률에 근거하거나 법률에 적합해야 한다는 법치행정의 원리를 기초로 이루어진다. 행정의 법률적합성은 인사행정에서도 동일하게 적용되며, 인사행정에 영향을 미치는 법적 환경은 법 체계에 따라 헌법, 법률, 명령, 규칙 및 자치법규 등으로 구분할 수 있다.

1) 헌 법

대한민국 「헌법」은 국가의 근간이 되는 최고 기본법으로 기본권 보장과 통치구조에 관한 내용을 규정하고 있다. 특히, 인사행정의 일반과 관련되는 주요 헌법조항을 살펴보면, 제1장 제7조(공무원 지위), 제2장 제11조(평등권), 제25조(공무담임권), 제29조(배상 및 책임), 제32조(근로의 권리), 제33조(노동기본권), 제3장(국회의원의 선출, 임기, 겸직 제한, 의무, 징계 및 제명 등), 제4장(대통령의 선출, 선서, 임기, 공무원임면권, 영전수여권, 겸직 제한, 국무총리·국무위원·행정 각부의 장·감사원장·감사위원에 대한 임명 등), 제5장(대법원장·대법관·법관의 임명, 임기 및 신분보장 등), 제6장(헌법재판소의 장·재판관의 임기 및 신분보장 등), 제7장(중앙선거관리위원회 위원의 임명, 임기 및 신분보장 등)이다.

2) 법 률

인사행정에 적용되는 법률은 매우 다양하지만 기본적인 사항을 규정하고 있는 일반 법률은 「국가공무원법」이다. 「국가공무원법」은 1949년 제정된 이래 수차례의 개정을 거쳐 현재에 이르고 있으며, 이는 "인사행정의 공정을 기하고 공무원으로 하여금 국민 전체의 봉사자로서 행정의 민주성과 능률성을 발휘케 함"을 목적으로 하고 있다(법 제1

조). 이러한 목적 하에 실적주의와 직업공무원제도를 인사행정의 기본제도로 삼고, 공직분류, 공무원구분, 인사기관, 임용과 시험, 보수, 능률, 복무, 신분보장 징계 등에 관한 사항을 정하고 있다.

또한, 인사행정의 각 기능적 활동에 관한 법률로서 「공무원교육훈련법」, 「공무원연금법」, 「공무원노동조합의 설립 및 운영에 관한 법률」, 「공직자윤리법」 등이 있다. 특히, 민간기업의 근로자와 동일한 지위에서 공무원에게 적용되는 법률도 있는데, 여기에는 「남녀고용평등과 일·가정 양립 지원에 관한 법률」, 「근로기준법」, 「장애인고용촉진 및 직업재활법」, 「노동조합 및 노동관계조정법」 등을 들 수 있다.

3) 명령, 자치법규

법률로써 모든 사항을 규정하지 못하는 경우에 법규명령, 고시·훈령·지시·예규, 자치법규 등을 통해 필요한 사항이 정해진다. 이러한 법규들은 국회의 의결을 거쳐야 하는 법률보다 인사행정의 상황 변화에 유연하고 적시에 구체적인 대응을 가능하게 한다.

행정부 소속 공무원에 대한 인사행정 관련 법률에서 위임된 사항이나 그 집행에 필요한 사항은 대통령령, 총리령 및 부령의 형식으로 정해진다. 그 대표적인 예로서 「공무원임용령」, 「공무원임용시험령」, 「공무원보수규정」, 「공무원 성과평가 등에 관한 규정」, 「공무원 징계령」, 「고위공무원단 인사규정」, 「국가공무원 복무규정」, 「소청절차규정」 등이 있다.

한편, 각 직종별 관련 법령은 매우 다양한데, 「경찰공무원임용령」, 「경찰공무원 승진임용 규정」, 「경찰공무원 징계령」, 「소방공무원임용령」, 「소방공무원 승진임용 규정」, 「소방공무원 징계령」, 「교육공무원임용령」, 「교육공무원 승진규정」, 「교육공무원 징계령」, 「외무공무원임용령」, 「군인 징계령」 등이 대표적이다.

지방자치단체는 「지방자치법」 제22조·제23조에 의하여 법령의 범위 안에서 조례와 규칙을 정할 수 있다. 대표적인 예로서 정원조례, 복무조례, 여비 및 수당조례, 인사규칙, 인사위원회 운영규칙, 징계양정에 관한 규칙 등이 있다.

2 정치 · 경제적 환경

인사행정에 영향을 미치는 정치적 환경은 행정수반, 국회 및 지방의회, 사법부, 정당, 대중매체, 국민, 시민단체 등 다양하다. 이들은 인적자원의 확보, 활용, 개발, 유지, 보상 등의 측면에서 직·간접적, 혹은 공식적·비공식적 영향을 미친다. 예를 들면, 대통령은 공무원의 임면권을 통해 인사행정에 직접 관여하며, 정책결정의 최고책임자로서 인사조직, 공무원 정원, 보수 등 복리후생 등 모든 인사정책에 가장 결정적인 역할을 수행한다.

국회는 인사행정의 기능이나 활동에 대한 제반법률의 제·개정뿐만 아니라, 국무총리 등 공무원의 임명동의 및 국정조사·감사 등을 통해 인사행정에 공식적인 영향을 미친다. 한편, 대중매체나 국민, 시민단체 등은 공직사회에 대한 감시자 역할을 수행함으로써 인사행정에 영향을 미친다.

인사행정에 영향을 미치는 외부환경으로서 경제적 환경은 정부재정의 영향을 크게 받기 때문에 특히 중요하다. 인적자원의 확보에 있어서 경제적 환경은 유능한 공무원의 충원에 결정적인 영향을 미치는데, 경제성장의 지속으로 민간부문이 활성화되면, 민간부문과의 인력유치 경쟁에서 정부는 보다 적극적인 인사행정을 강구하게 될 것이다(박천오 외, 2014: 18).

인적자원의 개발에 있어서 경제적 환경은 교육훈련프로그램의 양(量)과 질(質)에 영향을 준다. 경제상황이 좋지 않아 재정여건이 충분하지 못하면 교육훈련의 축소를 검토하게 되며, 경기가 호전되어 재정여건이 좋아지면 교육훈련의 확대 실시가 가능하게 된다. 또한, 재정상황이 충분하면 보수 인상 및 후생복지 확대 등 인적자원의 보상 측면에서도 긍정적인 조치가 취해질 수 있다.

3 사회 · 문화적 환경

사회를 구성하는 사람들의 태도와 행동에 영향을 미치는 인구구조, 문화, 가치관, 생활양식, 전통이나 관습 등을 사회 · 문화적 환경이라 한다. 사회 · 문화적 환경은 공무원의 임용방식에 상당한 변화와 영향을 준다.

최근 여성 · 장애인 등 사회적 약자의 실질적 기회균등을 중시하는 사회분위기는 다양성과 형평성에 기반을 둔 인사정책의 추진을 불가피하게 한다. 또한, 인적자원의 개발과 관련된 각종 평정제도가 합리적이고 객관적으로 수립되어 있더라도, 사회 · 문화적 환경이 그렇지 못하다면 소기의 목적을 달성할 수 없게 된다.

전통이나 관습 등과 같은 사회 · 문화적 요인도 공무원의 동기부여와 직무수행 등 인적자원의 활용에 중요한 영향을 미칠 수 있다. 특히, 우리나라와 같이 유교적 신분문화의 전통이 뿌리 깊은 나라는 개인의 자격이나 능력을 중시하는 실적주의의 원리와 충돌할 수 있다.

또한, 권위주의 문화는 상 · 하위직 간의 협조적 업무수행보다는 계급제적 관리체계를 선호하여 계층 간 단절을 초래하고, 오랜 농경문화의 폐쇄성은 공직의 개방화와 직위분류제 정착에 곤란을 초래하기도 한다. 더욱이 공직에 대한 국민의 인식과 사회의 가치관이 인적자원의 양적 · 질적 수준에 지대한 영향을 미친다.

예를 들면, 국민의 의식수준이 높아질수록 공무원의 가치관과 행동에 대한 변화 요구가 높아져 공무원의 책임은 보다 강화될 수 있다. 인적자원의 보상 측면에서도 경쟁을 중시하는 사회분위기가 확산될수록 성과급, 실적급, 능력급, 연봉제 등의 도입이 더욱 확대될 가능성이 있다.

과학기술의 발전도 인사행정에 영향을 미친다. 첨단기술의 도입은 직무수행에 요구되는 인적자원의 성격과 그 관리방식에 상당한 변화를 야기한다. 즉, 새로운 기술이 요구되면 이에 맞는 직무구조의 변화가 불가피하며 직무수행요건에도 변화가 요구되는데, 이는 개방형 임용제의 활용이라는 새로운 변화를 필요로 한다. 또한, 기술변화는 공무원에게 새로운 교육훈련의 필요성을 유발하며, 기존 직무에 기초한 경력개발을 새로운 차원에서 재검토하는 과제를 부여한다.

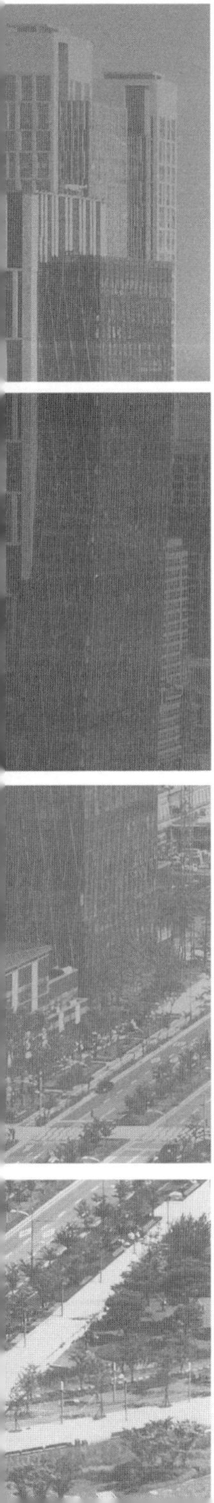

제 2 편

인사행정제도

제3장 인사행정제도의 유형

제1절 정실주의와 엽관주의

1 정실주의의 의의

1) 개 념

정실주의(Patronage System)란 정치적 정실(정당관계), 혈연, 지연, 학연, 개인적 친분 등 실적 이외의 요인을 고려하여 관직임용을 행하는 제도를 의미한다. 이는 절대군주시대에 국왕이나 귀족들이 자신의 측근을 관직에 등용하는 데서 유래되었다.

2) 연 혁

정실주의는 영국에서 발달되기 시작한 제도로서 1688년 명예혁명 이후부터 1714년 하노버 왕조에 이르면서 군주의 절대 권력에 맞선 의회·정당제도와 함께 성립·발달되었다.

관료는 군주의 개인적 심복으로서의 의미인 은혜적 정실주의에서

명예혁명 이후 의회·정당의 사용인으로서의 의미인 정치적 정실주의에로 변화하였다. 현대의 정실주의는 우리나라를 비롯한 많은 국가들은 고급 관료들의 대부분을 명문 대학 출신이라는 학연에 따른 임용을 정실주의(하태권, 2009: 107)로 이해하며, 군(軍)이나 교회 등과 같은 특수집단의 구성원으로서 자격이나 지위가 정실주의적 요소로 작용하기도 한다(강성철 외, 2014: 52).

3) 우리나라의 정실주의

우리나라의 경우 정실주의의 대표적인 예는 과거 고려·조선시대의 음서(蔭敍)제도에서 찾을 수 있다. 그러나 대한민국 정부수립 이후 지금까지 정실주의에 의한 인사제도가 공식적으로 인정된 경우는 없으며, 단지 비공식적이고 음성적인 측면에서 정실주의가 존재하여 왔다고 할 수 있다.

특히, 자유당 정권시절에는 공식적인 인사제도인 실적주의가 무색할 정도로 정실주의가 만연하였으며, 최근에도 군(軍)이나 교회 등과 같은 특수집단, 학연, 지연, 혈연 등에 따른 정실인사가 문제시되고 있다는 점에서 영국의 은혜적 정실주의와 유사한 측면이 없지 않다(김렬, 2014: 35).

2 엽관주의의 의의

1) 개 념

엽관주의(獵官主義; Spoils System)란 정치적 충성심(정당에 대한 충성도)에 의하여 관직임용을 행하는 제도[1]로서, 인사권자의 지도력 강화에 기여한다.

엽관주의·정실주의는 오늘날 동일한 뜻으로 통용되고 있으나, 정

1) 마시(W. L. Marcy)는 “전리품은 승리자에게 속한다(To the victor belong the spoils)”라고 하였다.

실주의는 정치적 요인(정당관계)을 중요시하는 엽관주의보다 넓은 개념으로 인식된다.

현재 우리나라의 경우 정권교체 시 강력한 정책추진력의 확보와 지방자치 실시 후 민선단체장의 정책지향과 추진력 확보를 위해 그 필요성이 증가되고 있다. 즉, 정책에 큰 변동이 있을 때에는 평상시보다 엽관주의에 의한 인사가 더 요구될 수 있다.

2) 연 혁

미국에서 발달되기 시작한 엽관주의는 제3대 제퍼슨(T. Jefferson) 대통령 시절부터 부분적으로 행한 바 있다.[2] 1820년 제5대 대통령 제임스 먼로(James Monroe) 시대에 '임기 4년 법'이 법제화[3]되었고, 1829년 제7대 앤드류 잭슨(Andrew Jackson) 대통령이 연두교서에서 처음으로 공직에의 문호를 개방할 것을 주장함으로써, 공무원제도에서 처음으로 엽관주의를 민주주의의 실천적인 정치원리로 채택하였다.[4]

구 분	엽관주의(Spoils System)	실적주의(Merit System)
임용기준	정치적 충성심	개개인의 능력, 자격, 적성, 시험
주요 내용	• 대통령선거 • 정권교체 • 공직경질제	• 시험 • 정치적 중립성 • 신분보장
주요 장점	• 공직의 특권화 배제 • 행정의 민주성 · 대응성	• 공직임용의 기회균등 • 행정의 능률성

2) 초대 대통령인 워싱턴(G. Washington)이 집권 후반기에 자신과 같은 정치적 신념을 가진 연방주의자들로 정부를 구성하자, 분리주의자인 제3대 대통령인 제퍼슨(T. Jefferson)이 연방주의자들이 독점하던 연방정부에 자기 세력을 끌어들이기 위해 대통령 임명직의 25%를 경질하면서부터 정당에 대한 기여도를 공직임명의 기준으로 하는 엽관주의가 태동하기 시작하였다.

3) 먼로 대통령 시기에 '임기 4년 법(Four Year's Law)'이 제정되어 많은 연방관리들의 임기가 대통령과 같이 4년이 되었다. 이는 정당의 교체에 따른 관직의 대량 경질원칙을 제도화한 것으로 집권정당에 대한 공헌도가 관직임명의 기준이 되는 엽관주의 확립의 계기가 된다.

4) 잭슨은 의회에 보낸 연두교서에서 "모든 공직자의 직무는 이해력이 있는 사람이면 쉽게 수행할 수 있는 간단하고 명백한 성격의 것이다. 공직에 오래 종사함으로써 얻는 경험은 득보다는 실이 더 많다"라고 주장하고, 관직을 특정집단이 항구적으로 독점해서는 안되며 모든 국민에게 개방할 것을 선언하였다.

3 엽관주의의 성립요인

1) 민주정치의 발전 · 민주주의의 요청

1830년대 서부개척시대 시민계급의 탄생으로 민주정치의 발전에 따른 평등적 사조는 공직을 새로운 대중에게 개방하는 것이 행정을 민주화하는 것이라는 인식을 보편화하였다.

2) 정당정치의 발달

미국 특유의 선거제도와 양대 정당이 운영되었던 점 등이 엽관주의의 발달을 촉진시키는 근본 계기가 되었다. 현대 민주정치는 정당정치에 기반하고 있으며, 정당의 지도자들은 정당의 유지와 선거, 정당원의 통솔 등을 위해서 정당에의 충성도를 공직임명의 기준으로 활용하는 엽관주의가 필요하게 된 것이다.

3) 행정사무의 단순성

당시의 행정은 법 질서의 유지에 국한된 단순한 것으로서 전문적인 지식·훈련을 필요로 하지 않았다. 즉, 입법국가시대의 행정의 단순성 때문에 엽관주의가 가능하게 되었다.

4 엽관주의의 장점과 폐해

1) 엽관주의의 장점

첫째, 정당이념의 실현에 철저한 도움이 된다. 즉, 집권정당과 관료간 동질성을 확보할 수 있으며, 행정부와 의회와의 긴밀한 협조로 강력한 정책추진이 가능하다.

둘째, 국민다수의 지지를 받은 정당의 당원이 관직에 임명됨으로써, 민주통제의 강화 및 행정의 민주화·정부관료제의 민주화에 기여한다. 즉, 행정의 대응성을 제고한다.

셋째, 대폭적인 공직의 경질을 통하여 관료사회에 신진대사를 촉진하고, 관료의 특권화·침체화·관료주의화를 방지할 수 있다.

넷째, 모든 사람에게 공직이 개방되어 관직의 특권화를 배제함으로써 평등의 이념에 부합된다.

2) 엽관주의의 폐해

첫째, 자격이나 경험을 갖춘 유능한 인물이 배제되고 인사행정이 정실화됨으로써 행정능률이 저하되었다. 또한, 정권이 바뀔 때마다 공무원이 교체됨으로써 행정의 계속성·안정성·지속성이 위협을 받게 되었으며, 행정의 능률성과 전문성이 향상될 수 없었다.

둘째, 관료의 정당 사병화로 말미암아 행정의 정치적 중립성, 관료의 대표성·책임성의 확보가 어렵게 되었다.

셋째, 정권변동에 따른 공무원의 빈번한 교체와 불확실한 신분보장으로 행정의 안정성·계속성·중립성이 저해되고, 전문성·기술성의 확보·유지가 곤란하였다.

넷째, 정당에 충성한 자에게 위인설관(爲人設官)식의 불필요한 관직의 남설로 인해 예산의 낭비를 초래하였다.

다섯째, 정치와 행정의 밀착·결탁으로 정치·행정의 부패와 행정기강의 해이를 초래하였다.

5 우리나라의 엽관주의

우리나라는 정부 수립과 더불어 법제상 실적주의에 의한 인사원칙이 수립·시행되었으나, 실제로는 엽관주의가 광범위하게 존재하여 왔다. 장·차관 등 고위공무원이나 특별한 신임을 요하는 직위 등에 대한 엽관주의적 임용이 허용되고 있는 것이 현실이다.

우리나라의 엽관주의와 정당정치가 발달한 미국의 엽관주의의 특징을 비교하면 다음과 같다(김렬, 2014: 41-42).

첫째, 목적이나 동기적 측면을 보면, 미국의 엽관주의는 국민의 지지를 얻은 정당에 의한 민주정치의 구현이라는 분명한 명분이 있었다. 하지만, 우리나라는 국민의 지지를 잃은 정당이 영구집권을 위한 도구로 활용하였다.

둘째, 국민의 지지라는 측면에서 보면, 엽관주의를 도입한 당시 미국은 국민들로부터 강한 지지가 있었다. 하지만, 우리나라는 국민들이 엽관주의에 대한 지지는 거의 없었지만, 집권세력이 엽관주의적 인사를 당연시할 수 있다는 잘못된 의식이 만연해 있었다.

셋째, 공식적 채택 여부라는 측면에서 보면, 미국은 잭슨(A. Jackson) 대통령 당시 엽관주의를 공식적인 인사제도로 널리 채택되었다. 하지만, 우리나라는 건국 이후 「국가공무원법」에서 공식적으로는 실적주의를 채택하였지만, 실제적으로는 엽관주의적 인사를 단행하였다.

넷째, 인사행정의 형태적 측면에서 보면, 미국은 정권교체에 따라 공무원의 대폭적인 경질이 일시에 이루어졌다. 하지만, 우리나라는 주로 결원보충 및 승진 · 전보 · 전직 등에 있어서 부분적으로 엽관주의가 채택되었기에, 공무원의 대량 교체나 정당정치 발달과 무관하다는 점이다. 따라서 우리나라는 미국의 엽관주의보다는 영국의 정치적 정실주의와 유사한 측면이 있다.

제2절 실적주의

1 의 의

1) 개 념

실적주의(Merit System)란 인사행정의 기준을 당파성이나 정실·혈연·학벌·지연 등이 아닌 개인의 능력·자격·실적에 두는 제도를 의미한다. 따라서 각 개인이 가지고 있는 능력에는 차이가 있음을 인정하는 인간의 상대적 평등주의를 신봉한다. 실적주의는 행정이 복잡화·전문화되는 등 정치적·사회적 환경이 변화하고 엽관주의의 폐해가 극심해짐에 따라 엽관주의에 대한 비판운동에서 출발하였다.

2) 특 징

실적주의는 엽관주의의 폐해를 방지하고자 하는 소극적 성격에서 비롯된 것이나, 오늘날에 이르러 유능한 인재의 영입이라는 적극적 성격으로 변모되었으며, 직업공무원제도를 확립하기 위한 기반이 된다.

2 실적주의의 성립요인

1) 엽관주의의 폐해와 정당정치의 부패

엽관주의의 단점인 무능력자의 임용으로 인한 공직의 질적 저하, 공무원의 정치적 중립성 확보 곤란, 불필요한 공직 증설로 인한 예산낭비, 정권교체 시 공직의 대량경질로 인한 행정의 안정성·계속성·일관성 부족 등으로 새로운 제도의 필요성이 요구되었다. 또한, 정당의 본질적 이념에서 벗어나 집권당의 이익만을 대변하여 국민대표성이 저하되었다.

2) 행정국가의 대두

본격적인 자본주의의 발전과 산업화의 급속한 진전으로 경제 · 사회적 여건이 변화되면서, 정부역할의 확대에 대한 국민적 요구가 증가하였다. 사회가 복잡 · 다양화됨에 따라 행정기능의 전문성이 요청되었으며, 전문지식과 능력을 갖춘 유능한 인재의 필요성이 한층 강화되었다.

3) 시민의 정치의식 수준의 향상과 행정능률화의 요청

정당정치의 부패로 인한 비능률과 낭비를 초래함에 따라 효율적인 예산운영이 필요하였으며, 행정개혁 및 행정조사운동이 활발하게 전개되면서 실적주의의 필요성이 더욱 강조되었다.

4) 가필드(J. A. Garfield) 대통령의 암살사건

1881년 9월 제20대 가필드 대통령이 공직배분에 불만을 품은 귀토(C. J. Guiteu)에 의하여 취임 4개월 만에 암살되었다. 이 사건을 계기로 엽관주의에 대한 비판이 확산되고 실적주의에 대한 국민적 여론이 확산되었으며, 초당파적으로 공무원인사제도의 개혁을 요구하였다.

5) 1882년 공화당의 중간선거 패배

링컨(A. Lincoln) 이래 20여 년 간에 걸쳐 정권을 장악하여 오던 공화당은 중간선거 패배 이후 1884년에 있을 대통령선거에서 승리할 자신을 상실하게 되자, 공무원제도 개혁에 반대를 표명하던 종래의 태도를 바꾸어 개혁에 적극적으로 협력하게 된 것이다.

3 실적주의의 연혁

1) 영 국

정실주의의 극복 및 공무원제도 개혁운동이 1853년 노스코트(S. H. Northcote)와 트레벨리언(C. E. Trevelyan) 보고서를 계기로 본격화되기 시작한다. '노스코트와 트레벨리언 보고서(1853)'는 공개경쟁 채용시험을 통해 공무원을 채용할 것과 시험을 관장할 독립적인 중앙인사위원회를 설치하고, 시험을 정기적으로 실시하며 합격자에게 시보기간을 설정할 것을 등을 건의하였다.

공무원제도 개혁운동은 결국 1855년의 1차 추밀원령을 거쳐 1870년의 2차 추밀원령으로 결실을 보게 된다. 이리하여 영국의 실적주의는 1870년부터 출발하게 된다.[5] 추밀원령의 주요 내용으로는 독립인사위원회의 설치(1차), 공개경쟁시험(2차), 계급의 세분류(2차), 재무성의 인사권 강화(2차) 등을 들 수 있다.

실적주의가 공식적인 인사원리로 채택된 이후 공무원인사제도에 결정적 영향을 미친 것은 1968년 '풀턴(Fulton) 보고서'이다. 주요 내용으로는 재무성 소관에서 수상 직속의 인사성으로 인사관리의 통합 수행, 공무원대학의 설립, 경력관리의 확대, 민간부문과의 인사 교류 등이다.

2) 미 국

1860년대 이후부터 공무원제도 개혁이 주창되기 시작하였다. 미국의 공무원제도 개혁운동은 1883년 연방공무원(인사)법인 「팬들턴법」의 제정으로 결실을 보게 된다. 미국의 실적주의는 이리하여 1883년부터 시작된다.

---

5) 영국의 정치체제는 1688년 명예혁명 이전까지는 군주에 의한 왕정체제였지만, 왕은 자신의 직속기구로 추밀원(Privy Council)이라는 자문위원회제도를 두고, 국정운영에서 이 위원회의 소속 위원들로 하여금 자문토록 하였다.

「팬들턴법(Pendleton Act)」의 주요 내용으로는 초당적·독립적 중앙인사위원회의 설치, 공개경쟁시험에 의한 임용, 시보(試補)제도, 제대군인에 대한 특혜의 인정, 정치활동·정치헌금의 금지, 인사위원회는 개선 건의안을 대통령을 통하여 의회에 제출할 것 등이다.

4 실적주의의 주요 내용

1) 능력 · 자격주의

공무원의 임용 등의 인사관리는 능력·자격·실적을 기준으로 하며 정실이나 당파성은 배제된다.

2) 공직임용상의 기회균등과 공개경쟁시험

공직은 모든 국민에게 개방되며 성별·종교·사회신분·출신지역·학벌 등에 의한 차별을 받지 않는다. 이러한 의미에서 공개경쟁시험은 필수적이다.

3) 정치적 중립

공무원은 어떤 정당이 집권하든지 당파성을 떠나 전문적 지식·경험에 의하여 공평하게 봉사하고, 특수이익이 아닌 일반이익(공익)을 추구해야 한다.

4) 공무원의 신분보장

공무원은 법령에 저촉되지 않는 한 부당한 정치적 영향력 등으로 인한 신분의 위협을 받지 않아야 한다.

5 실적주의의 장·단점

1) 실적주의의 장점

첫째, 시험제도를 통하여 무자격자나 정치적 부정행위자를 배제함으로써, 엽관주의의 폐해를 극복하고 행정의 능률성 제고에 기여하였다.

둘째, 공직임용의 기회를 균등히 보장해줌으로써, 진정한 민주주의적 평등이념의 실현에 기여하게 된다.

셋째, 유능한 인재의 충원을 가능케 하여 공무원의 질적 수준을 향상시켜 주었다.

넷째, 공무원의 신분보장을 통하여 행정의 계속성·안정성을 확보할 수 있고, 나아가서는 행정의 전문화를 촉진시키게 되며 직업공무원제의 발전에 기여할 수 있다.

다섯째, 공무원의 정치적 중립성이 확립됨으로써, 행정관료가 공익의 대변자로서의 역할을 수행할 수 있다.

2) 실적주의의 단점

첫째, 인사행정에 대한 정치적 간섭을 배제하고, 정권교체에 의한 영향을 받지 않도록 하기 위하여 공무원의 신분을 보장하는 데만 중점을 두는 소극적 성격을 가졌으며, 인사행정의 집권화를 초래하였다.

둘째, 행정책임자가 적재적소의 인사배치를 통하여 업무를 효율적으로 처리하여야 하는 행정관리적 측면이 등한시되었다.

셋째, 공무원의 지나친 보호주의는 결국 관료주의·관료의 특권화 및 보수화를 초래할 우려가 있으며 민주통제를 어렵게 한다.

넷째, 엽관주의·정실주의의 폐해 배제에만 급급하여 지나치게 인사관리의 과학성·기술성을 강조하였다. 이에 따라 법규·절차·기준에 대한 위반 여부만을 따지게 됨으로써, 목적보다 수단에 치중하는 지나친 형식화·경직화를 초래하였으며, 아울러 비융통성·비인간성을 가지게 되었다. 아울러, 객관적·과학적 측정방법을 강조하나 실제로 공직후보자의 능력을 정확하게 측정하는 데 한계가 있다.

다섯째, 정치적 중립성을 정책에 대한 중립성으로 잘못 인식시킴으로써, 정당이념 및 정책의 효과적인 집행에 곤란을 초래하였다. 또한, 인사행정은 정치적 환경 속에서 이루어지는 것인데, 그 정치적 성격과 가치지향성을 충분히 인식하지 못하였다.

여섯째, 실적제는 시험을 강조함으로써 일부 계층, 또는 집단에 대하여 불리한 제도로 작용하여 형평성을 저해할 우려가 있다. 이는 향후 대표관료제의 등장원인으로 작용한다.

6 우리나라의 실적주의적 요소

대한민국 정부수립 이후 우리나라는 실적주의를 공식적인 인사제도로 채택해 오고 있으며, 「헌법」과 관련 법률에 명시하고 있다. 경력직공무원은 실적과 자격에 의해 임용(「국가공무원법」 제2조)되며, 임용은 시험성적 · 근무성적, 그 밖의 능력을 검증하여 따르도록 하는 원칙을 명시하고 있다(「국가공무원법」 제26조). 우리나라의 실적주의 4대 구성요소는 다음과 같다.

① 공직에의 기회균등(「헌법」 제11조 · 제25조, 「국가공무원법」 제28조 · 제35조)
② 정치적 중립성(「헌법」 제7조, 「국가공무원법」 제65조)
③ 신분보장(「헌법」 제7조, 「국가공무원법」 제68조)
④ 성적 · 능력주의(「국가공무원법」 제2조 · 제26조 · 제40조 · 제50조 · 제51조 등)

제3절 적극적 인사행정

1 의 의

1) 개 념

적극적 인사행정이란 종래의 반엽관적 실적주의의 한계를 극복함으로써, 적극적으로 실적주의를 조장·확대하며 더 나아가서는 엽관주의의 장점을 가미하고자 하는 인사행정제도를 의미한다. 즉, 엽관주의와 실적주의의 상호 조화가 요구된다. 상위직의 경우는 집권자와 정치적 이념을 공유하는 것이 정책의 추진에 유리하기 때문에 엽관주의가 바람직하며, 단순근로직 등의 하위직이나 특별한 신임을 필요로 하는 직위 등은 그 업무의 성격상 공개경쟁이 어렵거나 불필요하여 엽관주의나 정실주의가 적합한 경우가 있기 때문이다.

반면, 절대다수를 점하는 직업공무원들은 실적에 의해 임용하는 것이 행정의 능률성과 공정성, 안정성, 계속성 확보에 유리할 것이다. 따라서 오늘날 대부분의 국가에서는 엽관주의와 실적주의의 양 제도를 적절하게 혼합하여 운용하고 있다.

실적주의 + 엽관주의 = 적극적 인사행정

2) 인사행정관의 조화

인사행정관은 엽관주의·정실주의로부터 반엽관주의(소극적 실적주의)에서 능률주의로, 능률주의에서 인간관계 중심주의로 중점이 변동되면서 실적주의의 확대·보완에 기여해 왔다. 여러 인사행정관은 배타적·대립적인 것이 아니라 종합적·상호 보완적으로 파악되어져야 할 것이며, 상황에의 적응성을 가지면서 균형 있게 조화되어야 할 것이다. 이러한 조화의 노력이 곧 적극적 인사행정으로 표출되고 있는 것이다.

2 적극적 인사행정의 내용

1) 적극적 모집

공직의 사회적 평가를 향상시켜 적극적으로 유능한 인재를 공직에 확보하고자 한다. 이를 위해 수험절차의 간소화, 수험의 주기적 실시, 수험공고의 개선 등이 필요하다.

2) 재직자의 능력발전

교육훈련・근무성적평정제도・승진・전직・전보제도 등을 합리적으로 운영한다.

3) 인간관계의 개선

인사상담제도・제안제도・고충처리제도 등의 운영, 공무원단체의 인정, 하의상달적 의사전달의 촉진, 민주적 리더십 등을 중시하여 행정의 인간화를 기한다.

4) 형식성의 탈피 및 융통성 지향

지나친 과학적 인사행정을 지양하고 인간 중심적 인사관리를 행한다. 즉, 인간관계론적 관리, 내부민주화, 외부통제의 강화 등을 추진한다.

5) 인사권의 분권화

중앙인사기관에 집중시켰던 인사권을 각 운영부처에 위임하여 재량권을 부여함으로써 자율성과 책임성을 제고한다.

6) 정치적 임명의 부분적 허용

고위 정책결정직에 행정수반과 정치적 이념을 같이하는 자에 대한 엽관주의적 임명이 가능하도록 신축성을 부여한다.

제4절 직업공무원제

1 의 의

1) 개 념

직업공무원제(Career Civil Service System)란 젊은 인재들을 공직에 적극적으로 유치하기 위하여 만든 것으로, 공직에 근무하는 것을 명예롭게 생각하면서 일생 동안 공무원으로 근무하도록 하기 위한 것이다. 즉, 직업공무원제란 공직이 유능하고 젊은 인재에게 개방되어 있고, 업적에 따라 명예로운 높은 지위에로의 승진기회가 보장되어, 공직근무를 보람있는 생애로 생각하고 평생을 공직에 바치도록 조직·운영되는 공무원제도를 말한다(유민봉·박성민, 2014: 84).

직업공무원제는 절대군주국가시대부터 비로소 체계화되기 시작했다. 절대군주국가는 군주를 정점으로 하는 중앙집권적 통일국가 체제를 유지하기 위해 강력하고 대규모적인 상비군을 양성해야 했으며, 상비군을 유지하기 위한 재원조달을 담당할 관료조직을 확립해야 했다. 따라서 대규모적인 관료조직을 정비하고 관리하기 위해 직업공무원제가 발달하기 시작했다. 당시 관료제는 군주를 정점으로 하는 중앙집권적인 계층구조를 이루고 있었으며, 관료는 근대적 성격의 임용제도에 의해 충원되었다. 그리고 관료에게는 엄격한 복무규율이 요구되는 대신 관료로서의 특권과 신분이 보장되었다.

2) 필요성

첫째, 직업공무원제는 공무원의 안정적 근무를 통해 행정의 독자성과 안정성 · 계속성 · 능률성을 확보하여 준다.

둘째, 직업공무원제는 정치적 변동 시에도 공무원이 중립적 권력으로서, 국가 전체의 통일성 · 항구성을 유지 · 확보할 수 있도록 해준다.

셋째, 직업공무원제는 행정의 복잡화, 전문화 경향에 적절하게 대응할 수 있는 능력을 가진다.

2 직업공무원제와 실적주의의 비교

직업공무원제가 계급제와 폐쇄형 공무원제 및 일반행정가주의를 지향하는 데 비해, 실적주의 인사제도는 직위분류제와 개방형 공무원제 및 전문가주의에 입각하고 있다. 영국을 비롯한 유럽에서는 일찍이 직업공무원제가 확립되었으나 최근에는 실적주의도 강조되고 있으며, 미국에서는 실적주의가 먼저 확립되고 행정국가의 등장에 따라 직업공무원제가 가미되었다.

1) 공통점

① 정치적 중립성
② 신분보장
③ 공직취임의 기회균등
④ 자격이나 능력에 의한 채용 · 승진

2) 차이점

첫째, 시대적 배경이나 공직분류에서 직업공무원제는 농업사회와 계급제가 발달한 국가에서, 실적주의는 산업사회와 직위분류제가 발달한 국가에서 널리 활용된다.

둘째, 공직충원방식에서 직업공무원제는 최하위계층 위주로 충원하는 폐쇄형을 요구하나, 실적주의는 모든 계층에서 충원이 가능한 개방형이 허용된다.

셋째, 장기근무 관점에서 직업공무원제는 실적주의에 비해 평생직(공직의 생애성 부여)을 의미한다.

넷째, 직업공무원제는 실적주의에 비해 젊고 유능한 인재의 충원을 위해 자격요건으로서 연령·학력요건을 강화한다. 즉, 채용 당시의 직무수행 능력보다 장기적인 발전 가능성이 중요시된다.

	직업공무원제	실적주의
사회배경	농업사회	산업사회
국 가	영국, 독일, 프랑스, 일본	미국
공직분류	계급제	직위분류제
승 진	폐쇄형	개방형(외부인재의 유입)
중 점	인간 중심(생애성)	직무 중심(업적성)
급 여	생활급	직무급
인사배치	신축적	비신축적
행정인	경력중시(일반행정가)	경력무시(전문행정가)

3 직업공무원제의 확립요건

1) 실적주의의 확립

젊고 유능한 인재를 공직으로 유인하고 선발하기 위해서는 실적주의가 전제되어야 한다. 즉, 능력과 자질을 갖춘 인재를 선발하기 위함이다.

2) 신분보장과 정치적 중립

직업공무원제는 공직이 평생직이기에 정권교체 등 정치적 영향이나 외부의 부당한 압력으로부터 권익을 보호받아야 하며, 특정 정당이 아닌 국민대표성을 확보하여야 한다.

3) 공직에 대한 높은 사회적 평가

공직이 다른 조직이나 기업에 비해 정당하게 매력이 높아야 한다. 보수체계의 적정화 등도 중요하지만 공직이야말로 국가발전의 기초이며, 국민을 섬기는 봉사자로서의 자긍심과 평생 직업으로서의 가치가 높아야 한다.

4) 보수 및 연금제도의 합리화

공직자가 장기적으로 국민에 성실하게 봉사하기 위해서는 적절한 보수체계가 마련되어 있어야 하며, 퇴직 이후까지도 생활이 보장되도록 적절하고 합리적인 연금제도도 확립되어 있어야 한다.

5) 합리적인 인사제도와 능력발전

공직이 생애에 걸쳐 자신의 경력발전에 도움이 되는 직업으로 인식될 수 있도록 다양한 기회가 보장되어야 하며, 승진, 근무성적평정, 교육훈련 등이 공정하고 합리적으로 이루어져야 한다.

6) 장기적 인력수급계획의 확립

일시적 단기적 관점이 아닌 중·장기적 관점에서 인력수급이 원활하게 이루어질 수 있도록 해야 한다.

4 직업공무원제의 장점과 문제점

1) 직업공무원제의 장점

첫째, 직업공무원제는 공무원의 장기 근무를 원칙으로 하므로, 행정의 안정성과 계속성을 유지하여 행정의 일관성과 연속성을 확보할 수 있다.

둘째, 직업공무원제는 강한 신분보장을 토대로 정권교체 시에도 행정의 중립성을 확보할 수 있다.

셋째, 직업공무원제는 젊은 인재를 유치하여 평생 근무를 원칙으로 하기에, 우수한 인력의 유지가 가능하다.

넷째, 직업공무원제는 공무원의 사명감과 책임성 증대를 통해 자긍심과 일체감을 갖기에, 강한 전문직업의식과 공복의식을 확보할 수 있다.

2) 직업공무원제의 문제점

첫째, 직업공무원제는 일반능력자 중심의 임용과 순환보직(job rotation) 등으로 인해 행정의 전문성이 약화된다. 즉, 일반행정가(generalist) 양성에는 유리하지만 전문행정가(specialist) 양성은 곤란하다.

둘째, 직업공무원제는 충원방식의 폐쇄성으로 외부전문가를 공직으로 영입하기 곤란하며, 공직이 침체화・보수화될 우려가 있다.

셋째, 직업공무원제는 젊은 인재영입을 위해 연령을 제한하고, 유능한 인재영입을 위해 학력 등을 제한하여 공직임용에의 기회균등이라는 민주주의 이념에 반할 우려가 있다.

넷째, 직업공무원제는 공무원의 강한 신분보장이 오히려 공무원을 특권집단화, 도덕적 해이(moral hazard)로 인한 무사안일주의를 초래하는 부작용이 발생할 수 있다.

제5절 대표관료제

1 의 의

1) 개 념

대표관료제(Representative Bureaucracy)란 인종·종교·성별·신분·계층·지역 등의 여러 기준에 의하여 분류되는 모든 사회집단들이 한 나라의 인구 전체 안에서 차지하는 비율에 맞게 관료조직의 직위들을 차지해야 한다는 원리가 적용되는 관료제이다. 대표관료제는 정부관료제가 그 사회의 인적 구성을 반영하도록 구성함으로써, 관료제 내에 민주적 가치를 주입시키려는 의도에서 발달된 개념이며(관료제 구성비율의 적정성), 임명직 관료집단이 민주적 방법으로 행동하도록 하기 위한 방안으로 도입되었다.

대표관료제 이론은 출신성분과 인간의 행동 간에는 밀접한 관련성이 있음을 전제로 한다. 즉, 관료가 자기 출신집단의 가치와 이익을 정책결정에 반영시키는 데 노력하고, 자신이 선호하는 개인적 정책가치의 극대화를 추구하며, 정책관료의 가치관·태도가 출신집단 내지 일반 국민의 가치관·태도에 유사하면, 정책의 대응성이 보다 더 제고된다는 것을 전제하고 있다.[6] 배경적 대표성이 태도적 대표성으로 이어지며, 이는 다시 실질적 대표성을 낳는다는 논리에 기초하고 있다. 임

6) 모셔(F. C. Mosher) 등은 관료들이 출신집단의 이익을 위해 적극적으로 행동할 것을 기대하는 적극적 대표와 대표관료제가 사회의 인구 구성적 특징을 단지 상징적으로 반영할 뿐이라는 소극적 대표로 구분하여 적극적 대표에 대해서 의문을 제기하였다. 즉, 임용 전 출신집단에 의해 이루어진 사회화와 임용 후의 직무행태 간의 관계에 대해 의문을 제기하면서, 현실적으로는 관료가 출신집단의 이익을 대표할 수 있는 제도적 장치가 마련되어 있지 않으며, 출신집단의 이익을 위해 조직목표를 희생하게 될 경우 조직으로부터 제재를 받게 된다는 것이다.

용할당제(Employment Quota System)는 관료제의 비례대표성을 확보하기 위한 방안의 하나이다.

대표관료제는 임명직 관료집단이 민주적 방법으로 행동하도록 하기 위한 방안으로 도입되었다. 오늘날의 민주정치제도 아래서 정책결정 및 집행과정에 대한 관료들의 재량권이 점차 확대되고 있는 데 반해, 직업공무원들의 대표성을 확보할 수 있는 제도적인 장치가 효율적으로 작동하지 못하고 있다는 데에서 그 필요성을 찾아볼 수 있다.

즉, 행정의 전문화로 인해 직업공무원들에 대한 정치적 상관들의 통제가 효과성을 상실해가는 상황에서, 관료들의 주관적 책임을 통해 국민의 다양한 요구에 대한 정부의 대응성을 향상시키는 대안이 될 수 있다는 점에서 대표관료제 이론이 주목받고 있다.

2) 관련 학자

대표관료제는 서구식 민주주의 정치철학과 정치이론에 바탕을 둔 것으로, 1944년 영국의 킹슬리(J. D. Kingsley) 저서의 명칭에서 유래되었다. 즉, 킹슬리는 영국에서 시행되는 정책들이 특정한 계층의 이익을 대변하는 현상에 대하여 관심을 가졌는데, 연구 결과는 특정계층 출신들이 공직을 독점하기 때문으로 밝혀졌다. 이에 대한 처방으로 대표관료제가 등장하였다. 킹슬리는 대표관료제의 구성적 측면을 강조하여, 대표관료제를 사회 내의 지배적인 여러 세력을 그대로 반영하는 관료제라고 정의하였다.

크란츠(H. Kranz)는 대표관료제의 개념을 비례대표로까지 확대하여 관료제 내의 출신집단별 구성 비율이 총인구 구성비율과 일치하여야 할 뿐만 아니라, 나아가 관료제 내의 직무분야와 계급의 구성 비율까지도 총인구 비율에 상응하게끔 분포되어 있어야 한다고 주장하였다.

2 기 능

1) 정부관료제의 대표성 강화와 대응성 · 책임성 제고

정부의 고위관료는 각계각층의 이익을 균형있게 대변해 줄 수 있도록 다양한 출신 배경을 가지고 있어야 하는데, 폐쇄제에 의하여 관료제를 구성할 경우 특정한 지역 · 대학 · 성별 등에 의하여 구성될 수 있다. 따라서 대표관료제가 이를 보완할 수 있고 이에 따라 국민의 다양한 요구에 대한 정부의 대응성을 제고시킨다.

2) 내부통제의 강화와 책임성 제고

현대행정 하에서 외부통제만으로는 비대해진 관료제를 효과적으로 통제하기 어려워 행정의 책임성과 대응성이 충분히 확보되지 못하는 바, 대표관료제를 통해 효과적인 내부통제를 기할 수 있다. 즉, 대표관료제는 행정에 대한 비공식 내부통제의 한 방안이다.

3) 기회균등의 적극적 · 실질적 보장과 수직적 형평성 제고

대표관료제는 모든 사회집단, 특히 소외집단에게 적극적으로 실질적인 기회균등을 보장하는 수단이 된다. 이를 통해 소외계층의 자생력을 강화하여 소외되고 혜택받지 못한 집단이 참여를 증진시켜 준다. 즉, 대표관료제는 임용할당제를 통해 공무담임권의 수직적 형평성을 제고한다.

4) 실적주의의 역기능 시정

실적주의는 개인의 능력 · 자격 · 지식 등을 지나치게 중시한 나머지 소외집단이나 여성에게 불리한 결과를 가져왔다. 대표관료제는 실적주의의 형식주의적 역기능을 시정하는 데 기여한다.

3 대표관료제 도입 시 문제점

1) 실적주의에 대한 갈등

대표관료제는 개인의 능력·자격보다 한 나라의 인구 구성의 특성을 관료제 조직에 그대로 반영시키는 데 중점을 두므로 실적주의와 갈등을 빚게 된다.

2) 행정의 전문성과 생산성 저하

대표관료제는 공직임용에 있어 개인의 능력·자격을 2차적인 기준으로 삼기 때문에 행정의 전문성과 생산성을 저해할 우려가 있다.

3) 재사회화의 불고려

대표관료제는 관료의 가치관·태도 등이 공직임용 전에 형성되어 변동되지 않고 정책과정에 반영된다고 전제하지만, 임용 후 사회화과정을 거치면서 변동되며 오히려 소속 기관의 특성·업무내용·정책 등이 관료의 행태에 큰 영향을 미친다.

4) 역차별의 우려

임용할당제가 적용되면 종래에 혜택을 받아 온 집단출신이라는 이유만으로 인사관리상 불이익을 받게 되는 역차별 현상이 초래될 수 있고, 이는 오히려 사회분열을 초래할 수 있다.

5) 사회적 형평성 저해

적극적 대표가 지나치게 활성화되어 각 집단이 자신들의 이익을 극대화하기 위해 경쟁할 경우 소수집단에 불리한 결과를 초래함으로써, 사회적 형평성을 오히려 저해할 위험이 있다.

> **적극적 인사조치(Affirmative Action)**
>
> 적극적인 소수민 고용증진대책으로서의 적극적 인사조치(Affirmative Action)란 형평성을 유지하는 적극적 대책으로서, 구체적으로는 채용 · 훈련 · 보직 · 승진 · 임금책정 등과 같은 인사과정에서 수동적 · 중립적 무차별 정책이나 실적주의(Merit System)의 정책을 넘어서서 적극적으로 소수민족, 심신장애인, 여성인력 등의 소외계층을 위해 할당제(quata)를 채택해서라도 이들을 활용하는 정책이다.
>
> 지역별 · 성별 임용할당제에 대해 「헌법」상의 평등원리에 어긋나며 역차별을 초래할 수 있다는 비판이 일부 제기되기는 하나, 현재 우리나라 등 대부분의 나라에서 성별 임용할당제가 도입되어 시행되고 있다. 참고로 미국의 경우 이러한 비판이 제기되어 최근 캘리포니아를 포함한 17개 주에서 적극적 인사조치제도를 폐지하였다.

4 관료제의 대표성 제고방안

1) 사회적 약자의 공직진출 기회의 확대 및 분야의 다양화

국공립대 여성교수 채용목표제, 여성관리자 임용확대 5개년 계획, 장애인고용촉진 및 직업재활법, 양성평등채용목표제 등

2) 공직임용의 지역적 안배

중앙부처 고위 공직자들의 지역적 대표성 확립, 지역인재추천채용제 등

3) 학력위주의 공직 및 사회 분위기 개선

5 우리나라의 대표관료제 현황

1) 양성평등 및 여성 관련 정책

양성평등 채용목표제는 여성과 남성 간에 공직임용에의 균등기회를 확대하기 위한 제도이며, 여성, 또는 남성이 시험실시 단계별로 선발

예정인원의 일정 비율 이상이 될 수 있도록 선발예정인원을 초과하여 여성, 또는 남성을 합격시키는 것이다(「공무원임용시험령」 제20조). 이 제도는 과거의 여성공무원 채용목표제가 변경된 것이며, 당초 2007년까지의 한시적 운영으로 정해졌으나 그 기간이 5년씩 두 차례 연장되어(2017년 12월 31일까지) 시행되고 있다.

또한, 내부임용에서의 차별 금지 및 우대조치이다. 이는 재직 여성공무원의 실질적 형평성을 도모하고 여성관리자의 임용을 확대하기 위한 조치로 중·장기계획을 수립·추진하고 있다. 또한, 보직을 부여함에 있어도 주요 부서에 각 직급의 여성 비율에 상응한 수의 여성공무원이 임용되도록 하고 있으며, 승진후보자명부 서열상 승진예상 인원 수의 범위 내에 여성공무원이 포함되어 있는 경우에는 최소한 그 인원 비율만큼 여성공무원이 승진될 수 있도록 하고 있다.

2) 장애인 관련 정책

장애인에 대한 고용차별 철폐 및 고용기회 확대를 위해 「장애인차별금지 및 권리구제 등에 관한 법률」과 「장애인고용촉진 및 직업재활법」을 제정·시행하고 있다.

국가와 지방자치단체는 장애인을 전체 소속 공무원의 일정 비율 이상을 고용하여야 하며, 신규채용의 경우에도 선발예정인원의 일정 비율 이상을 채용하도록 하고 있다(「장애인고용촉진 및 직업재활에 관한 법률」 제27조).

장애인 구분모집제는 선발인원의 일부분을 장애인(중증장애인 포함)만이 응시할 수 있도록 시험을 분리하여 실시하는 제도이다(「국가공무원법」 제26조 및 「공무원임용시험령」 제2조). 이 제도는 6급 이하 공무원 및 4등급 이하 외무공무원의 공개경쟁 채용시험에 적용되며, 시험을 분리하여 실시한 결과 장애인 및 저소득층 대상 분리시험 외의 일반모집시험의 합격자가 받은 점수 이상을 받은 장애인에 대해서는 시험실시 단계별로 선발예정인원을 초과하여 합격시킬 수 있다(「공무원임용시험령」 제20조의5).

중증장애인의 경력경쟁 채용제는 공직진출에 어려움이 있는 중증장애인이 공무원임용 기회를 확대하기 위하여 중증장애인만을 대상으로 경력경쟁 채용시험을 실시하는 제도이다(「공무원임용시험령」 제20조의3).

3) 저소득층 등 취업지원대상자 관련 정책

저소득층 구분모집제는 선발예정인원의 일부분을 저소득층만이 응시할 수 있도록 시험을 분리하여 실시하는 제도이다(「국가공무원법」 제26조 및 「공무원임용시험령」 제2조). 이 제도의 대상은 「국민기초생활보장법」상 수급자, 또는 「한부모가족지원법」상 보호대상자에 해당하는 기간이 응시원서 접수일, 또는 접수마감일까지 계속하여 2년 이상인 사람이다.

저소득층 구분모집제는 9급 공개경쟁 채용시험 및 9급 경력경쟁 채용시험 등에 적용되며, 시험을 분리하여 실시한 결과 장애인 및 저소득층 대상 분리시험 외의 일반모집시험의 합격자가 받은 점수 이상을 받은 저소득층에 속하는 사람에 대해서는 시험실시 단계별로 선발예정인원을 초과하여 합격시킬 수 있다(「공무원임용시험령」 제20조의4).

국가발전에 기여한 국가유공자 등 및 그(유)가족들을 공직임용 기회의 실질적인 균등을 가질 수 없는 소외집단으로 간주하여 신규채용에 있어 우선임용 및 가산점의 특혜를 부여하고 있다(「국가공무원법」 제42조).

4) 지방 · 지역인재 관련 정책

지방인재 채용목표제는 지방인재의 채용목표를 설정하고 목표미달시 선발예정인원을 초과하여 합격시킬 수 있는 제도이며(「공무원임용시험령」 제20조의2), 2007년부터 5년 단위로 연장하여 한시적으로(2016년까지) 시행되고 있다.

여기서, '지방인재'란 서울특별시를 제외한 지역에 있는 학교를 최종적으로 졸업(예정)·중퇴하거나 재학·휴학 중인 사람을 말하며, 이 제도는 5급 공개경쟁 채용시험과 외교관후보자 선발시험 중 선발예정 인원이 10명 이상인 시험단위를 대상으로 한다.

지역인재 추천채용제는 우수한 지역인재를 공직에 유치하기 위하여 학업 성적 등이 뛰어난 고등학교 이상 졸업(예정)자를 추천·선발하여 3년의 범위에서 견습직원으로 근무하게 하고, 그 근무기간 동안 근무성적과 자질이 우수하다고 인정되는 사람을 6급 이하의 공무원으로 임용하는 제도이다(「국가공무원법」 제26의4).

이 제도에 따른 견습직원의 공무원임용은 경력경쟁 채용에 해당하며, 경력경쟁 채용시험과 시보임용은 면제된다. 현재 지역인재 7급 견습직원 채용제와 지역인재 9급 견습직원 채용제로 구분하여 시행되고 있다(「공무원임용령」 제22조의3).

지역인재 채용의무제는 국가공무원 및 지방공무원을 신규로 임용할 때 지역인재가 일정비율 이상 확보될 수 있도록 채용을 의무화하는 제도이다(「지방대학 및 지역균형인재 육성에 관한 법률」 제12조). 국가와 지방자치단체는 지역인재의 임용기회 확대를 위한 시행계획을 수립·실시하고, 행정자치부장관은 시행계획 및 그 결과를 국회에 보고하도록 하고 있다.

지역별 구분모집제는 지역출신 인재를 발탁·충원하기 위하여 지역이나 거주지별로 시험을 분리하여 실시하는 제도이다(「국가공무원법」 제37조 및 「공무원임용시험령」 제19조). 이는 지방공무원뿐만 아니라 국가공무원의 경우에도 특정지역에 근무를 희망하는 지원자의 요구를 반영하기 위한 것이다.

5) 외국인 · 복수 국적자 및 귀화자 · 북한이탈주민 관련 정책

결혼이주여성을 포함한 외국인은 국가안보 및 보안·기밀 등과 관련된 분야를 제외하고 법령으로 정하는 바에 따라 공무원이 될 수 있다(「국가공무원법」 제26조의3).

현재 외국인은 경력경쟁 채용에 의해 일반직공무원(전문경력관·

임기제공무원에 한함) 및 특수경력직공무원으로 임용될 수 있으며(「공무원임용령」 제4조), 특정직공무원으로의 임용은 개별 법령에 따른다.

복수국적자는 원칙적으로 모든 직종의 공무원에 임용될 수 있다.[7] 하지만, 외국인과 마찬가지로 국가안보, 보안·기밀분야, 외교 및 국가간 이해관계 관련 분야 등에 임용이 제한될 수 있다(「국가공무원법」 제26조의3 및 「공무원임용령」 제4조).

귀화자 및 북한이탈주민은 원칙적으로 모든 직종의 공무원에 임용될 수 있다. 특히, 경력경쟁 채용 등에 의한 공직임용도 가능하며(「국가공무원법」 제28조), 이 경우 특정요건을 갖춘 사람만으로 구분 모집하거나, 특수한 직무분야나 환경, 또는 특수한 지역에 근무하는 것으로 채용범위를 제한할 수 있다(「공무원임용령」 제16조).

7) 현재 우리나라 국적을 보유하고 있으면서 외국의 영주권을 취득한 사람은 원칙적으로 내국인과 동일한 자격을 가진다. 주민등록상 거주요건을 응시자격으로 하는 채용시험의 경우, 국내 거소(居所)의 신고가 된 재외국민을 대상으로 9급 공개경쟁 채용시험에 한해 지역별 구분모집의 응시자격을 부여하고 있다.

제 4 장

인사행정기관

제 1 절 중앙인사행정기관

1 의 의

1) 개 념

중앙인사행정기관이란 정부의 인사행정을 전문적으로 연구하고 인사정책을 수립하며 그 집행을 총괄하는 기관이다.

2) 설치 목적

첫째, 공무원의 수적 증가로 인하여 합리적 인사관리를 위한 인사전담기관의 설치가 필요하다.

둘째, 엽관주의·정실주의의 개입을 배제하고 인사행정의 공정성·중립성을 확보하는 데는 강력한 권한을 지닌 인사행정기관이 필요하다. 즉, 공무원의 권익보호와 실적주의 및 직업공무원제의 확립·발전을 위해 필요하다.

셋째, 인사행정의 전문화·능률화를 추진하는 데는 집권적인 인사기관이 요청된다.

넷째, 인사행정의 지나친 분산·할거주의를 규제하고, 인사행정의 효율적인 조정·통제와 인사행정의 통일성을 기할 수 있는 기관이 요구된다.

2 중앙인사행정기관의 조직상의 성격

1) 독립성

중앙인사행정기관의 독립성이란 정치적·정당적 기초를 가지고 있는 행정부로부터의 상대적 독립성을 말한다. 일반적으로 위원의 신분보장, 자주조직권, 예산상의 자주성 등을 포함한다.

장점으로는 인사행정에 대한 엽관주의·정실주의의 압력을 배제할 수 있으며, 행정부패를 방지할 수 있고, 인사행정의 객관성·공정성을 확보 및 정치권력의 개입을 막아 공무원·관료제를 보호할 수 있다.

하지만, 문제점으로는 막료기능인 인사를 계선으로부터 독립시키는 것은 비합리적이며, 독립성이 있으므로 중앙인사행정기관이 어느 기관에 대하여 책임을 지거나 통제를 받는지 모호하여 통제 및 책임성의 확보가 곤란해진다. 또한, 인적 구성이나 운영방법에 따라 독립성이 유명무실화될 수 있으며, 행정수반의 인사통제가 곤란하다.

2) 합의성

합의성이란 중앙인사행정기관이 단독제기관이 아니라, 복수의 구성원으로 이루어지는 것을 말한다. 중앙인사행정기관이 독립성을 갖는 경우 일반적으로 준입법적 기능, 또는 준사법적 기능을 갖게 되며 합의성이 요구된다.

장점으로는 준입법적·준사법적 직무에 대해 보다 신중·공정한 결정을 내릴 수 있으며, 여러 이해관계인 및 전문가의 의견을 반영할 수 있다. 또한, 독재권력의 출현을 방지할 수 있으며, 창의적·민주적 결정이 이루어질 수 있다.

하지만, 문제점으로는 책임이 분산되고 불명확해지며, 인사행정에 대한 행정수반의 통제가 어려워진다. 또한, 인사행정의 지체를 가져오며, 인사행정의 능률성의 실현을 어렵게 하고 타협적 결정이 우려된다.

3) 집권성

집권성이란 종래 각 부처에 분산화되어 있던 인사권을 중앙인사행정기관에 집중시킴을 의미한다. 이는 인사행정의 공정성·통일성을 확보하자는 데 그 의의가 있다.

장점으로는 첫째, 엽관주의·정실주의의 개입을 방지하여 실적주의의 확립에 기여하며, 인사행정의 집중적인 연구·개발로 인사행정의 전문성을 촉진하고, 인사행정의 능률성을 제고할 수 있다. 둘째, 인사행정의 기술·절차를 개선·발전시키는 데 공헌하며, 각 부처의 부당한 인사행정을 시정하고 인사행정의 공정성을 확보해 준다. 셋째, 인사기준의 확립으로 통일적인 인사행정의 운영을 촉진시키게 되며, 효과적인 통제와 조정을 확보할 수 있다.

하지만, 단점으로는 첫째, 막료기능인 인사는 계선기관에 종속화·분권화시켜야 하며, 각 행정기관의 인사행정의 자율성·신축성을 저해하고 인사행정의 지체를 가져온다. 둘째, 각 기관의 실정·특수성에 부응하는 인사행정이 이루어지기가 곤란하며, 각 부처의 재량권이 결여되어 분권화에 입각한 적극적 인사행정을 탄력적으로 추진할 수 없고 사기를 저하시키게 된다. 셋째, 각 기관장이 인사권을 직접 행사할 수 없게 됨으로써 심리적 무력감이나 좌절감을 갖게 되며, 중앙인사행정기관에 의한 지나친 통제는 인사행정의 경직화를 초래한다.

3 중앙인사행정기관의 조직형태

독립성 \ 합의성	합의성	단독성
독립성	독립합의형	독립단독형
비독립성	비독립합의형	비독립단독형

1) 독립합의형 인사행정기관

독립합의형 인사행정기관의 장점으로는 엽관주의의 영향력을 배제함으로써 실적주의를 발전시키는 데 유리하며, 합의제에 의한 신중한 의사결정을 할 수 있고, 중요한 이익집단의 요구를 균형 있게 수용할 수 있다.

그 단점으로는 책임소재가 불분명해지고 의사결정이 지연되며, 행정수반으로부터 인사관리 수단을 박탈함으로써 정책을 강력하게 추진할 수 없다.

대표적인 예로는 과거 미국의 연방인사위원회(Federal Civil Service Commission, 1883~1978), 미국의 실적제도보호위원회(Merit System Protection Board, 1978), 일본의 인사원(人事院) 등이 있다.

2) 비독립단독형 인사행정기관

비독립단독형 인사행정기관의 장점으로는 인사행정의 책임소재가 분명해지고 신속한 의사결정이 가능하며, 행정수반에게 인사관리 수단을 제공함으로써 국가정책을 신속하고 강력하게 추진할 수 있다.

그 단점으로는 독립성의 결여로 인사행정의 정실화를 막기 어려우며, 기관장의 독선적 · 자의적 결정을 견제하기 어렵고, 기관장의 잦은 교체로 인해 인사행정의 일관성과 계속성이 결여되기 쉽고, 비독립단독형의 인사행정기관은 행정수반이나 내각에 소속되므로 양당적이거나 초당적인 문제를 적절히 반영하기 어렵다.

대표적인 예로는 우리나라의 과거 총무처, 현재 행정자치부 인사혁신처, 미국 인사관리처(Office of Personnel Management, 1978), 일본의 총무청 인사국, 영국 내각사무처의 공무원 장관실(Office of the Minister for the Civil Service), 프랑스 인사행정처 등이다.

3) 절충형

절충형의 인사행정기관으로는 독립단독형과 비독립합의형을 들 수 있다. 이러한 절충형은 독립합의형과 비독립단독형의 장점을 조화하기 위한 조직형태로 볼 수 있다. 독립성은 없으나 합의체 의사결정 구조를 갖춘 비독립합의형은 과거 우리나라의 중앙인사위원회와 소청심사위원회, 미국의 연방노동관계청(Federal Labor Relation Authority) 등이 있다. 독립성은 있으나 합의체가 아닌 독립단독형의 경우는 그 예가 흔하지 않다.

4 중앙인사행정기관의 기능

1) 준입법적 기능

관계 법률에 의하여 위임받은 범위 내에서 인사에 관한 기준·규칙을 제정할 수 있다.

2) 준사법적 기능

불이익한 처분에 대하여 공무원이 위법, 또는 부당하다는 이유로 제기하는 이의신청(소청)을 재결하는 기능을 말한다.

3) 집행 기능

인사 관계 법령을 구체적으로 집행하는 기능을 말하며, 모집·시험·임용·교육훈련·승진·보수·연금·인사기록의 보존 등에 관한 사무의 처리가 그것이다.

4) 감사 기능

중앙인사행정기관은 각 부처 인사행정기관에 의한 인사사무의 처리에 대한 감사·통제기능을 가진다.

5) 기 타

그 외 중앙인사행정기관의 기능으로는 보고 및 권고적 기능, 정책입안기능 내지 기획기능 등을 들 수 있다.

제2절 각국의 중앙인사행정기관

1 미국의 중앙인사행정기관

1) 인사관리처(OPM: Office of Personnel Management)

대통령 직속의 단독제기관으로서 준사법적 기능을 제외한 기능을 포괄적으로 담당하고 있다.

2) 실적제도보호위원회(MSPB: Merit System Protection Board)

독립적인 합의제기관(3명의 위원으로 구성)으로서 준사법적 기능(소청의 심사·재결)을 담당한다.

3) 연방노사관계원(FLRA: Federal Labor Relations Authority)

독립적인 합의제기관으로서 준사법적 기능을 담당하고 있으며, 노사관계정책을 감독하고 정책시행을 주관한다.

2 영국의 중앙인사행정기관

1998년 내각사무처(Cabinet Office)의 공무원실(Home Civil Service)이 현재의 중앙인사행정기관이다.

1) 내각사무처 공무원실

공무원의 채용 및 임용, 고위공무원단 관리, 복무 및 징계 관리, 파견 및 인사교류 지원, 공무원통계 관리, 성과 및 보상 관리, 복지, 소청심사위원회 운영 등 전반적인 관리를 하는 기관이다(정재명, 2006: 254-255).

2) 인사위원회

수상 산하 내각사무처에 소속되어 있지만 운영에 독립성이 보장되어 있으며, 위원은 11명으로 구성되고 장관의 추천으로 국왕이 임명한다. 준입법·준사법적 기능을 담당한다.

3) 소청심사위원회

소청심사위원회(Civil Service Appeal Board)는 공무원의 권익구제 기관이다. 위원은 국왕이 임명하며, 3년 임기로 1회에 한하여 연임이 가능하다.

3 일본의 중앙인사행정기관

1) 인사원

독립된 합의제기관(3인의 위원으로 구성)으로서 시험·임면·훈련·보수·징계 등의 업무를 관장한다. 3명의 인사관 중 1명은 내각에 의해 총재로 임명되며, 4년 임기로 재임이 허용된다.

2) 공평위원회

독립합의형 소청심사기관으로서 인사원 내 공평심사국에서 운영하는 비상설 합의형기관이다. 위원장을 포함한 3~5인으로 구성되어 있으며, 준사법적 기능을 수행한다.

4 우리나라의 중앙인사행정기관

1) 연 혁

1948년	고시위원회와 국무총리 소속의 총무처 인사국
1955년	국무원 사무국 내의 고시과와 인사과로 축소
1960년	국무원 사무처의 인사국
1961년	내각사무처의 인사국과 행정관리국
1963년	내각사무처가 총무처로 개칭(1963년 「국가공무원법」 개정)
1998년	내무부와 총무처가 행정자치부로 통합
1999년	대통령 직속의 중앙인사위원회
2008년	행정안전부(인사실)
2014년	행정자치부(인사혁신처)

2) 행정자치부(인사혁신처)

공무원의 채용 및 임용, 고위공무원단 관리, 복무 및 징계 관리, 파견 및 인사교류 지원, 공무원 관리, 성과 및 보상 관리, 복지 등 전반적인 관리를 하는 기관이다.

3) 소청심사위원회(訴請審査委員會)

인사혁신처에 소속된 합의제기관으로 직무상의 독립성이 보장된다. 소청심사위원회는 징계처분이나 강임・휴직・직위해제, 또는 면직처분과 같이 그의 의사에 반하는 불이익 처분을 받은 공무원이 그에 불복해 이의를 제기하는 경우, 이를 심사해 구제하는 기관이다. 소청은 그의 의사에 반해 불리한 처분을 받은 공무원이 위법적 사항에 한해 제기할 수 있으며, 위법사항이 아닌 부당한 사항은 고충상담의 처리대상이 된다.

상임 및 비상임의 합의제기관(5인 이상 7인 이내)으로 그 결정에 법적 구속력이 수반된다. 소청심사위원회가 소청사건을 심사할 때에는 소청인, 또는 대리인에게 진술의 기회를 부여하여야 하며, 진술의 기회를 부여하지 아니한 결정은 이를 무효로 한다(의견진술기회).

소청심사위원회가 징계처분을 받은 자의 청구에 의하여 소청을 심사할 경우에는 원징계처분에서 과한 징계보다 중한 징계를 과하는 결정을 하지 못한다(불이익변경 금지의 원칙).

행정소송은 소청심사위원회의 심사·규정을 거치지 아니하면 이를 제기할 수 없으며(행정심판전치주의), 소청심사위원회의 결정은 처분행정청을 기속한다(행정위원회).

소청의 처리가 진행되는 동안에는 후임자를 결정하지 못하게 함으로써 공무원의 권익보호를 한다. 소청제도의 활용도는 처분을 받은 자의 약 5%가 소청을 제기하며, 구제율은 시대적 상황의 영향을 받아 연도별로 기복을 보인다.

제5장 공직의 분류체계

제1절 공직의 분류

1 서 설

1) 공무원의 범위와 구분

국가, 또는 지방자치단체와 공법상의 근무관계에 있는 모든 자로서 공무담당의 기관 구성자 모두를 말한다. 인사행정의 효율적 수행을 위하여 다수의 공무원을 일정한 기준에 따라서 분류·관리하여야 할 필요가 있다. 인구 수와 대비한 공무원 수를 외국과 비교하면 우리나라의 공무원 수는 상대적으로 적은 편에 속한다.[8]

8) 인구대비 공무원의 비율을 보면 덴마크 13.3%, 스웨덴 11.9%, 미국 7.5%, 영국 6.5%, 일본 3.5%인데 비해 우리나라는 1.9%에 불과하며, 공무원 1인당 인구 수의 경우 OECD 국가 중 덴마크 7.5명, 미국 13.3명, 영국 15.3명, 일본 28.9명인데 우리나라는 53.6명에 이른다.

2) 경력직과 특수경력직

「국가공무원법」과 실적주의·직업공무원제의 적용 여부를 기준으로 구분한다.

3) 국가공무원과 지방공무원

임용주체에 따른 분류이다. 현재 행정부에 소속된 공무원 중 국가공무원이 지방공무원보다 더 많으며, 국가공무원 중에는 특정직공무원의 숫자가 가장 많다.

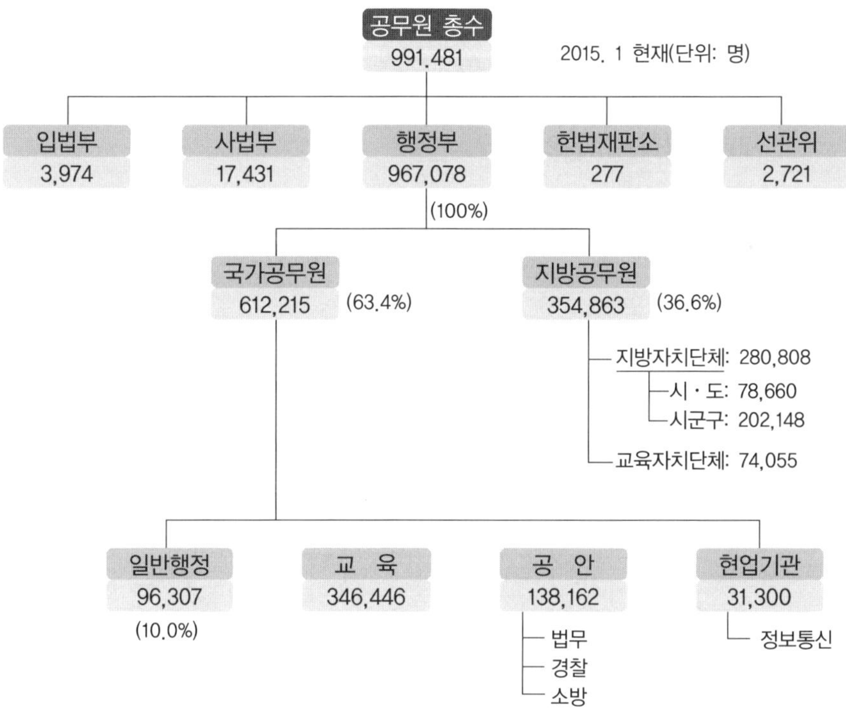

4) 계급제와 직위분류제

사람의 특성에 중점을 두는 계급제와 일의 특성에 중점을 두는 직위분류제로 대분할 수 있다.

2 경력직과 특수경력직

1) 경력직과 특수경력직의 구분

1981년 4월 20일 「국가공무원법」이 개정되기 이전에는 공무원이 일반직과 별정직으로 구분되어 왔다. 「국가공무원법」이 개정된 이후 경력직과 특수경력직으로 구분하게 되었는데, 이는 직업공무원제의 확립과 직위분류제의 점진적 확산을 도모하기 위한 것이다.

경력직과 특수경력직의 구분은 임명과정이나 직무의 특수성 등을 기준으로 한 것으로, 실적주의와 직업공무원제의 적용 여부가 구분의 기준이 된다.

2) 경력직공무원의 종류

경력직공무원이란 그 채용에 있어서 실적과 자격에 의하여 임용되고, 그 신분이 보장되는 공무원으로서 평생토록 근무할 것이 예정되는 공무원을 말한다.

표 5-1 일반직공무원의 종류

<table>
<tr><th colspan="2" rowspan="2">구 분</th><th rowspan="2">직 군</th><th colspan="2">직렬(개수)</th><th colspan="2">직류(개수)</th><th colspan="2">계급(직급 등)</th></tr>
<tr><th>국가직</th><th>지방직</th><th>국가직</th><th>지방직</th><th>국가직</th><th>지방직</th></tr>
<tr><td colspan="2" rowspan="3">행정직 · 기술직 · 관리운영직</td><td>행정</td><td>15</td><td>8</td><td>24</td><td>18</td><td rowspan="3">고위공무원단, 3~9급</td><td rowspan="3">1~9급</td></tr>
<tr><td>기술</td><td>24</td><td>22</td><td>84</td><td>71</td></tr>
<tr><td>관리운영</td><td>14</td><td>16</td><td>27</td><td>23</td></tr>
<tr><td rowspan="3">연구직 · 지도직</td><td rowspan="2">연구직</td><td>학예</td><td>4</td><td>3</td><td>7</td><td>6</td><td rowspan="2">고위공무원, 연구관, 연구사</td><td rowspan="2">연구관, 연구사</td></tr>
<tr><td>기술</td><td>9</td><td>8</td><td>37</td><td>35</td></tr>
<tr><td>지도직</td><td>기술</td><td>2</td><td>2</td><td>12</td><td>12</td><td>고위공무원단, 지도관, 지도사</td><td>지도관, 지도사</td></tr>
<tr><td colspan="2">우정직</td><td>우정</td><td>1</td><td>1</td><td>–</td><td>–</td><td>1급(우정사무관) ~9급(우정서기보)</td><td>–</td></tr>
<tr><td colspan="2">전문경력직</td><td colspan="7">직무군 : 가, 나, 다</td></tr>
</table>

(1) 일반직공무원

기술·연구, 또는 행정일반에 대한 업무를 담당하는 공무원으로서 직군·직렬·직류별로 분류되는 공무원이며, 직업공무원의 주류를 이루고 있다. 일반직공무원은 1급부터 9급까지의 계급으로 구분하고, 기능직공무원은 기능 1급부터 기능 10급까지의 계급으로 구분한다. 다만, 고위공무원단에 속하는 공무원은 그러하지 아니하다.

(2) 특정직공무원

법관(대법원장, 대법관 포함), 검사(검찰총장 포함), 외무공무원, 경찰공무원(경찰청장 포함), 소방공무원, 교육공무원, 군인, 군무원, 헌법재판소 헌법연구관 및 국가정보원의 직원과 특수 분야의 업무를 담당하는 공무원으로서, 다른 법률이 특정직공무원으로 지정하는 공무원이다. 특정직공무원은 각 개별 법률에 의해 별도의 계급(직급) 체계를 유지하고 있으며, 개별 법률은 「국가공무원법」이나 「지방공무원법」보다 우선 적용된다.

표 5-2 특정직공무원의 종류

구 분	적용법률	계급(직급)	
		국가공무원	지방공무원
법관	법원조직법	대법원장－대법관－판사	
검사	검찰청법	검찰총장－검사	
외무공무원	외무공무원법	외무공무원: 3개 직렬, 14~1등급 고위외무공무원(9~13등급): 가등급, 나등급	
경찰공무원	경찰공무원법	치안총감－치안정감－치안감－경무관－총경－경정－경감－경위－경사－경장－순경(11개)	자치경찰공무원: 자치총경~자치순경(7개)
소방공무원	소방공무원법	소방총감－소방정감－소방감－소방준감－소방정－소방령－소방경－소방위－소방장－소방교－소방사(11개)	지방소방공무원: 지방소방정감~지방소방사(10개)

<table>
<tr><td>교육공무원</td><td>교육공무원법</td><td>교원 및 조교: 유치원, 초·중·고, 국립대, 경찰대
교육전문직원: 장학관·장학사, 교육연구관·교육연구사</td><td>교원 및 조교: 공립대학·전문대학
교육감 소속 교육전문직원: 장학관·장학사, 교육연구관·교육연구사</td></tr>
<tr><td>군인</td><td>군인사법</td><td colspan="2">장교: 장관(원수, 대장, 중장, 소장, 준장), 영관(대령, 중령, 소령), 위관(대위, 중위, 소위)
준사관: 준위
부사관: 원사, 상사, 중사, 하사
병: 병장, 상등병, 일등병, 이등병</td></tr>
<tr><td>군무원</td><td>군무원인사법</td><td colspan="2">일반군무원: 8개 직군(46개 직렬), 1~9급
기능군무원: 7개 직군(17개 직렬), 기능 5~9급</td></tr>
<tr><td>헌법재판소 헌법연구관</td><td>헌법재판소법</td><td colspan="2">헌법연구관</td></tr>
<tr><td>국가정보원 직원</td><td>국가정보원직원법</td><td colspan="2">특정직직원: 2개 직군(6개 직렬), 1~9급</td></tr>
<tr><td>경호공무원</td><td>대통령 등의 경호에 관한 법률</td><td colspan="2">경호공무원: 1~9급</td></tr>
</table>

3) 특수경력직공무원의 종류

특수경력직공무원이란 경력직공무원 이외의 공무원으로서 「국가공무원법」이나 실적주의·직업공무원제의 획일적 적용을 받지 않으며, 정치적 임용이 필요하거나 특수한 직무를 담당하는 자를 말한다. 그러나 「국가공무원법」의 보수와 복무규정은 적용받는다. 특수경력직공무원은 계급구분이 없다.

(1) 정무직공무원

선거에 의하여 취임하거나 임명에 있어서 국회의 동의[9]를 요하는

9) 임명에 있어서 국회의 동의를 요하는 공무원에 관한 규정은 다음과 같다. 「국회법」 제46조의3 ① 국회는 헌법에 의하여 그 임명에 국회의 동의를 요하는 대법원장·헌법재판소장·국무총리·감사원장 및 대법관과 국회에서 선출하는 헌법재판소 재판관 및 중앙선거관리위원회 위원에 대한 임명동의안, 또는 의장이 각 교섭단체 대표의원과 협의하여 제출한 선출안 등을 심사하기 위하여 인사청문특별위원회를 둔다. <개정 2003. 2. 4> 「국회법」 제65조의2(인사청문회) ① 제46조의3의 규정에 의한 심사, 또는 인사청문을 위하여 인사에 관한 청문회를 연다. ② 상임위원회는 다른 법률에 따라 다음 각 호의 어느 하나에 해당하는 공직후보자에 대한 인사청문 요청이 있는 경우 인사청문을 실시하기 위하여 각각 인사청문회를 연다. 1. 대통령이 각각 임명하는 헌법재판소 재판관·중앙

공무원으로, 고도의 정책결정업무를 담당하거나 이러한 업무를 보조하는 공무원으로서 법률, 또는 대통령령(대통령비서실의 조직에 관한 대통령령에 한함)에서 정무직으로 지정하는 공무원으로, 감사원장과 사무총장, 국가정보원 원장과 차장, 국회사무총장, 외교부장관, 지방의회 의원 등이 이에 해당한다.

(2) 별정직공무원

특정한 업무를 담당하기 위하여 별도의 자격기준에 의하여 임용되는 공무원으로서 법령에서 별정직으로 지정하는 공무원을 말한다. 감사원 사무차장, 국가정보원 기획조정실장, 국회 수석전문위원 등이 이에 해당한다.

선거관리위원회 위원 · 국무위원 · 방송통신위원회 위원장 · 국가정보원장 · 국세청장 · 검찰총장 · 경찰청장, 또는 합동참모의장의 후보자 2. 대통령당선인이 「대통령직인수에 관한 법률」 제5조 제1항에 따라 지명하는 국무위원후보자 3. 대법원장이 각각 지명하는 헌법재판소 재판관, 또는 중앙선거관리위원회 위원의 후보자

국회법 46조의3	헌법 → 대 · 헌 · 국 · 감 · 대법관, 국회선출 → 헌 · 재, 중 · 위	인사청문특별위원회 구속력 ○(본회의 ○)
국회법 65조의2	대통령 → 헌 · 재(법사위), 중 · 위(행자위), 국무위원, 방통위(정통위), 국(정보위), 국(재경위), 검(법사위), 경(행자위), 합(국방위) 대법원장 → 헌 · 재, 중 · 위	소관상임위원회 구속력 ×(본회의 ×)

표 5-3 국회인사청문회

근 거	•「헌법」 제86조, 제98조, 제104조, 제111조 • 청문대상 직위를 규정한 개별 법률 「국가공무원법」 제31조의2 및 제32조,「대통령직인수에 관한 법률」 제5조,「헌법재판소법」 제6조,「선거관리위원회법」 제4조,「국가정보원법」 제7조,「검찰청법」 제34조,「경찰법」 제11조,「국방개혁에 관한 법률」 제12조 •「국회법」 제46조의3 및 제65조의2,「인사청문회법」
대 상	• 국무총리, 감사원장, 대법원장 및 대법관(13인), 헌법재판소장과 국회에서 선출하는 헌법재판소 재판관(3인) 및 중앙선거관리위원회 위원(3인)은 인사청문특별위원회에서 인사청문[10] • 국무위원, 방송통신위원회 위원장, 헌법재판소 재판관(5인), 중앙선거관리위원회 위원(6인), 국가정보원장, 검찰총장, 국세청장, 경찰청장, 합동참모의 장은 소관상임위원회에서 인사청문[11]
청문 절차	인사청문(임명동의) 요청(대통령) → 국회(국회의장) → 인사청문회(인사청문특별위원회, 또는 소관상임위원회) ※ 제출된 날부터 20일 이내 완료 (국회) ※ 회부된 날부터 15일 이내 완료(인사청문회는 기간 중 3일 이내 실시) (인사청문회) ↓ 본회의 의결, 또는 보고 후 결과 통보(국회의장) → 인사발령(대통령) → 임명장 수여(대통령) ※ 임명동의의 경우 본회의 의결(표결) 필요
참고 사항	1. 인사청문(임명동의) 요청서 제출 (1) 임명내정자 통보(청와대 → 행정자치부 → 공직후보자 근무예정기관) (2) 인사청문(임명동의) 요청 관련 서류 준비 및 제출(공직후보자 근무예정기관) → 행정자치부 ※ 제출서류: 요청사유서, 이력서, 직업 · 학력 · 경력에 관한 사항, 병역사항신고서, 재산신고서, 최근 5년 간 소득세, 재산세, 종합토지세 납부 및 체납실적, 범죄경력에 관한 사항, 재산 관련 증빙서류 (3) 인사청문(임명동의) 요청안 제출(대통령 → 국회의장) ※ 행정자치부 → 국회(의안과) 2. 인사청문회 실시 및 대상자 임명 (1) 처리기한: 국회에 제출된 날부터 20일 이내 - 위원회에 회부된 날로부터 15일 이내 - 처리기간 중 인사청문회는 3일 이내로 함(공개) (2) 소관위원회: 인사청문특별위원회, 또는 소관상임위원회 (3) 결과송부 인사청문경과가 본회의에 보고되거나 임명동의안이 본회의에서 의결되면 인사청문경과보고서, 또는 임명동의문서를 행정자치부로 송부 (4) 인사재가안 결재 및 임명장 수여식

3 개방제(신규채용)와 폐쇄제(승진임용)

1) 의 의

개방형 인사제도(Open Career System)는 공직의 모든 계급이나 직위를 불문하고 공직 내외 모두로부터 신규채용이 허용되는 인사체제이다. 폐쇄형 인사제도(Closed Career System)는 신규채용이 최하위계층에서만 허용되며 내부승진을 통해 그들이 상위계층까지 올라갈 수 있는 제도이다.

2) 개방제의 장점

첫째, 인사행정의 적극화에 의한 우수한 인재의 등용에 유리하며, 공무원 및 행정의 질적 향상에 기여한다.

둘째, 신진대사를 촉진하여 공직의 침체를 방지하고 새로운 기풍을 조성하며, 관료주의화를 방지한다.

셋째, 관료에 대한 민주통제의 확보가 용이하며, 변화에 맞는 선발로 충원・임용의 융통성이 증대된다. 아울러, 인사행정에 있어 기관장의 적절한 영향력과 리더십이 발휘될 수 있다.

넷째, 전문성이 요구되는 경우 일정한 직무수행요건을 갖춘 자를 공직 내・외부에서 임용하여 공직의 전문성을 제고할 수 있으며, 교육훈련 등 인력개발에 소요되는 시간과 비용을 절감할 수 있다.

3) 폐쇄제의 장점

첫째, 승진기회가 확대되어 재직공무원의 사기가 앙양된다.

---

10) 이들 직위는 헌법에 의해 국회의 동의를 요하므로 인사청문회 후 임명동의 표결을 거쳐야 한다. 국회 재적의원 과반수의 출석에 출석의원 과반수의 찬성동의(일반정족수)를 얻지 못하면 임명이 불가능하다.

11) 이들 직위는 헌법이 아닌 개별 법률에서 인사청문을 요하므로 국회가 인사청문회를 진행한 뒤 경과보고서만 제출하면 된다. 임명동의 표결절차는 없다. 따라서 이들 직위에 대해서는 국회가 부적합 의견을 내더라도 대통령이 자신의 뜻대로 임명할 수 있다.

둘째, 소속감을 제고하고 관련 경험이 활용됨으로써 능률이 향상된다.

셋째, 신분보장이 잘되어 행정의 안정성을 제고하며 직업공무원제의 확립에 기여한다.

넷째, 임용비용이 절감된다.

4) 우리나라의 개방형과 공모직위

(1) 개방형 직위

고도의 전문성이 요구되거나 효율적인 정책수립을 위해 공직 내부, 또는 외부에서 적격자를 임용할 필요가 있는 3급 이상 실국장급과 과장급 직위를 대상으로 하며, 소속 장관이 실·국장급 직위 총수의 20% 범위 내에서 행정자치부와 협의해 정하도록 하고 있다. 지방자치단체의 경우 시·도의 5급 이상 직위에만 운영되던 개방형 직위제를 시·군·구 6급 이상 직위까지 확대하였다. 개방형 직위에 임용되는 공무원의 임용기간은 5년의 범위 안에서 소속 장관이 정하되, 최소한 2년 이상으로 하여야 한다.

(2) 공모직위

효율적인 정책수립, 또는 관리를 위하여 당해 기관 내부, 또는 외부의 공무원 중에서 적격자를 임용할 필요가 있는 직위에 대하여 경력직공무원으로 보할 수 있는 고위공무원단 직위 총수의 100분의 30의 범위 안에서 공모직위를 지정한다.

구 분	개방형 직위	공모직위
개 념	전문성이 특히 요구되거나 효율적인 정책 수립을 위하여 필요하다고 판단되어, 공직 내부나 외부에서 적격자를 임용할 필요가 있는 직위	효율적인 정책 수립, 또는 관리를 위하여 해당 기관 내부, 또는 외부의 공무원 중에서 적격자를 임용할 필요가 있는 직위
중 앙	고위공무원단 직위와 과장급 직위 총수의 100분의 20의 범위에서	경력직공무원으로 임명할 수 있는 고위공무원단 직위 총수의 100분의 30의 범위에서

지 방	시·도별로 1급부터 5급까지의 공무원, 또는 이에 상당하는 공무원과 시·군 및 자치구별로 2급부터 6급까지의 공무원, 또는 이에 상당하는 공무원으로 보할 수 있는 직위 총수의 100분의 10의 범위에서	–
임 기	5년의 범위에서(최소한 2년 이상)	–

4 임기제와 시간선택제공무원

1) 임기제공무원

임기제공무원이라 함은 조직운영이나 담당업무의 특성, 또는 개인적 사유로 공무원의 신분관계와 근무기간이 일정기간 동안 정해져 임

표 5-4 임기제공무원의 종류

구 분	정 의	계급(직급), 또는 등급	임용기간
일반 임기제 공무원	• 국가공무원: 직제 등 법령에 규정된 경력직공무원의 정원에 해당하는 직위와 책임운영기관의 장의 직위에 임용되는 임기제공무원 • 지방공무원: 예산 및 일반직공무원의 정원 범위에서 임용되어 상근하는 임기제공무원	비(非)임기제 일반직공무원의 구분 적용	5년의 범위에서 해당 사업을 수행하는 데 필요한 기간
전문 임기제 공무원	• 국가공무원: 특정분야에 대한 전문적 지식이나 기술 등이 요구되는 업무를 수행하기 위하여 임용되는 임기제공무원	가~마급	
시간선택제 임기제 공무원	• 국가공무원: 통상적인 근무시간보다 짧은 시간(15~35시간)을 근무하는 공무원으로 임용되는 일반임기제, 또는 전문임기제공무원 • 지방공무원: 예산의 범위에서 통상적인 근무시간보다 짧은 시간(15~35시간)을 근무하는 일반임기제공무원	일반·전문 임기제의 구분 적용	
한시 임기제 공무원	• 국가공무원, 지방공무원: 특정한 사유로 휴직·휴가 중인 공무원의 업무를 대행하기 위해 1년 이내의 기간 동안 임용되는 공무원으로서 통상적인 근무시간보다 짧은 시간(15~35시간)을 근무하는 임기제공무원	5~9호	1년의 범위에서 업무를 대행하는 데 필요한 기간

자료: 「공무원임용령」 제3조의2 · 제22조의 5및 「지방공무원임용령」 제3조의2 · 제21조의4

용되는 공무원을 말한다.

우리나라 「국가공무원법」 제26조의5에서는 전문지식·기술이 요구되거나 임용관리에 특수성이 요구되는 업무를 담당하게 하기 위하여 경력직공무원을 임용할 때에 임기제공무원의 임용이 가능하도록 규정하고 있다. 이러한 임기제공무원은 일반임기제, 전문임기제, 시간선택임기제, 한시임기제공무원 등 4가지 형태로 구분된다.

임기제공무원은 자신의 임기 동안에는 '임기제공무원이 아닌 일반직공무원'에 준하는 신분보장을 받는 등 원칙적으로 비(非)임기제 일반직공무원과 동일한 법령의 적용대상이 된다. 다만, 채용, 전보, 전입·전직, 겸임·파견·인사교류, 승진·강임, 휴직 등의 측면에서 적용의 예외, 혹은 제한이 있다(김렬, 2014: 123).

2) 시간선택제공무원

전일제 근무는 통상적인 근무시간 동안의 근무를 말하며, 이와 같은 공무원을 상근(常勤)공무원, 혹은 전임(傳任)공무원이라 한다. 반면에, 시간제 근무는 유연근무제(flexible work)의 대표적인 유형 중 하나로서 통상적인 근무시간보다 짧은 시간 동안의 근무를 말하며, 이처럼 시간제 근무를 하고 그 근무시간에 비례하여 정기적인 보수를 받는 공무원이 시간제공무원이다.

우리나라의 「국가공무원법」 제26조의2(또는 「지방공무원법」 제25조의3)에서는 업무의 특성이나 기관의 사정을 고려하여 근무시간의 단축 임용이 가능하도록 규정하고 있다. 이와 같이 임용된 공무원이 시간선택제공무원인데, 이들은 시간선택제 채용공무원과 시간선택제 전환공무원으로 구분된다.

「공무원임용령」 제3조의 2및 「별정직공무원 인사규정」 제7조의4에 따르면, 시간선택제 채용공무원은 통상적인 근무시간(주당 40시간)보다 짧은 시간(주당 20시간, 필요한 경우 5시간의 범위에서 조정 가능) 동안 근무할 것을 예정하여 신규채용된 일반직공무원(임기제공무원 제외)을 말한다.

표 5-5 시간선택제공무원의 종류

구 분	정의 및 대상	근무시간 및 형태
시간선택제 채용공무원	• 통상적인 근무시간보다 짧은 시간을 근무하는 일반직공무원으로 신규채용된 공무원 • 일반직공무원(임기제공무원 제외) • 7급 이하 원칙, 전문분야는 상위 직급 가능 • 국가공무원: 경력경쟁 채용시험 원칙 • 지방공무원: 공개경쟁, 또는 경력경쟁 채용시험	• 주당 20시간 원칙(5시간의 범위에서 조정 가능) • 오전 · 오후 · 야간 · 격일제 가능
시간선택제 전환공무원	• 공무원이 원하는 경우에는 통상적인 근무시간보다 짧은 시간을 근무하는 공무원으로 지정된 공무원 • 일반직 · 별정직공무원(임기제공무원 제외) • 직위 · 직급 · 직무분야 등 제한 없음	• 1일 최소 3시간 이상, 주당 15~25시간 (별정직은 15~35시간) • 최소 1개월 이상, 격일제 가능

한편, 시간선택제 전환공무원은 정무직공무원을 제외한 재직공무원이 본인이 원하는 경우 최소 1개월 이상 통상적인 근무시간보다 짧은 시간(주당 15~25시간)을 근무하도록 소속 장관이나 임용(제청)권자가 지정한 공무원이다. 다만, 임기제공무원이나 별정직공무원이 시간선택제공무원으로 전환하는 경우에는 주당 15~35시간을 근무하도록 하고 있다.

제2절 직위분류제

1 의 의

1) 개 념

직위분류제란 직위에 내포된 직무의 종류와 곤란성 및 책임성의 정도를 기준으로 공직을 분류하는 제도를 말한다. 계급제가 사람의 특성(학력, 신분 등)을 기준으로 공직을 분류한다면, 직위분류제는 직무의 특성을 중심으로 공직을 분류하는 것이다. 직위분류제는 미국, 호주, 캐나다, 필리핀 등에서 채택하고 있다.

직위분류를 할 때에는 모든 대상 직위를 직무의 종류와 곤란성 및 책임도에 따라 직군・직렬・직급, 또는 직무등급별로 분류하되, 같은 직급이나 같은 직무등급에 속하는 직위에 대하여는 동일하거나 유사한 보수가 지급되도록 분류하여야 한다.

2) 특 징

첫째, 교육제도의 계층, 사회적 출신 성분이나 학력과의 관련성이 적고 특정직무의 수행능력을 중요시하기에, 능률주의적・과학적 인사행정의 기반을 제공한다.

둘째, 외부인사의 자유로운 충원이 이루어지는 개방형이 채택되고 있다.

셋째, 직위분류제의 기본구조인 등급은 제도상으로는 사회적 신분・지위를 나타내는 것이 아니므로, 상・하위직 간의 대립의식・위화감이 크지 않다.

3) 성립배경(발전요인)

농업사회의 신분적인 계급제도의 전통이 없는 산업사회를 배경으로 하여, 엽관주의의 폐해를 극복하고자 실적주의가 강조되는 상황 하에서 발전하였다. 과학적 관리론의 영향(동일직무 동일보수)으로 합리적인 보수제도의 확립을 위한 직무분석과 직무평가가 촉진됨으로써 직위분류제는 성립・발전되었다. 1912년 미국 시카고시에서 출발하여 1923년 연방정부(「직위분류법」 제정)로 확대되었으며, 1949년 「직위분류법」이 새롭게 전면 개정되었다.

2 직위분류제의 수립절차

1) 계획의 수립

2) 분류담당자의 선정과 분류대상 직위의 결정

3) 직무조사-직무기술서(job description)의 작성

분류될 직위의 직무에 관한 정보를 수집·조사하여야 한다. 직무조사는 일반적으로 당해 재직자에게 직무기술서를 배부하고 기입하도록 하는 방법을 사용하나 면접·관찰방법도 활용할 수 있다.

4) 직무분석(류 < 렬 < 군)

직무분석이란 직무에 관한 자료·정보를 조사·검토하여 직무를 종류에 따라 종적·수직적으로 분류하는 작업을 의미한다. 이는 수직적 분류구조를 결정하는 작업으로서 직류·직렬·직군을 형성·결정하게 된다.

5) 직무평가

직무평가란 각 직위의 직무에 내포되는 곤란성·책임성의 정도에 따라 직위의 상대적인 가치·비중·수준을 결정하는 것을 말한다. 수평적 분류구조를 결정하는 작업으로서 직급·(직무)등급을 결정·형성하는 절차이다.

직무평가의 방법에는 직무를 총괄적으로 평가하여 상대적 가치를 비교하는 비계량적 방법(서열법, 분류법)과 직무의 각 요인별로 가치를 평가하는 계량적 방법(점수법, 요소비교법)이 있다.

첫째, 서열법이다. 직위의 가치를 전체적·종합적으로 평가하여 상하 서열을 정하는 방법이다. 즉, 직무 전체의 중요도와 난이도를 바탕으로 상대적 가치를 비교하여 직무의 우열을 정하는 방법이다.

둘째, 분류법이다. 직무 간의 난이도를 평가하는 기준이 되는 등급 기준표를 미리 작성해 놓고, 이 등급기준표에 입각하여 개개의 직무를 해당 등급에 배치해 가는 방법이다. 즉, 등급별로 책임도, 곤란성, 필요한 지식과 기술 등에 관한 기준을 고려하여 직무를 해당되는 등급에 배치하는 방법이다.

셋째, 점수법이다. 직무의 구성요소별로 계량적 점수를 부여하여 평가해 가는 방법이다. 체계적이고 과학적인 방법에 의하여 작성된 직무평가 기준표를 사용하기 때문에 평가 결과의 타당성과 신뢰성이 인정된다. 한정된 평가요소만을 사용하는 것이 아니라, 분류대상 직위의 직무에 공통적이며 중요한 특징을 평가요소로 사용하기 때문에 관계인들이 평가 결과를 쉽게 수용한다.

넷째, 요소비교법이다. 기준직무의 평가요소에 부여된 수치에 각 직무의 평가요소를 상호 대비시켜 평점을 함으로써, 평가대상 직무의 상대적 가치를 결정하는 방법이다. 요소비교법은 서열법·분류법·점수법 등에 비하여 가장 늦게 고안된 직무평가방법이다. 이 방법은 점수법의 단점인 평가요소의 비중 결정과 단계 구분에 따른 점수 부여의 임의성을 극복하고자 개발된 기법이다. 요소비교법도 점수법처럼 먼저 평가할 직위에 공통되는 평가요소를 선정한다. 그리고 조직에서 가장 중심이 되는 직위, 즉 대표직위(key position)를 선정하여 대표직위의 평가요소별 서열을 정한 다음, 대표직위의 보수액을 평가요소별로 배분하여 제시한다.

이러한 기준을 토대로 분류대상 직위의 평가요소별 서열에 따른 보수액을 배분하여 분류대상 직위의 보수를 결정한다. 이렇게 하여 분류대상 직위의 보수액이 결정되고, 분류대상 직위의 보수액에 차이가 나면 그것이 바로 직무의 상대적 가치를 나타내는 등급결정의 기준이 된다. 요소비교법은 직위의 상대적 수준을 현행 보수액과 관련시켜 평가하기 때문에 금액가중치 방식(money weight method)이라고도 한다.

표 5-6 직무평가방법의 비교

비교기준	직무평가의 방법			
	서열법	분류법	점수법	요소비교법
사용빈도	가장 적음	둘째나 셋째	가장 많음	둘째나 셋째
비교방법	직무와 직무	직무와 기준표	직무와 기준표	직무와 직무
요소의 수	없음	없음	평균 11개	5~7개
척도의 형태	서열	등급	점수, 평가요소별	점수, 대표직위
다른 방법과의 관계	요소비교법의 조잡한 형태	점수법의 조잡한 형태	분류법의 발전된 형태	서열법의 발전된 형태
평가방법	비계량적 방법	비계량적 방법	계량적 방법	계량적 방법
평가대상	직무 전체	직무 전체	직무의 평가요소	직무의 평가요소

자료: 최종태, 「현대인사관리론」(서울: 박영사), 1986, p. 77 참조.

6) 직급명세서(class specification)의 작성

인사행정의 기초가 되는 직급명세서에는 직급명, 직책의 개요, 최저 자격요건, 채용방법, 보수액 등이 명시되어야 한다.

7) 정 급

모든 직위는 해당 직종(직군 · 직렬 · 직류)과 등급 · 직급에 배정된다.

8) 사후 검토와 동태적 관리

표 5-7 직무분석과 직무평가의 비교

구 분	직무분석	직무평가
분류구조	직무의 종류에 따라 직군 · 직렬 · 직류별로 수직적 · 종적 분류	상대적인 수준, 또는 비중을 결정하는 수평적 · 횡적 분류
기초자료	직무기술서	직무분석
선 · 후	선	후
목적	직무 중심의 객관화 · 과학화, 직렬의 폭과 수의 결정	보수의 공정성 합리화, 봉급액의 결정서
절차 · 방법	직무내용의 확인 → 분류요소 확인 → 기준직위의 선정 → 직렬의 결정	서열법, 분류법, 점수법, 요소비교법 등

결정내용	직군 · 직렬 형성 · 직무의 내용과 책임에 관한 사실 · 정보를 조사 · 검토하는 윤리적 사고과정	등급 결정, 직무에 내포되는 곤란도 · 책임도

3 직위분류제의 구성요소

1) 직위(position)

1인의 공무원에게 부여할 수 있는 직무와 책임을 말한다. 직무는 직위에 부여된 업무를 말하며, 책임은 자기가 맡은 담당 직무를 수행하거나 다른 공무원의 직무수행을 관리 · 감독할 의무를 말한다(오석홍, 2013: 80).

2) 직급(class)

직무의 종류 · 곤란성과 책임도가 상당히 유사한 직위의 군을 말한다. 즉, 인사행정 전반에 걸쳐 동일하게 다룰 수 있는 집단이 바로 직급이다.

3) 직렬(series)

직무의 종류가 유사하고 그 책임과 곤란성의 정도가 상이한 직급의 군을 말한다. 즉, 직렬은 직무의 종류가 유사한 직위들을 묶어 분류하였기에 채용시험 및 응시자격, 승진 등 전보관리, 교육훈련, 보수 등에서 중요한 구분기준으로 활용된다.

<table>
<caption>표 5-8 일반직공무원의 직급표</caption>
<tr><th rowspan="2">직 군</th><th rowspan="2">직 렬</th><th rowspan="2">직 류</th><th colspan="7">계급 및 직급</th></tr>
<tr><th>3급</th><th>4급</th><th>5급</th><th>6급</th><th>7급</th><th>8급</th><th>9급</th></tr>
<tr><td rowspan="17">행정</td><td rowspan="3">교정</td><td>교정</td><td rowspan="17">부이사관</td><td rowspan="17">서기관</td><td>교정관</td><td>교감</td><td>교위</td><td>교사</td><td>교도</td></tr>
<tr><td>교회</td><td>교회관</td><td>교회사</td><td>교회사보</td><td>교회원</td><td>교회원보</td></tr>
<tr><td>분류</td><td>분류관</td><td>분류사</td><td>분류사보</td><td>분류원</td><td>분류원보</td></tr>
<tr><td>보호</td><td>보호</td><td>보호 사무관</td><td>보호 주사</td><td>보호 주사보</td><td>보호 서기</td><td>보호 서기보</td></tr>
<tr><td rowspan="2">검찰 사무</td><td>검찰 사무</td><td>검찰 사무관</td><td rowspan="2">검찰 주사</td><td rowspan="2">검찰 주사보</td><td rowspan="2">검찰 서기</td><td rowspan="2">검찰 서기보</td></tr>
<tr><td>검찰 수사</td><td>수사 사무관</td></tr>
<tr><td>마약 수사</td><td>마약 수사</td><td>마약 수사 사무관</td><td>마약 수사 주사</td><td>마약 수사 주사보</td><td>마약 수사 서기</td><td>마약 수사 서기보</td></tr>
<tr><td>출입국 관리</td><td>출입국 관리</td><td>출입국 관리 사무관</td><td>출입국 관리 주사</td><td>출입국 관리 주사보</td><td>출입국 관리 서기</td><td>출입국 관리 서기보</td></tr>
<tr><td>철도 공안</td><td>철도 공안</td><td>철도 공안 사무관</td><td>철도 공안 주사</td><td>철도 공안 주사보</td><td>철도 공안 서기</td><td>철도 공안 서기보</td></tr>
<tr><td rowspan="7">행정</td><td>일반행정</td><td rowspan="8">행정 사무관</td><td rowspan="7">행정 주사</td><td rowspan="7">행정 주사보</td><td rowspan="7">행정 서기</td><td rowspan="7">행정 서기보</td></tr>
<tr><td>법무행정</td></tr>
<tr><td>재경</td></tr>
<tr><td>국제통상</td></tr>
<tr><td>운수</td></tr>
<tr><td>노동</td></tr>
<tr><td>문화홍보</td></tr>
<tr><td>세무</td><td>세무</td><td>세무 주사</td><td>세무 주사보</td><td>세무 서기</td><td>세무 서기보</td></tr>
</table>

4) 직류(sub-series)

동일한 직렬 내에서의 담당 분야가 동일한 직무의 군을 말한다. 직류 구분은 직렬의 미분화로 발생할 수 있는 문제를 해결함과 동시에 인력활용의 융통성을 유지하기 위한 것이다.

5) 직군(occupational group)

직무의 성질이 유사한 직렬의 군을 말하며, 가장 광범위한 직위를 모아 놓은 군(群)이다. 우리나라는 행정직군과 기술직군으로 크게 구분하고 있다.

6) 직무등급(grade)

직무의 곤란성과 책임도가 상당히 유사한 직위의 군을 말한다. 동일한 등급에 속하는 직위에 대해서는 동일 보수가 지급되기에 보수지급의 기준이 된다.

4 직위분류제의 장 · 단점

1) 장 점

첫째, 직위분류제는 '동일 직무에 대한 동일 보수'라는 직무급체계이므로 보수체계의 합리화를 기할 수 있다.

둘째, 직위분류제는 직위나 직급에 따른 권한과 책임 한계가 명확하여 조직의 합리화에 기여한다.

셋째, 직위분류제는 근무성적평정의 기준 제시, 시험의 합리화, 적재적소의 인사배치, 훈련수요의 명확화 등 공정하고 합리적인 인사행정이 가능하다.

넷째, 직위분류제는 직위나 직급별 공무원 수가 명확하기 때문에 인건비 등 예산행정의 능률화를 도모할 수 있으며, 국민의 행정에 대한 민주적 통제가 용이하다.

다섯째, 직위분류제는 효율적인 정원관리, 행정의 전문화 · 분업화에 촉진, 사무관리의 개선 등에도 기여한다.

2) 단점(고위공무원단제도 도입 필요성)

첫째, 동일한 직렬에 따라서 전보·승진이 이루어지므로, 인사배치의 신축성·융통성이 결여된다. 나아가 고도의 전문화로 인하여 전문가 간의 커뮤니케이션이나 협조·조정이 곤란하며 할거주의화가 우려된다.

둘째, 일반교양과 능력을 가진 유능한 일반행정가의 확보·육성이 어렵다. 또한, 공무원이 특정 직위와 관련되므로, 장기적·종합적 능력발전이 어려워 직업공무원제의 확립이 곤란해진다.

셋째, 공무원의 신분이 특정 직위·직무와 연결되어 있기 때문에, 기구개편 등의 영향을 크게 받아 신분보장이 위험받기 쉽고, 따라서 행정의 안정성·계속성이 저해된다.

넷째, 조직 구성원 간의 관계가 사무 중심으로 이루어지므로 인간관계가 지나치게 사무적이게 된다.

제3절 계급제

1 의 의

1) 개 념

계급제는 사람을 중심으로 개개인의 일반적인 능력과 자격을 기준으로 하여 공무원을 계급으로 분류하는 제도이다. 계급제 하에서는 인적자원활용의 수평적 융통성은 높으나 수직적 융통성은 낮은 편이다.

계급제는 농업사회의 전통을 지닌 영국, 프랑스, 독일, 일본 등에서 채택하고 있다. 우리나라는 계급제 중심의 공직분류형에 직위분류제

요소를 가미하고 있다.

2) 계급제의 특징

첫째, 일반적으로 교육제도상의 계층과 밀접한 관계가 있는 4대 계급제가 확립되고 있다. 즉, 교육제도가 고등학교, 전문대학, 대학, 대학원 등으로 구분되는 것처럼 계급제도 교육제도와 밀접한 관계가 있다. 영국은 행정계급, 집행계급, 서기계급, 서기보계급 등으로 구분하고 있다.

둘째, 계급 간의 차이가 심하며 승진이 어렵다. 계급제를 채택하는 국가들은 각 계급에 따라 학력이나 경력, 출신 성분 등에 큰 차이가 있으며, 사회적 평가나 보수 등에도 차이가 크다. 그러나 우리나라의 일반직공무원은 계급 간 차별이 계급제를 전통으로 하는 국가보다는 적다(박동서, 1994: 158).[12)]

셋째, 고급공무원의 수가 적고 높은 학력이 요구되고 있어 고급공무원의 엘리트화 현상이 현저하게 나타나고 있다.

넷째, 대부분의 국가에서 폐쇄형의 인사관리방식이 채택되고 있다. 어떠한 직급에도 적임자가 존재하면 충원할 수 있는 개방형인 직위분류제와 차이가 있다.

2 계급제의 장·단점

1) 계급제의 장점

첫째, 담당할 직무의 내용과는 관계없이 일반적 교양·능력을 가진 사람을 채용할 수 있으며, 공무원의 능력을 여러 분야에 걸쳐 발전시킬 수 있어 유능한 일반행정가를 양성하는 데 유리하다.

12) 여기에는 다양한 이유가 존재할 수 있다. 즉, 신규임용이나 내부승진 시 학력을 요건으로 하지 않는 점, 상·하 공무원 간 보수격차가 크지 않은 점, 각 계급에 대한 내부승진의 기회가 많은 점, 고급공무원의 비율이 높은 점 등이 그 이유이다.

둘째, 담당할 직무에 관계없이 인사배치를 할 수 있어 수평적으로 인사배치의 신축성·융통성을 기할 수 있다.

셋째, 직위의 종류에 구애됨이 없이 승진할 수 있으므로 장기적·종합적 능력발전에 이바지하며, 직업공무원제의 확립·발전을 촉진한다.

넷째, 직위분류제 하에서는 고도의 전문화가 이루어지고 있으므로 전문가 간의 의사소통이나 조정이 어려운 데 반하여 계급제 하에서는 보다 용이하다.

다섯째, 공무원이 기구개편에 의한 영향을 받지 않으므로 신분보장이 강하다. 따라서 행정의 안정성·계속성이 유지·확보되며 공무원의 사기가 앙양된다.

2) 계급제의 단점

첫째, 특정 분야의 직책을 오래 담당하지 않고 순환보직을 하기 때문에 행정의 전문화 및 전문행정가의 양성이 어려워지며, 권한·책임이 불분명하다.

둘째, 인사관리의 객관적 합리화 및 객관적 기준설정이 곤란하며, 인력수급계획의 수립이 곤란하다.

셋째, 강한 서열의식이 지배되어 상·하 간의 의사소통의 장애를 초래한다.

넷째, 신분보장과 폐쇄형 임용체제로 인해 무사안일을 부추기고 공무원을 특권집단화할 우려가 높다.

3 직위분류제와 계급제의 비교

1) 직위분류제와 계급제의 비교

비교기준	직위분류제	계급제
분류기준	직무의 종류 · 곤란도 · 책임도	개인의 능력 · 자격
인사관리	직무 중심 실적 중심 인사관리	사람 중심 연공서열 중심 인사관리
채용시험	직무와 관련(합리적)	직무와 관련 적음(비합리적)
보수체계	직무급(동일직무 · 동일보수) 높은 보수 형평성	생활급(연공서열급) 낮은 보수 형평성
인사배치	비융통성	융통성
행정계획	단기계획에 적합	장기계획에 적합
교육훈련	전문성(훈련이 직무와 관련)	일반성(훈련이 직무와 관련 적음)
전문성	전문행정가 중심 종합적 시각 확보 곤란	일반행정가 중심 종합적 시각 확보 가능
협조 · 조정	저해	원활
충원방식	개방형	폐쇄형
신분보장	약함	강함
발달배경	산업사회	농업사회
채택국가	미국 · 호주 · 캐나다 · 필리핀	영국 · 프랑스 · 독일 · 일본

자료: 남진우, 「에이스행정학」(서울: 도서출판 에이스), 2015, p. 536.

2) 직위분류제와 계급제의 상호 관계

직위분류제와 계급제는 이념적으로 서로 모순 · 대립되는 제도이긴 하지만, 두 제도의 상호 접근 · 보완이 이상적인 것이며 현실적으로 가능한 것이기도 하다. 오늘날 세계의 일반적 경향이 실제로 양자가 상호 접근 · 보완되어 가는 방향으로 나아가고 있다.

4 우리나라 공직분류체계의 현황

우리나라는 역사적으로 조선시대의 정1품에서 종9품 등의 계급구분에서 찾아볼 수 있듯이 계급제의 전통을 지니고 있다. 이러한 계급제의 전통은 해방 이후 미군정시대에 직위분류제가 시도된 적이 있었다. 대한민국 정부수립과 함께 과거의 역사적 전통에 따라 계급제로 다시 회귀하였다.

그 후 직위분류제의 재도입에 대한 요구로 1963년에 「직위분류법」이 제정되었지만, 계급제적 전통과 관행이 뿌리 깊어 「직위분류법」은 1973년에 결국 폐지되었다. 그러다가 1981년에 이르러 「국가공무원법」의 개정을 통해 직위분류제에 대한 별도의 장(제3장)을 마련하게 되었으며, 이에 따라 우리나라 공직분류는 계급제를 근간으로 하면서 직위분류제가 부분적으로 가미된 형태를 띠게 되었다.

제4절 고위공무원단

1 고위공무원단제도 도입 취지 및 추진경과

고위공무원단(Senior Executive Service: SES)제도는 정부의 주요 정책결정 및 관리에 있어서, 핵심적 역할을 담당하는 실·국장급 공무원을 범정부적 차원에서 적재적소에 활용하고 개방과 경쟁을 확대하며 성과책임을 강화함으로써, 역량 있는 정부를 구현하는 것이다. 따라서 고위공무원단제도는 형평성이나 대표성과는 거리가 있다.

고위공무원단제도는 1978년 미국에서 최초 도입한 이후 영국, 호주, 캐나다 등 OECD 정부혁신 선도국가들이 도입·시행 중이며, 계급과 연공서열 중심의 전통적 인사관리에서 직무와 성과 중심의 인사관리체계로, 정부의 경쟁력 강화와 공공서비스의 질적 향상을 위한 전략적 인사제도이다(강성철, 2005: 31). 우리나라에서는 참여 정부에 들어와서 본격적으로 도입이 추진되어, 2006년 7월 1일에 고위공무원단이 출범하였다.

2 고위공무원단제도 주요 내용

첫째, 고위공무원단은 행정부 국장급 이상 공무원으로 구성된다. 즉, 일반직·별정직·계약직과 외무공무원 약 1,500여 명이 고위공무원단의 구성이 된다. (행정)부지사·부교육감 등 지방자치단체 등의 국가 고위직도 고위공무원단에 포함된다.[13)]

둘째, 고위공무원은 신분보다 일 중심으로 인사관리된다. 고위공무원에 대해서는 현행 1~3급의 계급을 폐지하고, 직무와 직위에 따라 인사관리하게 된다. 이에 따라, 계급에 구애되지 않는 폭넓은 인사로 적격자를 임용할 수 있게 될 것이다. 또한, 고위공무원단에 대해서는 계급과 연공서열보다는 업무와 실적에 따라 보수를 지급한다. 즉, 직무의 중요도·난이도 및 성과에 따라 보수를 차등지급하게 된다.

셋째, 고위직의 개방을 확대하고 경쟁을 촉진한다. 현행 민간과 경쟁하는 개방형제도와 함께 타 부처 공무원과 경쟁하는 직위공모제가 도입된다. 고위공무원의 직위를 개방형 직위 20%, 공모직위 30%, 부처

---

13) 「국가공무원법」 제2조의2 (고위공무원단) ② 제1항의 '고위공무원단'이란 직무의 곤란성과 책임도가 높은 다음 각 호의 직위에 임용되어 재직 중이거나 파견·휴직 등으로 인사관리되고 있는 일반직공무원·별정직공무원·계약직공무원 및 특정직공무원의 군을 말한다. 1. 「정부조직법」 제2조에 따른 중앙행정기관의 실장·국장 및 이에 상당하는 보좌기관 2. 행정부 각급 기관(감사원은 제외)의 직위 중 제1호의 직위에 상당하는 직위 3. 「지방자치법」 제110조 제2항·제112조 제5항 및 「지방교육자치에 관한 법률」 제33조 제2항에 따라 국가공무원으로 보하는 지방자치단체 및 지방교육행정기관의 직위 중 제1호의 직위에 상당하는 직위

자율인사직위 50%로 구분한다. 또한, 각 부처 장관은 소속에 관계없이 전체 고위공무원단 중에서 적임자를 인선하게 된다. 아울러, 부처에 배치된 고위공무원은 소속 장관이 인사와 복무를 관리하게 된다. 행정자치부는 초과현원의 관리와 부처 간 이해관계를 조정하는 역할을 할 것이다.

넷째, 고위공무원에 대한 부처별 인사자율권이 확대된다. 중앙인사기관의 인사심사 대상이 축소된다. 계급단계별 승진심사에서 고위공무원단 진입 시에만 인사심사가 실시된다. 과거 1급 내지 3급 공무원과 이에 상당하는 별정직공무원 및 계약직공무원의 채용과 승진임용에 대하여는 인사심사를 거치도록 되어 있으나, 현재는 고위공무원단에 속하는 공무원의 경우에는 고위공무원단 직위에 신규채용되거나 승진될 때에만 인사심사를 거치도록 하였다.

다섯째, 고위공무원의 성과를 체계적으로 관리하고 능력개발을 강화한다. 성과목표·평가기준 등을 직상급자와 협의하여 성과계약을 체결하고, 목표달성도를 평가하는 직무성과계약제가 시행된다. 또한, 고위공무원이 되기 위해서는 후보자교육과 역량평가[14]를 거치도록 할 계

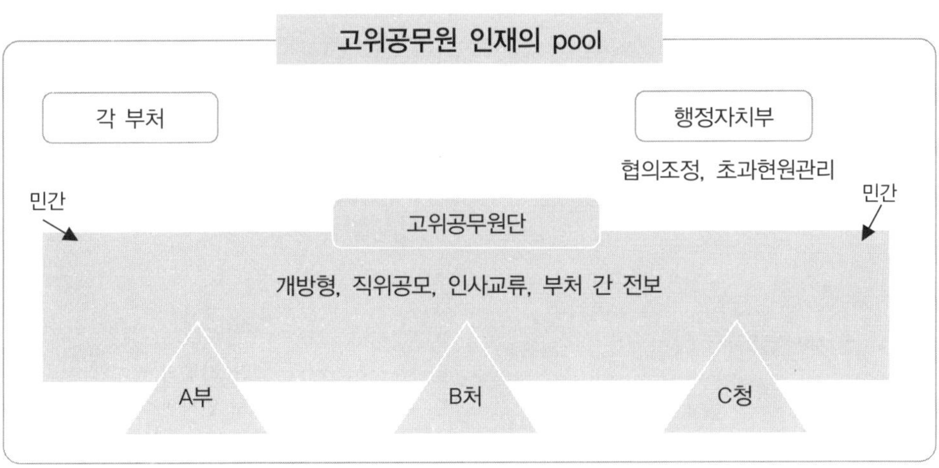

14) 역량평가란 고위공무원단제도의 도입에 따라 고위공무원으로서 요구되는 역량을 구비했는지를 사전에 검증하는 제도적 장치이다.

인사심사의 범위

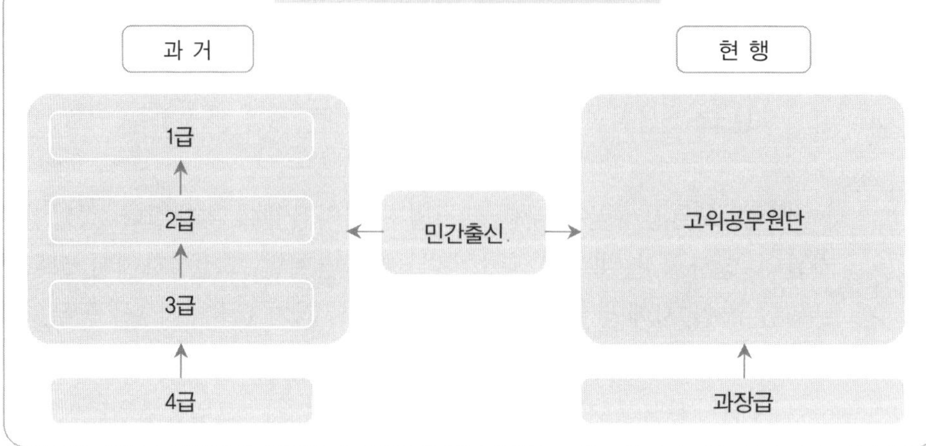

획이다. 아울러, 고위공무원단 재직자에게는 개인별 부족역량을 보완하는 맞춤형 교육을 실시할 것이다.

여섯째, 직업공무원제의 근간을 유지하되 고위직의 책임성을 제고한다. 고위공무원 인사의 실적주의 원칙과 정치적 중립성이 보장되며, 정년 및 신분보장제도도 존치된다. 다만, 성과와 능력이 현저하게 미달하는 자는 적격심사를 통해 엄정한 인사조치를 시행한다.

적격심사절차

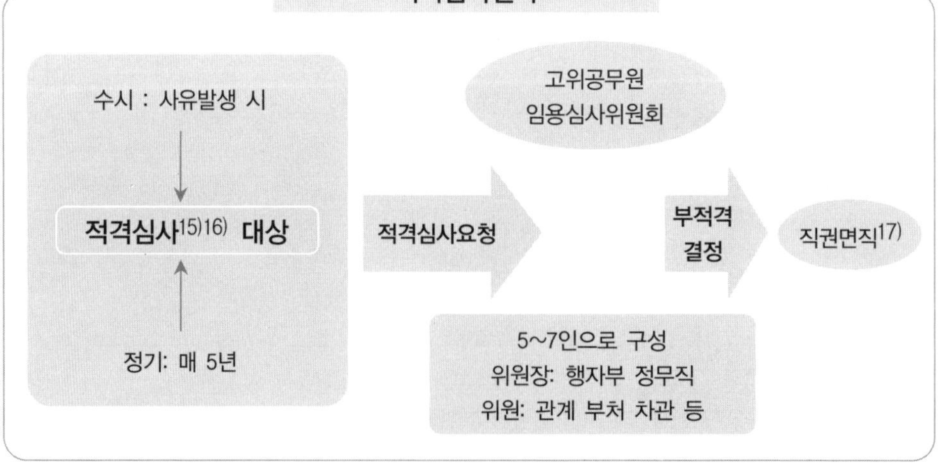

3 고위공무원의 모형(Huddleston)

1) 기관전문가

미국의 직위분류제에 기초한 전통적인 시각으로, 고위공무원을 기관에 소속된 전문가로 이해한다. 이 모형에서 관리기능이란 규정하기 어렵고 가르칠 수 없는 특수한 솜씨의 영역으로 간주된다. 좋은 관리자란 우선 언제나 유능한 기관의 전문가이어야 한다. 고위공무원에 대한 보다 분권화된 인사관리를 선호하여 중앙인사행정기관이 행정기관에 유용한 지원서비스를 제공하지 못한다고 본다.

2) 유럽형 엘리트집단

유럽의 계급제적 전통에서 형성된 엘리트주의적 접근으로 중앙정부를 사회에서 적극적인 역할을 담당하는 주체로서 인식한다. 따라서 고위공무원을 넓은 의미의 공익의 수호자로 간주된다.

이를 위해 고위공무원을 전체 공무원집단과 분리할 필요가 있으며, 필요한 사회화와 경력발전을 보장하는 범정부적인 특수한 집단으로 관리될 필요가 있다고 본다. 따라서 중앙인사행정기관에 의한 공무원

15) 第70조의2 (적격심사) ① 고위공무원단에 속하는 일반직공무원은 다음 각 호의 어느 하나에 해당하는 경우에는 고위공무원으로서 적격한지 여부에 대한 심사를 받아야 한다. 1. 고위공무원단에 속하는 공무원으로 임용된 날부터 매 5년이 되는 때. 다만, 당해 기간 동안 제28조의4의 규정에 의한 개방형 직위, 또는 제28조의5의 규정에 의한 공모직위에 임용된 자는 당해 임용일부터 5년이 되는 때를 말한다. 2. 근무성적평정에서 최하위 등급의 평정을 총 2년 이상 받은 때. 이 경우 고위공무원단에 속하는 일반직공무원으로 임용되기 전에 고위공무원단에 속하는 별정직공무원, 또는 계약직공무원으로 재직한 경우에는 그 재직기간 중에 받은 최하위등급의 평정을 포함한다. 3. 대통령령이 정하는 정당한 사유 없이 직위를 부여받지 못한 기간이 총 2년에 달한 때

16) 제73조의3 (직위해제) ① 임용권자는 다음 각 호의 어느 하나에 해당하는 자에게는 직위를 부여하지 아니할 수 있다. 5. 고위공무원단에 속하는 일반직공무원으로서 제70조의2 제1항 제2호 및 제3호의 사유로 적격심사를 요구받은 자

17) 제70조 (직권면직) ① 공무원이 다음 각 호의 1에 해당할 때에는 임용권자는 직권에 의하여 면직시킬 수 있다. 9. 고위공무원단에 속하는 공무원이 제70조의2의 규정에 의한 적격심사 결과 부적격 결정을 받은 때

의 채용, 훈련, 경력관리, 평정에 관심을 두어야 한다고 본다.

3) 정치기제

정부관료제는 정치집행부의 권한에 저항한다고 본다. 따라서 대통령실의 확대와 정무직의 확대는 이러한 정치집행부에 의한 관료제의 통제로 이해한다. 고위공무원단제도는 이러한 전략의 일환으로 본다.

민주국가에서 경력직공무원은 정책결정에서 독립적인 권리를 가질 수 없으며, 국민이 선택한 정무직공무원만이 그 정당성을 가진다. 따라서 정치와 행정의 분리가 불가능한 현대행정국가 하에서 정치집행부의 가치판단에 관료는 절대적으로 대응적이어야 한다고 본다.

4) 기관관리자

이 모형은 발전된 민간부문의 관리제도를 정부에 도입해야 한다는 관리주의적 접근에 기초하고 있다. 이 모형은 중요한 관리기능의 하나로서 인사행정을 이해하면서 고위공무원의 성과를 유인할 수 있는 유인체계에 주목한다. 따라서 뛰어난 성과를 보인 고위공무원에게는 현금보너스가 주어져야 한다고 주장하며, 고위공무원의 공공부문과 민간부문 간의 교류를 지지하는 입장이다.

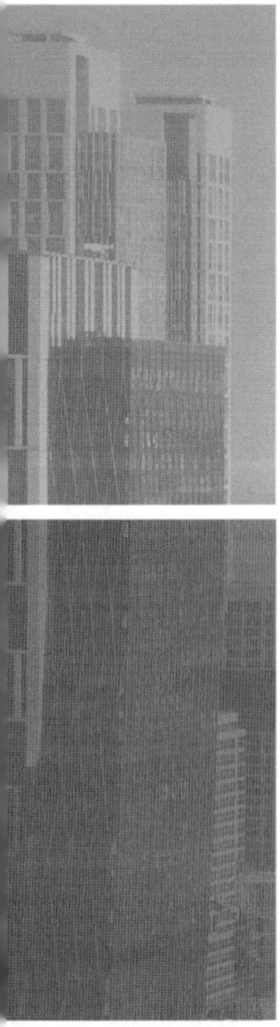

제 3 편

인적자원의 효율적 관리

제 6 장 공직임용

제 1 절 인력계획

1 인력계획의 의의 및 중요성

1) 인력계획의 개념

인력계획(manpower planning), 또는 인적자원계획(human resources planning)이란 정부의 인적자원에 대한 수요예측과 이를 충족시키기 위한 인력의 공급방안을 결정하는 과정으로, 행정환경의 변화에 따른 중・장기 행정수요의 예측에 따라 파악된 인력수요를 직급별・직종별로 예측하여 이에 맞는 공급과 관리계획을 수립하는 것을 의미한다(Boway, 1974: 1).

2) 인력계획의 전제조건

인력은 그 형성기간이 매우 길기 때문에 최소 20~30년의 장기 전망이 필요하며, 인력계획이 실효를 거두기 위해서는 인력형성기관과의 유기적 연대, 합리적 · 경험적으로 이루어진 직급 및 직제의 분류와 소요인력의 충원방법의 결정 등의 전제조건이 충족되어야 한다.

3) 인력계획의 중요성

인력계획이 중요한 이유는 개인에게는 자신의 능력과 잠재력을 최대한 활용할 수 있도록 예측기회를 제공하며, 조직에는 조직의 성과를 효율적으로 달성하기 위해 유능한 인력을 확보할 수 있는 바탕을 제공하기 때문이다.

2 인력계획의 과정

- 1단계는 조직목표를 설정하는 단계로 조직관리자들이 실현 가능한 장래의 사업계획 목표를 설정하는 것이다.
- 2단계는 인력 총수요를 예측하는 단계로 정부의 목표에 따라 이를 달성하기 위한 인력을 예측하는 것이다.
- 3단계는 인력 총공급을 예측하는 단계로 기준시점에서 현재 인력을 파악하고 유동인력을 예측해야 한다.
- 4단계는 총수요와 총공급을 비교해 실제로 인력수요를 결정하는 단계이다.
- 5단계는 실제 인력수요를 기초로 하여 인력확보방안을 결정하는 단계로서 채용 · 교육훈련 등의 인사관리와 밀접한 관련을 맺으면서 결정되어야 한다.
- 6단계는 인력확보방안을 실행에 옮기는 단계로서 채용 · 교육훈련 및 인사이동 등이 해당된다.
- 7단계는 감독자와 인사관리자는 인사관리 정보체제와 관련해 통제자료(control data)를 준비해야 한다.
- 8단계는 통제자료를 기초로 인력관리기능의 정확성과 효과성을 평가하여 다시 인력계획과정 등에 환류해야 한다.

제2절 모 집

1 의 의

1) 개 념

모집이란 가장 적절하고 유능한 인재가 공직을 지원하도록 경쟁에 유치하는 과정 내지는 기능을 의미한다. 인사행정의 3대 변수는 채용, 능력발전, 사기 등으로 집약되며, 다시 채용은 모집−시험−임용의 3단계로 파악된다.

2) 소극적 모집과 적극적 모집

소극적 모집(negative recruitment)이란 단순히 부적격자·무자격자만을 제거·배제하는 활동을 의미하며, 적극적 모집(positive recruitment)이란 유능한 인재를 공직에 유인하려는 적극적이고 능동적인 활동을 의미한다.

우리나라는 농업사회의 전통으로 공직에 대한 사회적 평가가 높아 공직에의 지원자를 충분히 확보할 수 있었기에 적극적 모집의 필요성이 크지 않았으나, 최근 사회변화에 따라 보다 유능한 공무원의 필요성이 절실하여 적극적 모집의 필요성이 커지고 있는 추세이다.

3) 적극적 모집의 필요성

첫째, 제2차 세계대전 이후 경기호황으로 사기업이 비약적으로 발전함에 따라 공직에 유능한 인재를 유치하기 위한 경쟁이 격화되어 왔다.

둘째, 가치의 다원화로 공직에 대한 사회적 평가가 낮아짐에 따라 유능한 인재들의 공직지원이 감소하게 되었다.

셋째, 높은 고용수준과 공무원의 낮은 승진기회 · 높은 이직률, 상대적으로 낮은 공무원의 보수수준 등이 적극적 유인 제공의 필요성을 가중시키고 있다.

넷째, 현대행정의 양적 확대와 질적 변화로 인해 행정국가화됨에 따라 발전행정의 추진 등으로 유능한 인재의 적극적인 확보가 강력히 요청되고 있다.

2 적극적 모집방법

1) 공직에 대한 사회적 평가의 제고

공직이 다른 직장에 비해 사회적 평가나 신망이 높아야 유능한 인재들의 공직유입을 꾀할 수 있다.

2) 시험방법 및 절차의 개선

모집절차를 간소화하고 자격이나 기준을 완화하여 누구든지 공직에 지망할 수 있도록 제반여건을 합리화하여야 한다.

3) 장기적 인력계획의 수립

우수한 인재를 유치하기 위해서는 장기적 관점에서 인력수급계획을 마련하고 일관성 있는 모집계획이 운용되어야 한다.

4) 노동시장의 육성 · 개척

교육기관과 정부의 연계를 강화하고 장학금제도를 활용하는 등 노동시장의 변화 상황을 면밀히 고찰하여 운영하여야 한다.

5) 모집결과에 대한 사후 평가

모집계획을 수립하는 과정에서부터 모집 후 활동까지 종합적으로 평가하여 철저하게 분석한 후 이를 반영하여야 한다.

3 모집의 자격요건

공직자 모집에 있어서 자격요건의 제한문제는 이율배반적 문제이다. 즉, 자격요건을 강화할 경우는 기회균등이나 평등사상과 같은 민주원칙에 위배되고, 자격요건을 완화할 경우는 현대의 전문화된 행정의 능률적 수행에 막대한 지장을 초래하게 되는 것이다.

공무원의 응시자격요건으로 소극적 요건은 '~는 안된다'고 규정하는 것으로 연령, 주민, 학력 등이며, 적극적 요건으로는 '~를 갖추어야 한다'는 것으로 가치관과 태도 및 지식과 기술 등을 의미하며, 이는 선발과정에서 시험을 통해서 측정될 수 있다.

현행 「국가공무원법」을 중심으로 공무원의 자격요건, 즉 국적, 학력, 연령, 거주지, 성별요건 및 결격사유를 살펴보면 다음과 같다.

1) 국 적

국적은 모집의 자격요건 중 가장 기본적인 것으로, 대부분의 국가에서는 외국인의 공직임용을 제한하거나 금지하고 있다.

우리나라도 원칙적으로 외국인은 공직에 응시할 수 없지만, 국가안보, 보안 및 기밀, 외교, 국제관계 등의 분야를 제외하고는 일반직공무원(전문경력관 · 임기제공무원에 한함) 및 특수경력직공무원으로 임용될 수 있다.

특히, 특정직공무원인 대학교원은 채용이 가능하다. 또한, 귀화자나 북한이탈주민도 공개경쟁 채용뿐만 아니라, 경력경쟁 채용을 통해 모든 공직에 임용이 가능하다(「국가공무원법」 제28조).

2) 교육여건(학력)

최저학력에 대한 자격요건은 공직에의 기회균등과 우수한 인재의 확보라는 상반된 요구가 대립하고 있다.

영국·프랑스·독일·일본 등 직업공무원제를 강조하는 국가에서는 학력을 제한하고 있으며, 미국·호주 등 직위분류제·실적주의를 강조하는 국가에서는 학력을 제한하지 않는다.

3) 연령요건

연령하한은 무한정 낮게 정할 수 없으므로, 연령상한이 문제가 된다. 영국은 연령상한을 제한하고 있는데, 직업공무원제의 발전을 위하여 불가결하다는 것과 실제 젊은이의 근무성적이 양호하다는 것을 이유로 제시한다.

반대로 미국은 연령 제한을 반대하고 있는데, 고용기회를 개방함으로써 관료주의화를 방지할 수 있다는 것과 관련 유경험자를 채용하겠다는 것을 이유로 제시한다.

4) 성별 및 주거지요건

현대국가에서 성별 및 주거지요건을 공직자 모집에 있어서의 자격요건으로 법제화하는 일은 거의 없다. 다만, 거주지요건은 지방자치제에서 유래한다.

5) 제대군인에 대한 특전

공직자 모집에 있어서 제대군인·상이군경·전몰군경 유족에게 각종 특혜를 부여하는 것은 세계 여러 나라에서 일반적인 관례로 인정되어 오고 있다. 우리나라는 국가유공자 및 그 가족에 대해서는 만점의 10%, 또는 5%를 가산해 주도록 하고 있으며(「국가유공자 등 예우 및 지원에 관한 법률」 제31조), 제대군인에 대한 가산점제도는 1999년 12월 헌법재판소에서 폐지하였다.

6) 임용결격사유와 당연퇴직사유

「국가공무원법」 제33조(결격사유)는 다음과 같은 자는 공무원으로 임용될 수 없다고 규정하고 있다. 즉, 아래에 해당하는 자가 공무원으로 임용되더라도 그 임용행위는 무효이다.

따라서 「국가공무원법」 제69조(당연퇴직)는 공무원이 제33조 각 호에 해당할 때에는 당연히 퇴직한다고 규정하고 있다.

다만, 같은 조 제5호는 「형법」 제129조부터 제132조까지 및 직무와 관련하여 「형법」 제355조 및 제356조[1]에 규정된 죄를 범한 자로서 금고 이상의 형의 선고유예를 받은 경우만 해당한다.

① 금치산자・한정치산자
② 파산선고를 받고 복권되지 아니한 자
③ 금고 이상의 형을 받고 그 집행이 종료되거나 집행을 받지 아니하기로 확정된 후 5년이 경과하지 아니한 자
④ 금고 이상의 형을 받고 그 집행유예기간이 완료된 날로부터 2년을 경과하지 아니한 자
⑤ 금고 이상의 형의 선고유예를 받은 경우에 그 선고유예기간 중에 있는 자
⑥ 법원의 판결, 또는 다른 법률에 의하여 자격이 상실, 또는 정지된 자
⑦ 공무원으로 재직기간 중 직무와 관련하여 「형법」 제355조 및 제356조에 규정된 죄를 범한 자로서, 300만 원 이상의 벌금형을 선고받고 그 형이 확정된 후 2년이 지나지 아니한 자
⑧ 파면처분을 받은 때로부터 5년을 경과하지 아니한 자, 또는 해임처분을 받은 때로부터 3년을 경과하지 아니한 자

---

1) 「형법」 제129조(수뢰, 사전수뢰), 제130조(제삼자뇌물제공), 제131조(수뢰후부정처사, 사후수뢰), 제132조(알선수뢰), 제355조(횡령, 배임), 제356조(업무상의 횡령과 배임) 등

제3절 시 험

1 의 의

1) 개 념

시험이란 응시자 중에서 유능한 적격자를 분별·선발하는 수단·도구를 의미한다. 특히, 공개경쟁시험은 실적주의의 확립에 기여하고, 공직에의 임용 기회균등에 의하여 행정의 민주성을 확보하여 주며, 행정의 능률성을 보장하여 준다.

2) 시험의 효용성 확보요건

첫째, 공정한 절차·척도로써 균등한 기회를 부여하는 시험이어야 한다.

둘째, 대상 직위의 차이에 따른 적절한 시험방법·종류·내용이 선택되어야 한다.

셋째, 합격 후의 직무수행능력 및 근무태도, 잠재적 능력 및 발전가능성을 예측할 수 있어야 한다.

넷째, 응시자의 성적·능력의 상대적 우열순위를 정확하게 판정할 수 있어야 한다.

2 시험의 효용성 측정기준

1) 타당도

타당도(validity)[2)]란 시험이 측정하려는 내용을 얼마나 정확하게 측정하고 있느냐의 정도를 의미하며, 채용시험성적이 우수한 사람이 근무성적도 높게 나타나야 한다는 것이다.

따라서 시험의 타당성이 높을수록 근무성적이 우수한 사람을 선발할 수 있다. 타당도는 채용시험성적과 채용 후의 근무성적을 비교함으로써 측정할 수 있다.

타당도의 유형은 크게 세 가지로 구분할 수 있다.

첫째, 기준의 타당도(Criterion Related Validity: 가장 일반적인 타당도)이다. 기준타당도는 시험성적과 본래 시험으로 예측하고자 했던 기준 사이에 얼마나 밀접한 상관관계가 있는가를 말하며, 측정도구(예 채용시험)가 어떤 변수의 값(예 직무수행능력)을 얼마나 정확하게 예측할 수 있는가를 평가하는 것이다.

공무원채용시험의 타당성을 평가하기 위해서 채용시험 합격자의 시험성적을 채용 후 일정기간이 경과한 다음 근무성적과 비교했다면, 근무성적이 채용시험의 타당성을 평가하는 기준이 되며, 둘 사이의 상관관계가 높을수록 기준타당도는 높다.

---

2) 기준타당도란 시험성적과 본래 시험으로 예측하고자 했던 기준 사이에 얼마나 밀접한 상관관계가 있는가를 말한다. 시험으로 예측하고자 하는 것은 직무수행실적이다. 따라서 기준타당도는 시험이라는 예측치와 직무수행실적이라는 기준의 두 요소 간의 상관계수로써 측정된다. 즉, 시험성적과 근무실적의 상관계수로써 검증할 수가 있다. 기준타당도는 시험이 예측하고자 하는 근무실적에 대한 기준치가 분명하게 설정되고 충분한 경험적 자료를 수집할 수 있을 때 가능한데, 기준타당도의 계산은 상관계수로써 통계처리하기 때문이다. 그러나 이러한 계량적 자료를 구하기 힘들거나 통계분석에 필요한 최소한의 자료 수(일반적으로 30명 이상)를 확보하지 못하는 경우에는 기준타당도를 적용하기가 곤란하다.
이러한 상황에서 타당성을 확보하는 하나의 방법이 내용타당도이며, 직무를 성공적으로 수행하는데 필요한 지식이나 기술의 내용을 시험에 얼마나 반영시키고 있는가의 정도를 의미한다. 내용타당도에서 시험을 통해 예측하고자 하는 것은 성공적 직무수행의 내용 내지는 성공적 직무수행에 필수적인 지식이나 기술이다. 그 직무내용이나 요건은 어느 정도 추상적이기는 하나 해당 분야의 전문가들의 판단으로 검증이 가능하다. 이때 전문가의 판단에만 의존하지 않고 행태과학적인 조사를 통한 검증절차를 거치거나, 추상성이 아주 강해 단순한 판단만으로는 검증이 불가능한 인간의 특성을 측정하고자 할 때에는 구성타당도를 고려해야 한다. 즉, 구성타당도는 시험이 직무수행의 성공에 상관되어 있다고 이론적으로 구성 · 추정한 특성을 얼마나 정확하게 측정할 수 있느냐를 의미한다.

표 6-1 예측적 타당도와 동시적 타당도

예측적 타당도 검증	시험에 합격한 사람이 일정한 기간 직장생활을 한 다음, 그의 채용시험 성적과 업무실적을 비교하여 양자의 상관관계를 확인하는 방법, 측정의 정확성은 높으나 비용과 노력이 많이 소요되며, 시험성적과 근무성적이 동시에 측정되지 않고 시차가 존재하므로 '추종법'이라고도 한다.
동시적 타당도 검증	앞으로 사용하려고 입안한 시험을 재직 중에 있는 사람에게 실시한 다음, 그의 업무실적과 시험성적을 비교하여 그 상관관계를 보는 방법, 측정의 정확성은 낮으나 신속하고 비용과 노력이 절감되며, 시험성적과 근무성적을 동시에 측정할 수 있으므로 동시적 타당도, 또는 동시적 연구라고 한다.

그림 6-1 동시적 타당도와 예측적 타당도

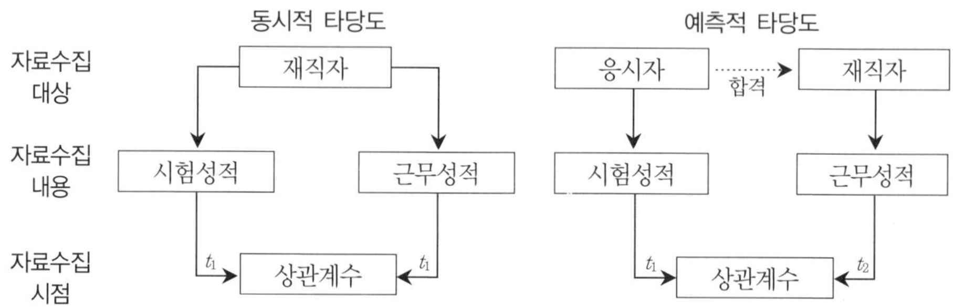

둘째, 내용의 타당도(Content Validity)이다. 시험이 직무를 성공적으로 수행하는 데 필요한 지식이나 기술을 시험에 얼마나 반영시키고 있는가의 정도를 의미한다. 따라서 내용타당도를 확보하려면 직무분석이 무엇보다도 필수적이다.

예를 들면, 타자수 선발시험에서 실제 근무상황에서 사용되는 것과 똑같은 서류양식을 시험문제로 출제하는 경우나 취재기자 선발시험에서 일반적인 논술주제가 아닌 구체적인 기사작성을 시험문제로 출제할 경우에 내용타당도는 확보될 수 있다.

셋째, 구성의 타당도(Construct Validity: 해석적 타당도)이다. 시험이 직무수행의 성공에 상관되어 있다고 이론적으로 구성·추정한 특성을 얼마나 정확하게 측정할 수 있느냐를 의미한다.

예를 들면, 창의력을 측정하고자 추상적으로 구성된 '민감성, 이해성, 도전성' 등을 제대로 측정해 주었는지의 정도이다. 즉, 직무수행과 관련된다고 믿는 이론적(가설적)인 구성요소들의 측정정도이다.

구성타당도는 행태과학적인 조사를 통한 검증절차를 거치거나, 추상성이 아주 강해 단순한 판단만으로는 검증이 불가능한 인간의 특성을 측정하고자 하는 것이다.

표 6-2 구성적 타당도의 검증방법

상관을 이용한 구성타당도	요인분석방법
• 수렴적(convergent) 타당성: 같은 개념을 측정하는 경우에는 상이한 측정방법을 사용하더라도 그 측정값은 하나의 차원으로 수렴해야 한다. 예를 들어, 학업성취도를 측정하기 위해 주관식 시험, 상호 토론을 시켰을 경우, 모두 상관관계가 높게 나타난다면 수렴적 타당성이 높다고 볼 수 있다. • 차별적(discriminant) 타당성: 상이한 개념을 측정하는 경우에는 상이한 측정방법을 사용하더라도 그 측정값 간에는 차별성이 나타나야 한다. 예를 들면, 진보주의, 보수주의를 측정하는 경우, 상관관계가 낮게 나타난다면 차별적 타당성은 높다고 볼 수 있다.	검사의 구성타당도를 검증하는 방법으로 가장 잘 알려진 통계방법이 요인분석(factor analysis)이다. 요인분석은 다수의 상호 관련된 변수·문항들을 좀 더 제한된 수의 차원이나 공통요인으로 분류하는 통계분석기법이다. 요인분석의 기본원리는 항목들 간의 상관관계가 높은 것끼리 하나의 요인으로 묶어내며, 요인들 간에는 상호 독립성을 유지하도록 하는 것이다. 하나의 요인으로 묶여진 측정항목들은 하나의 개념을 측정하는 것으로 간주할 수 있고, 요인 간에는 서로 상관관계가 없으므로 각 요인들은 서로 상이한 개념이 된다. 요인 내의 항목들은 수렴적 타당성에 해당되며 요인 간에는 차별적 타당성이 적용되는 것으로 해석할 수 있다.

2) 신뢰도

신뢰도(reliability)란 측정수단으로써의 일관성·일치성을 의미하며, 시험이 측정해 내는 결과의 일관성이 어느 정도인가에 관한 기준을 시험의 신뢰도라 한다.

따라서 동일 응시생이 동일시험을 시간을 달리하여 치른 경우, 그 성적의 차이가 적을수록 그 시험의 신뢰도는 높다고 할 수 있다.

신뢰도를 검증하는 대표적인 방법으로는 재시험법(test-retest), 동질이형법(同質異形法, equivalent forms), 내적 일관성(internal consistency)

검증이 있다.

신뢰도를 높이려면 채점의 객관도를 높이고, 문제를 많이 출제하고, 답안작성시간을 적절하게 주어야 한다.

타당도와 신뢰도와의 관계는 다음과 같다.

첫째, 신뢰도가 낮다면 타당도도 낮다.

둘째, 신뢰도가 높다고 해서 타당도도 높다고 단정할 수는 없다.[3)]

셋째, 타당도가 높다면 신뢰도도 높다.

넷째, 타당도가 낮다고 해서 신뢰도도 낮다고 단정할 수는 없다.

그림 6-2 타당도와 신뢰도와의 관계

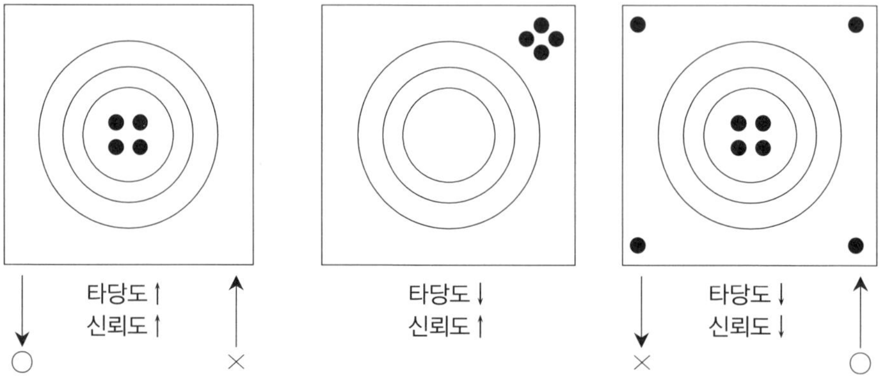

신뢰도가 있어야 타당도의 문제를 검토할 수 있다. 신뢰도가 없는 측정도구가 타당도를 갖는다는 것을 불가능하다. 즉, 신뢰도는 타당도의 전제조건이다. 조건식으로 말하면 신뢰도는 타당도의 필요조건이지 충분조건이 아니다.

3) 예를 들면, 한국 대학생의 지능검사를 하기 위하여 영어로 된 검사지로 지능검사를 했다면, 이 측정방법의 신뢰도는 높게 측정될 확률이 높지만 타당도는 떨어질 가능성이 높다. 왜냐하면, 영어로 된 검사지를 사용함으로써 지능보다는 오히려 학생들의 영어실력에 의해서 지능지수가 결정될 가능성이 높기 때문이다.

구 분		신뢰도 유무	
		있다	없다
타당도 유무	있다	가능하고 바람직하다.	가능하지 않다.
	없다	가능하지만, 잘못된 결론을 내릴 수 있다.	가능하지만, 바람직하지 않다.

3) 객관도

채점기준의 객관화 정도를 의미하며, 시험성적이 채점자에 따라서 심한 차이가 없는 것을 말한다.

시험의 객관도(objectivity)는 같은 채점자가 하나의 시험을 시간 간격을 두고 두 차례 채점하여 그 결과를 비교하는 방법으로 측정할 수 있다. 일반적으로 객관식 시험이 주관식 시험에 비해 객관도가 현저하게 높다. 객관도가 낮으면 신뢰도는 반드시 낮아지나, 신뢰도가 낮다고 해서 반드시 객관도가 낮아지는 것은 아니다.

4) 난이도

난이도(difficulty)란 시험의 어려운 정도를 말한다. 적절한 난이도가 유지되어야 득점의 분포가 적절히 이루어져 응시자들의 우열 순위를 충분히 파악할 수 있다.

5) 실용도

실용도(practicability)란 시험이 지니고 있는 현실적인 이용가치의 정도를 의미한다. 여기에는 시험관리 비용의 저렴성, 시험실시의 용이성, 채점의 용이성, 이용가치의 고도성을 포괄한다.

표 6-3 공개경쟁 채용시험과 경력경쟁 채용시험의 비교

구 분	공개경쟁 채용시험	경력경쟁 채용시험
개념	• 학력 · 경력을 요구하지 않고 누구나 응시 가능하고 균등한 기회보장을 중시함	• 공개경쟁 채용시험에 의해 충원이 곤란한 특정분야에 대하여 관련 직위, 또는 직무에 적합한 우수 전문인력 및 유경험자를 채용함
근거	• 「국가공무원법」 제28조, 제31조, 제35조 • 「공무원임용령」 제2장 제1절 • 「공무원임용시험령」 제21조 · 제25조	• 「국가공무원법」 제28조 • 「공무원임용령」 제2장 제2절 • 「공무원임용시험령」 제26조~제30조
종류	• 5급 공개경쟁 채용시험(행정 · 기술) • 외교관후보자 선발시험 • 7 · 9급 공개경쟁 채용시험	• 자격증, 학위, 근무경력 등 13가지 자격요건별 경력경쟁 채용시험
자격제한	• 응시하한연령 외 자격제한 없음 (일부 직렬은 특정 자격증을 응시요건으로 지정함)	• 자격증, 경력, 학위 등의 요건 충족필요
시험실시기관	• 주로 행정자치부가 실시 • 기상청 등	• 주로 각 부처의 장이 실시 • 민간경력자 5급 일괄채용시험은 행정자치부 주관으로 실시

자료: www.gosi.go.kr 행정자치부, 국가공무원 채용시험 종합안내서(2014).

제4절 임 용

1 의 의

1) 개 념

임용(任用)이란 공무원을 특정의 직위에 취임시키는 행위를 말한다. 공무원의 임용은 시험성적 · 근무성적 기타 능력의 실증에 의하여 행한다. 다만, 국가기관의 장은 장애인 · 이공계 전공자 · 저소득층 등에 대한 채용 · 승진 · 전보 등 인사관리상의 우대와 실질적 양성평등을 구현하기 위한 적극적인 정책을 실시할 수 있다.

임용권자는 우수한 인재를 공직에 유치하기 위하여 학업성적 등이 뛰어난 고등학교 이상 졸업자나 졸업 예정자를 추천·선발하여 3년의 범위에서 견습으로 근무하게 하고, 그 근무기간 동안 근무성적과 자질이 우수하다고 인정되는 자는 6급 이하의 공무원, 또는 기능직공무원으로 임용할 수 있다.

국가기관의 장은 국가안보 및 보안·기밀에 관계되는 분야를 제외하고, 외국인을 공무원으로 임용할 수 있도록 하여, 외국인의 공무원 임용요건을 완화하였다.

2) 중요성

첫째, 합리적인 임용제도에 의하여 공무원의 신분보장을 기할 수 있다.

둘째, 공무원 자신의 미래 진로를 결정하여 준다.

셋째, 인재의 적재적소의 배치를 통하여 행정의 보다 효율적인 수행을 가능케 한다.

표 6-4 임용의 유형 및 방법 등

<table>
<tr><th>유 형</th><th>의 미</th><th colspan="2">내 용</th><th>방 법</th></tr>
<tr><td rowspan="2">외부임용</td><td rowspan="2">공무원관계의 발생</td><td rowspan="2" colspan="2">신규채용</td><td>공개경쟁채용</td></tr>
<tr><td>경력경쟁(특별)채용 등</td></tr>
<tr><td rowspan="4">내부임용</td><td rowspan="3">공무원관계의 변경</td><td rowspan="2">인사이동</td><td>수직적 이동</td><td>승진, 강임, 강등</td></tr>
<tr><td>수평적 이동
(배치전환)</td><td>전보, 전직, 겸임, 파견,
전입, 전출, 인사교류 등</td></tr>
<tr><td>기타 내부임용</td><td>기타 내부임용</td><td>휴직, 직위해제, 정직,
복직 등</td></tr>
<tr><td>공무원관계의 소멸</td><td>퇴직</td><td>퇴직</td><td>면직, 해임, 파면</td></tr>
<tr><td>혼합형
임용</td><td>공무원관계의 발생,
변경 및 소멸</td><td>외부·내부
임용</td><td>외부·내부
임용</td><td>개방형 직위제</td></tr>
</table>

2 임용의 절차

1) 채용후보자명부에의 등재

합격자가 결정되면 임명되기 전에 시험실시기관의 장은 합격자들을 직급별로 시험성적순에 따라 채용후보자명부에 등재하여야 한다. 훈련성적·전공 분야와 기타 필요한 사항을 기재하게 되어 있다.

5급 공무원 공개경쟁 채용시험의 합격자는 5년을 유효기간으로 하며, 6급 이하 및 기능직공무원은 2년을 유효기간으로 한다. 단, 시험실시기관의 장은 1년의 범위 내에서 유효기간을 연장할 수 있다.

2) 추 천

시험실시기관의 장은 각 기관의 결원 및 결원예정인원을 감안하여 채용후보자를 임용권, 또는 임용제청권을 갖는 기관에 추천하여야 한다.

우리나라의 경우 과거에는 주로 3배수 추천제를 채택하였다. 현재에도 3배수 추천제를 사용하는 경우가 있으나, 단수추천제가 일반적이며 선택추천제(즉, 특별추천제)가 예외적으로 허용되고 있다.

즉, 임용권자로부터 특별추천의 요구가 없는 한, 시험실시의 경우 시험실시기관의 장은 단수추천제에 의하여 1명의 후보자를 임용(제청)권자에게 추천한다.

이 경우 시험실시기관의 장은 채용후보자를 시험성적, 교육훈련성적, 전공분야, 경력, 기타 적성 등을 참작하고, 결원 및 예상 결원을 파악하여 임용(제청)권자에게 1명을 추천한다.

이와 달리 특별추천이 가능한 경우가 있는데, 임용예정기관에 근무하고 있거나 6개월 이상의 근무경력이 있는 사람, 또는 임명예정직위에 관련된 특별한 자격이 있는 사람, 임용예정지역이 특수지역인 경우에 이에 적합한 사람, 임용예정기관의 장이 학력, 경력 및 특수자격요건을 정한 경우 이에 해당하는 사람이 그 대상이 된다(「공무원임용령」 제13조).

3) 시보임용

시보(試補)란 '시험 삼아 맡겨 본다'는 의미로 정규공무원으로 임명되기 전에 일정 기간 공무원으로서 신분을 부여하는 행위이다. 대부분의 국가에서 채택하고 있는 것으로 채용후보자에게 일정 기간 동안 실제 업무를 수행할 수 있는 기회를 부여하여, 공직자로서 적격성 여부를 판별하는 데 1차적 목적이 있다. 실제 업무에 종사하면서 수습(修習)을 통해 공직에 대한 이해도와 적응의 기회를 갖게 하는 부수적 목적도 있다.

신규채용 공무원을 대상으로 하며 고위직공무원은 적용대상이 아니다. 시보기간은 5급 공무원을 신규채용하는 경우에는 1년, 6급 이하 공무원과 기능직공무원을 신규채용하는 경우에는 6개월 간 각각 시보(試補)로 임용하고, 그 기간에 근무성적이 좋으면 정규 공무원으로 임용한다. 또한, 휴직한 기간, 직위해제기간 및 징계에 의한 정직, 또는 감봉처분을 받은 기간은 시보임용기간에 산입하지 아니한다.

시보임용기간 중에 있는 공무원이 근무성적, 또는 교육훈련성적이 불량한 때에는 면직시키거나 면직을 제청할 수 있다. 따라서 시보임용기간에는 일반공무원에게 인정되는 신분보장이 없다.

4) 임명 및 보직

시보공무원은 시보기간이 완료되면 정규공무원으로 임명된다. 임명은 공무원은 신분을 부여하는 신분 설정행위이며, 보직은 공무원을 일정한 직위에 배치하는 행정행위이다.

제 7 장 능력발전

제 1 절 교육훈련

1 의 의

1) 개 념

공무원의 교육훈련이란 직무수행상 필요한 지식과 기술의 습득 및 가치관·태도의 발전적 변화를 기하고자 하는 인사기능을 의미한다. 교육이란 일반적인 교양·지식·기능·태도의 습득, 또는 인격의 도야 등을 의미하고, 훈련이란 일반적인 것이 아닌 특정직무를 수행하는데 요구되는 전문적 기술이나 직무방법 등을 개발하고 발전시키는 과정을 의미한다.

2) 필요성

첫째, 행정의 전문화·분화로 인한 행정기능의 확대·강화와 복지국가화의 경향에 따라 변동대응능력의 증진·강화를 위해서 필요하다.

둘째, 기술혁신에의 적응·도입, 쇄신적·창조적 발전, 엘리트의 육성이란 측면에서 그 필요성이 증대하고 있다.

셋째, 새로운 시대에 맞는 가치관·행정윤리의 확립 및 정착을 위해서 필요하다.

2 교육훈련의 수요

1) 교육훈련의 수요

교육훈련의 수요 = 직책에 요구되는 능력 · 자격 − 현재 보유하고 있는 능력 · 자격

2) 교육훈련의 일반적 목적

첫째, 교육훈련의 가장 일반적인 목적은 공무원의 능력발전이다. 이를 통해 궁극적으로는 조직의 목표달성 및 발전을 도모하고자 함이다.

둘째, 조직의 안정성과 융통성 향상을 통해 능률·생산성을 제고하여 행정발전을 도모하고자 한다.

셋째, 공무원의 가치관 및 태도의 적극적인 변화를 통해 행정윤리의 확립에 이바지함으로써, 관료제의 역기능을 극복할 수 있다.

넷째, 일에 대한 자신감과 흥미 제고를 통해 공무원 개개인의 사기를 앙양시킬 수 있으며, 사치와 낭비를 감소할 수 있다.

다섯째, 교육훈련을 통해 공무원에 대한 통제와 감독의 필요성을 감소시키며, 공무원을 유능한 인재로 성장시켜야 한다는 정치적·사회적 요청에 부응할 수 있다.

3 교육훈련의 종류

1) 신규채용자훈련

신규로 채용된 공무원이 새로이 어떠한 직위의 직책을 담당하기 전에 받는 기초적 훈련으로, 소속할 조직의 목표·계획, 자기역할·담당직무의 내용 등의 정확한 이해 및 파악이 목적이다. 이를 기초훈련, 적응훈련이라고도 한다.

훈련의 내용으로는 첫째, 근무조건, 보수, 연금, 승진제도, 근무시간, 휴가 등, 둘째, 조직의 목표·계획·위치·기능·규칙 등, 셋째, 직무의 내용·절차·수행방법 등으로 훈련방법으로는 주로 강의가 대표적이다.

2) 정부고유업무 담당자훈련

정부고유업무 담당자훈련이란 기초훈련(적응훈련)의 일종으로서 직책의 내용이 정부에만 고유한 것일 경우, 신규로 채용된 후 실제로 직무를 담당하기 전에 받는 일정한 기초적 훈련을 말한다. 이 경우 처음부터 이러한 직책을 담당할 사람을 대상으로 장기간 별도의 훈련을 시키는 교육기관을 설립·운영하기도 하는데 경찰대학, 한국철도대학 등이 그 예에 속한다.

3) 재직자훈련

재직공무원에게 새로운 지식·기술이나 새로운 규칙·법령의 내용을 습득시키기 위하여 정기적으로, 또는 수시로 실시되는 훈련을 의미한다. 재직자 훈련은 새로운 지식·기술, 새로운 규칙·법령 등을 숙지하는 것을 훈련내용으로 하며, 훈련방법은 주로 실습이 대표적이다. 이를 보수(補修)훈련, 직무(수행개선)훈련, 전공훈련이라고도 한다.

4) 감독자훈련

인간관계의 개선에 중점을 두고 감독자에게 부하 및 업무의 감독·관리에 필요한 지식·기술을 습득시키고자 행하는 훈련을 말한다. 사기, 리더십, 커뮤니케이션, 인간관계, 사무관리, 인사행정 및 근무규율 등을 주요 내용으로 하며, 사례연구, 역할연기, 회의·토론, 세미나, 강의 등의 훈련방법을 주로 사용한다.

5) 관리자훈련(관리능력향상훈련, 고급관리자훈련)

최고관리자, 또는 중간관리자를 대상으로 고도의 관리·지도능력과 정책결정능력의 배양에 중점을 두고 행하는 훈련을 말한다. 고도의 관리·지도에 관한 지식과 방법, 사회 각 분야에 대한 폭넓은 식견, 창의력·통찰력·판단력 등 문제해결능력, 의사결정에 필요한 광범위한 능력 등을 훈련내용으로 하며, 주로 사용하는 훈련방법으로는 분임연구, 사례연구, 회의, 토론 등이 있다.

4 현장훈련

1) 개 념

현장훈련(직장훈련, OJT: On the Job Training)은 피훈련자가 실제 직무를 수행하는 과정에서 경험을 쌓고 상사의 개별지도를 받게 하는 방법이다.

2) 장·단점

장점으로는 실용적인 효과가 크며, 일과 훈련을 병행하다 보니 직무수행의 중단이 없다. 또한, 외부에서의 별도 훈련이 필요없고 계속적으로 직무는 수행된다는 점에서 경제적이며, 국민 등 외부의 반대가 적다.

구 분	장 점	단 점
OJT	1. 훈련이 추상적이 아니고 실제적이며, 실시가 Off JT보다 용이하다. 2. 훈련으로 학습 및 기술향상을 알 수 있어 구성원의 동기를 유발할 수 있다. 3. 상사나 동료 간의 이해와 협동정신을 강화·촉진시킨다. 4. 낮은 비용으로 가능하며, 훈련을 하면서 일을 할 수 있다. 5. 구성원의 습득도와 능력에 맞게 훈련할 수 있다.	1. 우수한 상관이 반드시 우수한 교관은 아니다. 2. 일과 훈련 모두 소홀히 할 가능성이 있다. 3. 많은 구성원을 한꺼번에 훈련시킬 수 없다. 4. 교육훈련의 내용과 수준을 통일시키기 곤란하다. 5. 전문적인 고도의 지식과 기능을 가르치기 힘들다.
Off JT	1. 현장의 업무수행과는 관계없이 예정된 계획에 따라 실시할 수 있다. 2. 많은 종업원을 동시에 교육할 수 있으며, 전문적인 교관이 실시한다. 3. 교육생은 업무부담에서 벗어나 훈련에 전념하므로 교육의 효과가 높다.	1. 교육훈련 결과를 현장에 바로 활용하기가 곤란하다. 2. 직무수행에 필요한 인력이 줄어든다. 즉, 부서에 남아 있는 종업원의 업무부담이 늘어난다. 3. 비용이 많이 든다.

단점으로는 직무의 현장에서 배울 수 있는 것에는 한계가 있으며, 감독자의 지도기술이 미숙하면 훈련의 성과를 기대하기 어렵다. 또한, 감독자들은 다른 직무수행에 지장을 받게 되며, 개별지도의 형식을 취하다 보니 다수의 참여가 어렵다는 것이다.

3) 현장훈련의 방법

(1) 순환보직

순환보직(job rotation)은 여러 가지 직위를 맡아볼 수 있도록 보직을 바꾸는 방법이다. 이는 종합적 지식과 폭넓은 경험의 획득, 관리능력의 함양 및 전문화로 인한 무능을 방지, 직무 간의 지식·경험의 교류적 활용이 가능, 다른 사람들의 문제와 견해를 이해하고 협조하는 태도를 조성 등의 장점이 있다. 하지만, 연속적인 배치전환으로 인하여 업무수행의 능률성 저하, 업무수행의 일관성 저해 등은 단점으로 지적된다.

(2) 실무수습

실무수습(견습, intern)은 장차 공무원이 되려고 준비하는 사람으로 하여금 정부기관의 업무를 실습케 하는 것이다. 학교에서 배운 지식을 정부업무의 실제에 적용해 보고 반성하는 기회를 제공하는 훈련방법인 것이다.

(3) 임시대역(임시대리)

상급자의 직무수행을 대리하게 함으로써 부하 능력의 발전을 도모하고자 하는 것이다. 상급자의 출장이나 장기 부재 시, 혹은 유고 시를 대비하는 데 의의가 있다.

(4) 기 타

현장훈련의 방법으로는 이 밖에도 감화·훈화·대화, 업무의 계획적인 지도, 과제연구, 직장에서의 회의 등이 있다.

5 현장 외 훈련

1) 개 념

현장 외 훈련(Off JT: Off the Job Training)은 직장을 떠나 직무를 담당하지 않고 별도의 공간에서 이루어지는 교육훈련으로, 주로 공무원연수원 등에서 이루어지지만 민간에 위탁하여 이루어지기도 한다.

2) 장·단점

장점으로는 다수를 대상으로 교육훈련이 가능한 점, 사고방식이나 태도 및 인간관계 등의 습득이 가능한 점, 전문 교수요원에 의한 수준 높은 지식제공이 가능한 점을 들 수 있다.

단점으로는 내용적인 면에서 이론 위주의 형식화를 초래하여 실무에 활용이 적합하지 않은 점, 피훈련자의 공백으로 직무수행에 차질이 우려되는 점, 장소 확보 및 우수한 교수요원의 초빙으로 비용이 많이 소요되는 점 등이다.

3) 현장 외 훈련의 방법

(1) 강 의

강의(lecture)는 피훈련자를 일정한 장소에 모아 놓고 강사가 말로 정보를 전달하는 방법이다. 이것은 가장 오랫동안, 그리고 널리 활용되어 온 방법이며, 교육내용을 다수의 피교육자에게 단시간에 전달하는 데 효과적인 방법으로 우리나라의 훈련에 있어서 가장 많이 사용되는 방법이다.

새로운 정보를 조직적으로 전달할 수 있다는 점, 한꺼번에 많은 사람을 대상으로 할 수 있어 경제적이라는 점, 다른 훈련에서 다룬 자료의 요약 활용 등의 장점이 있다. 하지만, 능동적 참여기회가 없다는 점, 피훈련자의 이해·반응의 파악이 곤란하다는 점, 우수한 강사의 확보가 곤란하다는 점은 단점이 된다.

(2) 토 론

회의(conference)나 토론(discussion, debate)은 주로 소집단 형태로 특정 과제에 관해 상호 논의가 진행되는 교육훈련방법으로 여러 가지가 있다.

첫째, 포럼(forum)은 청중으로 참여하는 피훈련자들의 질의와 토론을 허용하고 촉구하는 방법이다.

둘째, 패널(panel)은 여러 사람의 연사들이 어떤 하나의 주제에 관하여 발표하고 공동으로 토론하는 것을 피훈련자들이 듣게 하는 방식이다.

셋째, 심포지엄(symposium)은 여러 사람의 연사들이 각각 별개의 주제에 관하여 발표하는 것을 피훈련자들이 듣게 하는 방식이다. 연사들 간의 토론은 부차적인 것이다.

넷째, 대담(dialogue)은 전문가 한 사람과 피훈련자들의 대표 한 사람이 질의·응답의 형식으로 대담하는 것을 피훈련자들이 참관하게 하는 방법이다.

토론이나 회의는 적은 시간에 비교적 많은 사람 간의 자유로우며 공개적인 토론이 가능하며, 어떠한 문제의 모색이나 정보·의견의 교환에 유용하고, 단시간 내에 여러 의견·생각의 개진·발전이 가능하다. 또한, 상호 간 협조정신과 지도력을 길러주며, 피훈련자의 태도의 변경이 용이하다는 장점이 있다.

하지만, 자칫 토의가 아닌 논쟁이 될 우려가 있고 토의의 초점을 잃기 쉬우며, 논제에 대한 어느 정도의 예비지식이 있어야 한다는 점, 결론을 내리지 못하는 것에 불안감을 갖게 되기 쉬우며, 인원이 많을 경우 누구나 이야기할 기회를 갖지는 못한다는 점, 토의진행을 능숙히 끌어 갈 유능한 사회자가 확보되어야 한다는 점은 단점으로 지적된다.

(3) 사례연구

실제 사례를 놓고 토론하는 과정에서 거기에 내포된 원리를 스스로 터득하게 하는 교육훈련방법이다. 사례연구(case study)는 전원에게 참여할 기회가 부여된다는 점, 공동으로 문제를 해결하는 경험을 쌓게 한다는 점, 사례연구를 통해 폭넓은 지식을 얻는다는 점, 통찰력·이해력·분석적 사고능력·문제해결능력을 길러준다는 점은 장점으로 볼 수 있다.

하지만, 작은 집단에만 적용할 수 있다는 점, 참여할 수 있는 지적 능력을 갖춘 사람이어야 한다는 점, 매우 능숙하고 사례에 대한 전문성을 지닌 사회자가 요구된다는 점, 적합한 사례가 없으면 사례를 만드는 고도의 어려운 작업이 따른다는 점, 사례의 파악·토의과정에 많은 시간이 소요되며, 시간이 많이 걸린다는 점은 단점으로 작용한다.

(4) 감수성훈련

감수성훈련(sensitivity training)은 사전에 주제나 사회자 없이 다수의 교육훈련 참가자들끼리 자유로운 토론을 통해 어떤 문제의 해결방안이나 상대방에 대한 이해를 얻도록 하는 훈련방법이다(이종수, 2000: 13). 대체로 10~15명 내외의 참가자들을 외부와 격리된 조건 하에서

1~2주 동안 집단생활을 하게 함으로써, 자신과 타인 간 상호 작용을 통해 인간관계에 대한 이해와 기술을 향상시키는 데 그 목적이 있다.

감수성훈련은 1946년 미국에서 인종 편견을 없애기 위한 훈련으로 시작되었으나, 현재는 상담원훈련, 종교훈련, 구성원의 태도변화를 위한 훈련 등에 다양하게 사용되고 있다. 처음에 강의식기법, 사회적 기술양성기법, T(training)-집단기법 등을 사용하였던 감수성훈련은 점차 T-집단기법 중심으로 발전되어, 이제는 T-집단훈련과 감수성훈련은 거의 동의어로 이해되고 있다.

(5) 역할연기

역할연기(role playing)는 심리연극(psychodrama)이라고도 하며, 어떤 사례, 또는 사건을 피훈련자들이 연기로써 표현하고 난 후 집단토론을 행하여 문제를 해결하는 교육훈련방법이다.

실제적인 연기를 행하는 것이므로 문제에 대한 이해가 빠르다는 점, 참여자들은 보호된 경험을 할 수 있다. 즉, 현실의 업무수행이 아니므로 시행착오에 따르는 불이익이 없다는 점, 대인관계에 대한 통찰력과 기술을 길러준다(인간관계의 개선에 유용)는 점, 참여자들의 행태 및 태도변화를 촉진한다는 점은 장점이다.

하지만, 많은 사전준비가 요구된다는 점, 수줍어하는 사람들에게는 피동적이 되며 고통을 준다는 점, 연출되는 상황이 인위적이기 때문에 어색한 경우가 많으며 상당한 연기력이 요구된다는 점은 단점이다.

(6) 모의실험

모의실험(simulation)은 피훈련자가 업무수행 중 직면하게 될 어떤 상황을 가상적으로 설정하여 놓고 피훈련자가 거기에 대처하도록 하는 것이다. 모의실험의 의미를 넓게 풀이하는 경우 사례연구, 역할연기, 감수성훈련, 관리게임(management game), 전쟁게임(war game), 민방공훈련, 예행연습 등이 모두 이에 포함된다.

업무에 대한 관심과 흥미를 자극하고 동기를 부여한다는 점, 이론과 실무에서 발생하는 격차를 해소할 수 있다는 점, 보호된 경험을 할 수 있다는 점 등은 장점으로 볼 수 있다. 하지만, 적절한 가상상황의 설계가 곤란하다는 점은 단점이다.

(7) 분임연구

분임연구(syndicate)는 관리자훈련을 위해 개발된 집단적 과제연구의 한 형태로서 피훈련자들을 몇 개의 분반으로 나누고, 분반별로 각각 주어진 과제를 연구·토의하며 그 결과를 전원에게 보고하여 비판·토의를 가하는 방식이다.

장점으로는 첫째, 문제·활동목적을 명확하게 파악하는 능력을 길러 주고, 문제해결능력·의사결정능력을 길러준다. 둘째, 광범위하고 복잡하게 얽힌 관리문제에 대한 이해를 증진시키며, 협동적인 노력을 통해서 움직이는 관리집단을 다루는 방법을 배우게 한다. 셋째, 다른 분야에 종사하는 사람들의 견해와 능력을 이해하고 존중하는 태도를 길러준다. 넷째, 다른 사람의 지식과 능력을 동원하는 기술을 육성한다.

하지만, 단점으로는 유능한 사회자(교관)의 확보가 어렵다는 점, 훈련기간이 너무 짧다는 점이다.

(8) 액션러닝

액션러닝(action learning)은 교육훈련 참가자들을 몇 개의 집단으로 나누어, 각 집단별 실무적인 현안과제를 가지고 자율적, 또는 전문가의 지원을 받아 협동적으로 학습을 진행하면서 그 과제의 해결책을 도출하는 방법이다. 즉, 소집단 구성원들 간의 실천학습, 또는 행동학습(learning by doing)을 통해 문제를 해결하려는 교육훈련방법을 말한다.

액션러닝은 업무와 학습이 상호 밀접하게 연계되어 이루어진다는 장점이 있으며, 다양한 참가자들이 함께 문제해결방안을 모색하게 되므로, 자신의 사고와 경험의 한계를 직시하게 되어 변화를 촉진시키는 효과가 있다(김중양, 2008: 264). 하지만, 공공부문의 경우 실천학습, 또는 행동학습을 경험할 수 있는 여지가 많지 않아 액션러닝의 기법을 도입·활용하는 데 한계가 있다.

(9) 브레인스토밍

브레인스토밍(brainstorming)은 여러 사람들이 모여 하나의 주제에 대해 다양한 아이디어를 자유롭게 제시하고, 이들 아이디어를 평가 · 정리함으로써 일반적인 사고방식으로는 도저히 생각할 수 없는 독창적인 아이디어를 도출하는 방법이다.

이는 자유분방한 분위기에서 창의적인 아이디어를 산출함으로써 현안과제를 해결하려는 데 그 목적이 있으며, 특히 창의성을 개발시키는 데 유용하다. 하지만, 시간이 많이 소요되며 기대하는 수준의 아이디어가 실제 도출되는 경우가 많지 않다는 단점이 있다.

훈련의 목적	훈련방법
지식의 축적	독서, 강의, 토의, 시찰, 사례연구
기술의 연마	시범, 사례연구, 토의, 전보, 견습, 연기
태도 · 행동의 변경	연기, 시범, 사례연구, 토의, 회의, 감수성훈련, 전보, 영화

제2절 근무성적평정

1 의 의

1) 개 념

근무성적평정이란 조직 구성원의 근무실적 · 능력 · 태도 · 발전성 등을 체계적 · 객관적 · 정기적으로 평가하는 것을 의미한다. 우리나라는 평정상의 오차나 편파적 평정을 시정하기 위하여 이중평정제(평가자와 확인자)를 실시한다.

2) 중요성

근무성적평정은 인사행정의 합리적인 기준을 제공하여 줌으로써 인사관리의 합리화·객관화에 기여한다. 따라서 우리나라 정부에서는 현재 평정 결과에 대해 소청이 아니라 고충처리가 허용되고 있다.

2 근무성적평정의 목적 및 용도

1) 공무원의 직무수행 개선 및 능력발전

이는 임상 중심적 접근을 전제하는 경우이며, 오늘날에 있어서의 근무성적평정제도의 가장 중요한 목적에 해당된다.

2) 인사행정의 공정한 기준 제시

근무성적평정은 전직·전보 등의 인사배치의 결정에 적절한 기준을 제시해 줄 수 있다. 나아가 근무성적평정은 승진·승급·면직·휴직·강임·감원·징계 등의 인사조치를 취하는 데 공정한 기준을 제시한다.

3) 인사행정기술(시험)의 타당성의 측정·평가

근무성적평정은 지원자격 결정·시험·배치·훈련 등의 인사행정기술의 타당성을 측정·평가하는 객관적 기준이 된다. 예를 들면, 공무원의 채용시험성적과 근무성적이 일치하는 경우 그 시험을 타당도가 높다고 할 수 있는 것이다.

4) 훈련의 필요성 파악 및 기초자료 제공

피평정자의 장점과 약점이 분석·파악됨으로써 근무성적평정은 훈련수요를 결정하는 데 도움을 준다.

5) 개인의 가치 인정 및 사기앙양

임상 중심적 접근을 통해 부하 개인의 실적·능력을 인정하고 칭찬을 해줌으로써 사기를 앙양시킬 수 있다.

6) 상·하 간의 인간관계의 개선

임상적 접촉을 계속 가짐으로써 상·하 간의 이해증진, 상·하 간의 협조강화 및 인간관계의 개선에 기여할 수 있다.

7) 직원의 권익보호

다수인이 평정하는 경우에는 평정자 1인의 자의·편견에 의하여 침해될 수 있는 직원의 권익을 보호할 수 있다.

3 근무성적평정의 요건

근무성적평정의 목적이나 용도를 달성하기 위해서는 기본적으로 갖추어야 할 몇 가지 요건들이 있다. 근무성적평정도 근무성적을 평가하는 하나의 측정도구이기 때문에, 채용시험과 마찬가지로 평정의 타당성, 객관성, 신뢰성, 변별력 등이 필요하며, 실제 적용과정에서는 실용성, 수용성 등이 확보되어야 한다(김렬, 2014: 274-276).

1) 타당성

근무성적평정에서 타당성(validity)은 '근무성적을 얼마나 제대로 측정하였는가'에 관한 것이다. 즉, 근무성적이 우수한 사람이 실제로 우수하게 평정하는가에 관한 것이 타당성이라 할 수 있다.

근무성적평정의 타당성을 확보하기 위해서는 평정자, 평정항목 및 요소, 평정방법 등 전반적인 평정체계가 근무성적 자체를 평정하는 데 직접적인 연관성이 있어야 한다. 예를 들면, 평정자가 주어진 역할을 충실히 수행할 능력과 기회를 가져야 하며, 평정항목·요소가 근무성적에 관한 사항을 제대로 포함하여야 하고, 복수의 평정자를 두는 등 평정방법의 활용에서도 평정오류를 없애야만 근무성적평정의 타당성이 확보될 수 있다.

2) 객관성

근무성적평정의 객관성(objectivity)은 '근무성적평정의 결과가 얼마나 객관적인가'에 관한 것이다. 평정이 평정자의 주관적 편견에 의해 좌우되거나 성별 · 지역 · 정치 · 종교 등과 같은 외부적 요인이 평정에 영향을 미치면 평정오류가 발생할 수밖에 없다. 이러한 평정오류로 인해 평정의 객관성이 떨어지면 평정의 신뢰성도 떨어지게 되며, 평정의 타당성마저 문제시될 수 있다.

근무성적평정의 객관성을 확보하기 위해서는 평정자의 주관적 판단과 외부적 요인의 영향을 방지하는 것이 무엇보다 중요하다. 따라서 평정자에 대한 교육훈련을 통해 객관적인 평정을 위한 자질이나 역량을 높이고, 평정자의 주관적 판단이 개입될 여지가 없는 객관식 평정문항을 활용하는 것도 한 방법이다. 또한, 평정등급이나 기준을 표준화하거나 복수의 평정자를 두는 방법도 평정의 객관성을 높이는 데 유용하다.

3) 신뢰성

근무성적평정의 신뢰성(reliability)은 '근무성적평정의 결과가 얼마나 일정하게 산출되었는가'에 관한 것이다. 즉, 둘 이상의 평정자가 동일한 평정대상자의 근무성적에 대해 독립적으로 평정을 실시하여 동일한 평정 결과를 얻었다면, 그 평정은 신뢰성이 있다고 볼 수 있다.

근무성적평정의 신뢰성을 확보하기 위해서는 평정자, 평정항목 및 요소, 평정방법 등 전반적인 평정체계가 제대로 갖추어져야 한다. 평정자에 대한 교육훈련을 통해 평정역량을 높이고, 평정항목 및 평정요소의 수를 늘려서 그 내용이 명료하도록 해야 한다. 또한, 평정등급이나 기준을 표준화하거나 복수의 평정자를 활용하는 방법도 근무성적

평정의 신뢰성을 확보하는 방안이 된다.

4) 변별력

근무성적평정의 변별력(distinction)은 '근무성적 평정 결과의 차이가 얼마나 뚜렷하게 잘 구별되는가'에 관한 것으로 근무성적평정의 식별력, 또는 판별력이라고도 한다. 만약 근무성적평정에 의해 유능한 사람과 무능한 사람을 구별하지 못한다면, 열심히 일하거나 유능한 공무원이 의욕적으로 직무수행을 하려는 동기가 더 이상 유발되지 않게 된다.

근무성적평정의 변별력을 높이기 위해서는 집중화·관대화 평정을 방지하는 것이 가장 중요하다. 이를 위해서는 평정자의 역량을 높이고 평정의 기준과 등급을 명확히 설정하여야 하며, 강제배분의 방법을 활용하는 것이 유용할 수 있다. 하지만, 평정 결과가 승진이나 상벌의 결정기준이 아니라 개인의 능력발전을 위한 정보제공 목적으로 사용되는 경우, 개인 간의 변별력이 아니라 한 개인에 대한 구체적인 평정항목·요소들 간의 변별력이 더 중요하다. 이 경우에는 각 개인에 대하여 우수하게 평정된 항목이나 요소와 그렇지 못한 항목이나 요소가 뚜렷하게 구분될 수 있도록 평정항목이나 평정요소가 구성되어야 한다.

5) 실용성

근무성적평정의 실용성(practicability)은 '근무성적평정제도의 도입과 활용이 실제로 얼마나 유용한가'에 관한 것이다. 이는 근무성적평정제도의 개발에서부터 평정 결과의 활용에 이르기까지 전반적인 평정체계가 단순성과 경제성, 그리고 융통성과 활용성 등의 측면에서 얼마나 효과가 있는가를 의미한다.

근무성적평정의 실용성을 높이기 위해서는 평정체계가 구성원 모두에게 쉽게 이해되도록 단순해야 하며, 그것을 개발하고 운영하는 데 비용과 시간이 적게 들어 경제성이 있고, 근무성적평정의 결과가 다양한 용도로 활용될 수 있도록 융통성이 있어야 한다.

6) 수용성

근무성적평정의 수용성(receptivity)은 '구성원들이 근무성적평정에 대하여 얼마나 잘 이해하고 받아들이는가'에 관한 것이다. 근무성적평정의 타당성, 객관성, 신뢰성, 변별력, 실용성 등과 같은 다른 요건들이 충족되더라도 평정에 너무 많은 시간과 노력이 소요된다면, 평정자나 평정대상자는 이에 거부감을 갖게 될 수 있다.

근무성적평정의 수용성을 충족하기 위해서는 근무성적평정제도를 개발할 때 그 목적과 필요성을 투명하게 구성원에게 알리고 이해를 구하는 것이 필요하며, 평정과정에 구성원의 대표를 참여시켜 합당한 의견을 들어 평정내용이나 방법 등을 보완할 수도 있다. 또한, 평정의 타당성과 신뢰성을 최대한 확보할 수 있도록 제도를 구비하고, 근무성적평정에 대한 교육훈련을 실시하는 것도 근무성적평정의 수용성 제고에 도움이 된다.

4 근무성적평정의 방법

근무성적평정의 방법은 여러 가지 기준에 따라 다양하게 분류될 수 있다. 여기서는 개인들 간의 상대적 비교를 중심으로 하는 상대적

표 7-1 근무성적평정의 방법

구 분	상대적 평정법	절대적 평정법		
평정방법의 특성	• 비교평정법	• 서술평정법	• 실질평정법	• 행태평정법
평정방법의 유형	• 직접서열법 • 대안서열법 • 쌍대비교법 • 강제배분법	• 평정척도법 • 서술법 • 사실기록법 • 가감(점수)법 • 체크리스트법 • 중요사건기록법	• 목표관리법	• 행태기준 평정척도법 • 행태관찰 척도법

자료: 김렬, 「인사행정론」(서울: 박영사), 2014, p. 285.

평정방법과 개인별 절대적 수준을 판단하는 절대적 평정방법으로 구분한다.

1) 상대적 평정방법

상대적 평정방법은 평정대상자의 근무성적을 상호 비교하여 주로 순위를 매기는 방법이다. 이는 순위를 매기는 방식에 따라 강제배분법, 인물비교법(대안서열법), 직접서열법, 쌍대비교법 등으로 구분되기도 한다(최종태, 2008: 442-443).

(1) 강제배분법

강제배분법(forced distribution method)은 어떤 분포의 비율을 미리 정해 놓고, 그에 따라 순위를 매기거나 배분되도록 하는 방법으로서 분포제한법이라 한다.

이 방법은 평정대상자의 수가 많을 때 이들 간의 상대적 우열을 구분하는 데 유용하다는 점, 평정자의 편견이나 집중화·관대화·엄격화 경향의 오류를 방지하여 평정의 객관성을 높일 수 있다는 장점이 있다.

하지만, 평정대상자의 수가 적을 때에는 전체적인 수준이 낮은 데도 일정 비율은 높게 평정해야 하고, 반대로 전체 수준이 높은 데도 일정 비율은 낮게 평정해야 하는 모순이 발생할 수 있으며, 사실에 부합하지 않은 평정을 강제하기 때문에 평정의 타당성이 결여되는 결과를 초래할 수 있다. 또한, 강제배분 비율에 따라 평정대상자를 각 등급에 미리 분포시킨 다음에 각 등급에 해당되는 점수를 부여하는 방식, 즉 역산제(逆算制)에 평정의 가능성이 존재하는 문제점이 있다.

(2) 인물비교법

인물비교법(alternative ranking method)은 최고, 혹은 최저수준을 대표하는 표준인물을 선정하고, 그를 기준으로 다른 평정대상자를 한 사람씩 비교하여 순위를 부여하는 방법으로, 한 사람씩 비교하기 때문에 대인비교법, 또는 대안서열법이라고도 한다.

장점으로는 구체적인 인물을 활용한다는 점에서 평정의 추상성을 극복할 수 있고 평정의 조정이 용이하다는 점이다. 하지만, 실제 활용이 가능한 객관적인 표준인물을 사전에 선정하는 것이 쉽지 않다는 단점이 제기된다.

(3) 직접서열법

직접서열법(straight ranking method)은 평정대상자의 근무성적 평정점수가 가장 높은 사람부터 1위, 2위, 3위, 4위 등의 순차적 서열을 부여하는 방법이다. 이 방법은 매우 간단하며 그 실시도 다른 방법에 비해 간편하다는 장점이 있다.

하지만, 평정대상자가 많은 경우 평정이 쉽지 않으며, 반대로 평정대상자가 너무 적을 때는 순위를 매겨도 별 의미가 없다는 점, 또한 무리하게 순위를 매기면 왜곡된 결과를 가져올 수 있으며, 부서 간에 상호 비교할 경우 공정성 문제가 야기될 수 있는 것이다.

(4) 쌍대비교법

쌍대비교법(paired comparison method)은 두 사람씩 짝을 지어 비교를 되풀이하여 평정하는 방법으로서 2인비교법이라 한다. 즉, 두 사람을 하나의 조(組)로 만들어 비교하는 데, 모든 평정대상자를 교대로 하여 조를 편성한다. 하나의 조에 속한 두 사람의 우열을 판단하여, 모든 평정대상자에 걸쳐 한 사람이 다른 사람보다 우수하다고 한정된 횟수를 각자의 점수나 순위로 삼는다.

이러한 쌍대비교법은 평정이 용이하며 평정자의 주관적 조작을 방지하여 평정의 정확성을 높일 수 있는 장점이 있지만, 평정절차가 복잡하여 평정대상자가 많은 경우에 실제 활용하기가 쉽지 않다.

2) 절대적 평정방법

절대적 평정방법은 평정대상자 개인별로 근무성적의 절대적 수준을 판단하는 방법이며, 이는 구체적인 평정방식이 서술적인가, 행태적인가에 따라 유형화가 가능하다. 서술적 평정법에는 도표식 평정척도법, 체크리스트법, 서술법, 사실기록법, 가감점수법, 중요사건 기록법 등이 있고, 실질적 평정법으로는 목표관리법이 대표적이며, 행태적 평정법에는 행태기준 평정척도법과 형태관찰 척도법이 있다.

(1) 도표식 평정척도법

도표식 평정척도법(rating scale method)은 평정요소의 수준을 측정하는 눈금체계인 척도를 제시하여 하나의 눈금을 선택하도록 하는 방법이다. 여기서, 척도는 '수(1), 우(2), 미(3), 양(4), 가(5)'와 같이 몇 개의 등급이나 점수로 구성되는 것이 일반적이며, 다수의 평정요소를 도표식, 혹은 계단식으로 함께 나열한 평정표가 주로 활용된다.

평정자는 평정대상자를 각 평정요소마다 관찰하여 해당되는 등급에 표시를 하게 되며, 표시된 등급의 점수를 모두 합산한 것이 평정대상자에 대한 종합평점이 된다. 이 방법은 가장 오래되고 많이 이용되고 있는 방법이며, 우리나라의 5급 이하 공무원 등에 대한 근무성적평

표 7-2 도표식 평정척도법의 예(직무수행능력 평정표)

일련번호	평정요소	요소별 배점	평정요소의 내용	평정등급	소계점수
1	기획력	9점	• 창의적인 시각을 가지고 문제를 예측하고 실행가능한 계획을 만든다. • 효과적인 설명이 가능하도록 일목요연한 계획을 만든다.	① ② ③ ④ ⑤	
2	의사전달력	6점	• 표현이 간결하면서도 논점이 빠지지 않도록 문서를 만든다. • 논리적이면서 설득력이 있는 말로 설명을 한다.	① ② ③ ④ ⑤	
8	고객 · 수혜자 지향	6점	• 업무와 관련하여 국민이나 내부수혜자(다른 공무원)가 원하는 바를 이해하며, 그들의 요구를 충족하도록 배려하는 능력이 있다.	① ② ③ ④ ⑤	
총 점					

비고: 평정요소별로 '전혀 그렇지 않다(①) - 거의 그렇지 않다(②) - 가끔 그렇다(③) - 자주 그렇다(④) - 항상 그렇다(⑤)'의 5단계로 평정한다.

정은 도표식 평정척도법을 기본형으로 채택하고 있는데, 그 예는 <표 7-2>와 같다.

우리나라의 경우 평정요소는 근무실적, 직무수행능력로 구성되어 있으며, 평정등급의 수는 3개 이상으로 하며, 최상위등급의 인원은 평가단위별 인원 수의 상위 20퍼센트의 비율로, 최하위등급의 인원은 하위 10퍼센트의 비율로 분포하도록 평가한다.

이 방법은 평정표의 작성이 간단하며, 실제 평정의 실행이 용이하다는 점, 평정의 결과가 계량적인 점수로 환산되기 때문에 평정대상자에 대한 상대적 비교를 확실히 할 수 있어 상벌의 목적으로 이용하는데 효과적이라는 점은 장점이다.

하지만, 평정요소의 합리적 선정이 곤란하다는 점, 대부분의 평정요소가 개괄적이고 추상적인 의미를 지니고 있기 때문에 평정자마다 이해가 다를 수 있다는 점, 평정등급 간의 비교 기준이 명백하지 않아 평정자마다 그에 대한 판단에서 차이가 있을 수 있다는 점, 연쇄효과 및 집중화·관대화·엄격화 경향이 나타날 가능성이 크다는 점은 단점으로 작용한다.

(2) 체크리스트법

체크리스트법(checklist method)은 각 평정요소에 관한 구체적인 행태의 목록을 미리 나열해 놓고, 이들 가운데 평정대상자의 행동이나 태도에 해당되는 것들을 선택하는 방법이다.[4]

---

4) 체크리스트법에는 가중치부여식 체크리스트법(weighted checklist)과 이를 변형한 강제선택식 체크리스트법(forced-choice checklist)이 있다. 전자는 각 평정요소에 대하여 여러 가지 행태를 기술한 항목들마다 가중치를 부여하는 체크리스트법이며, 후자는 평정자로 하여금 몇 개의 항목으로 구성된 각 평정요소의 묶음 가운데서 평정대상자의 특성에 가까운 것을 강제적으로 선택·표시하도록 하는 방법이다.

표 7-3 체크리스트법의 예시

○○○평정요소: 평정대상자의 행태에 해당하는 항목들에 체크하여 주십시오.

평정항목	체크란	가중치
• 근무시간을 매우 잘 지킨다.		5.0
• 업무가 많을 때에는 기꺼이 야근한다.		5.5
• 책상 위의 문서가 항상 깨끗이 정돈되어 있다.		4.0
• 동료의 조언을 경청하기는 하나 따르지 않는다.		2.0

평정요소가 구체적인 행태로 명확히 기술되어 있으며, 각 항목마다 유무, 또는 가부(可否)만을 판단하기 때문에 평정하기가 비교적 용이하며, 평정자는 자신이 확신하는 항목만을 선택・표시하기 때문에 무리한 평정이 없으므로 평정의 신뢰성과 객관성이 높다는 장점이 있다.

하지만, 각 평정요소마다 해당되는 구체적인 항목의 목록을 실제로 작성하는 것은 쉬운 일이 아니며, 평정요소가 평정대상자의 행태를 정확하게 나타내지 못하는 경우에는 극히 부분적인 사실의 파악에 그치게 되는 단점이 있다.

(3) 사실기록법

사실기록법(fact records method)은 평정대상자의 근무성적에 관한 사실을 그대로 기록하고 평정하는 방법이다. 실제 작업량이나 근무태도기록 등을 평정대상으로 하기 때문에 평정의 객관성이 높다는 장점이 있지만, 측정하기 어려운 업무나 평정요소에 대해서는 적용하는 데 어려움이 있다. 이러한 사실기록법은 평정대상, 혹은 평정기준에 따라 산출기록법, 주기적 검사법, 근태기록법 등 여러 가지 형태가 있다.[5)]

---

5) 산출기록법(production records method)은 일정한 시간당 평균작업량을 측정하거나 일정한 작업량을 달성하는 데 소요된 평균시간을 계산하는 평정방법이다. 주기적 검사법(periodic tests method)은 작업량이라는 산출지표를 대상으로 하지만, 특정기간 동안의 작업량을 조사하고 그것으로 전체 기간의 근무성적을 추정하여 평정한다. 근태기록법(absenteeism and tardiness records method)은 근무에 있어서 긍정적 사항과 부정적 사항(예 지각, 결근 등)의 빈도를 기록하고, 이를 점수로 환산하여 평정하는 것으로 가감(점수)법을 주로 활용한다(김렬, 2014: 288 참조).

(4) 서술법

서술법(essay method)은 평정대상자의 실적, 능력, 적성, 태도, 장·단점 등을 문장으로 직접 기술하는 방법이다. 서술법의 종류로는 기술의 방식을 평정자의 재량에 완전히 맡기는 자유서술법과 정해진 형식에 따르도록 하는 제한서술법이 있다.

(5) 가감점수법

가감법, 혹은 가감점수법(merit or demerit method)은 표준적인 근무상황을 설정해놓고 긍정적 요소와 부정적 요소를 점수로 환산하여 가점, 또는 감점을 주는 방법이다. 예를 들면, 모범적인 행동이나 우수한 실적에 대해서는 가점을 주고, 지각·조퇴·결근 등과 같이 바람직하지 못한 행동이나 실패·과오 등에 대해서는 감점을 한다.

공무원의 지도·감독을 위한 지표로 이용되는 경우에는 매우 유용하지만, 직무수행에 대한 노력보다는 가점을 받거나 감점을 당하지 않기 위한 형식적인 근무에 집착할 우려가 제기된다.

(6) 중요사건 기록법

중요사건 기록법(critical incident method)은 일정기간 동안에 발생한 중요사건을 기록해두었다가 이를 평정하는 방법이다. 경우에 따라서는 미리 중요사건을 열거하여 놓고 그중에서 해당하는 항목을 선정하도록 하는 방법도 있다(유민봉·박성민, 2014: 577). 중요사건이란 직무수행이나 근무실적에 있어서 매우 효과적, 혹은 비효과적이었던 사례를 말한다.

표 7-4 중요사건 기록법의 예시

일자, 장소	중요사건
(　　,　　)	• 일하면서 불쾌감을 표시하거나 화를 낸다.
(　　,　　)	• 동료직원 돕기를 거부한다.
(　　,　　)	• 직무수행방법의 개선을 제안한다.
(　　,　　)	• 교육훈련에 대한 제안을 거부한다.
(　　,　　)	• 동료직원이 상관의 지시를 받아들이도록 설득한다.

(7) 목표관리법

목표관리법(management by objectives method)은 목표관리방식을 근무성적평정에 적용하는 것이다. 평정자와 평정대상자가 협의를 통하여 직무수행목표를 설정하고, 목표달성을 평정자와 평정대상자가 함께 측정하고 평정하는 방법이다.

목표관리법은 목표달성를 평정하기 때문에 평정대상자의 직무수행과정이나 태도보다는 그 결과를 중시하며, 구체적이고 명확한 평정요소를 측정하기 때문에 평정이 용이하고 타당성이 높은 편이다. 특히, 평정자와 평정대상자 간의 상호 협의 및 환류과정은 평정의 수용성을 제고하며, 개인의 능력발전과 직무수행태도 개선에 실질적인 도움을 줄 수 있다.

하지만, 공공부문에서 실제 측정 가능한 목표의 설정이 용이하지 않고, 평정자와 평정대상자 간의 상호 협의 환류를 통한 평정제도의 개발과 운영에 많은 시간과 비용이 따른다(유민봉 · 박성민, 2014: 574). 또한, 목표 자체가 개인의 특성을 고려하여 설정된 것이기 때문에 평정대상자들 간의 상호 비교를 위한 평정방법으로는 한계가 있다.

(8) 행태기준 평정척도법

행태기준 평정척도법(behaviorally anchored rating scale method)은 행태기준을 제시하여 이를 평정척도를 삼는 방법이다. 즉, 각 평정요소에 대해서 가장 바람직한 행태부터 가장 바람직하지 못한 행태를 기

표 7-5 행태기준 평정척도법의 예시

○○○평정요소: 평정대상자의 행태를 가장 잘 대표할 수 있는 항목에 체크하여 주십시오.

등 급	행태유형
(　　) 5	• 주변 사람들과 상의하여 결정한다.
(　　) 4	• 전문가로부터 자문을 구하고 결정한다.
(　　) 3	• 개인적으로 결정한다.
(　　) 2	• 개인적인 감정을 앞세운다.
(　　) 1	• 결정을 자주 회피한다.

술하여 몇 개의 등급으로 구분·배열하고, 이들 가운데 평정대상자의 행태를 가장 잘 대표할 수 있는 하나를 선택하는 방법이다.

행태기준 평정척도법은 평정자의 주관적 판단으로 인한 평정오류를 최소화하고 평정을 쉽게 할 수 있다는 장점이 있다. 특히, 평정대상자의 행태를 구체적으로 밝혀주기 때문에 평정대상자의 장·단점에 대한 이해가 가능하여 장점의 발전과 문제점에 대한 개선을 도모할 수 있다. 하지만, 평정대상자의 직무가 다르면 중요 행태가 달라져야 하므로 별개의 평정표가 필요하며, 평정표의 개발에 시간과 노력이 과다하게 소요되는 등 실제 적용상 어려움이 있다.

5 평정상의 오류와 조정방법

1) 평정상의 오류

(1) 연쇄효과

연쇄효과(halo effect, 후광효과, 현혹효과)란 평정자가 가장 중요시하는 하나의 평정요소에 대한 평가 결과가 성격이 다른 평정요소에도 영향을 미치는 것을 말한다. 즉, 어느 한 평정요소에 대한 판단이 다른 평정요소의 평정에 영향을 주는 현상으로, 평정의 대상이 되고 있는 것에 대한 전체적·일반적인 인상에 따라 개인의 특성의 평정을 하여 버리는 경향을 말한다.[6] 예를 들면, 평정요소 중 '기획력'이 탁월하면

6) 한 평정요소에 대한 평정자의 판단이 연쇄적으로 다른 요소의 평정에도 영향을 주는 현상인 연쇄효과는 다음과 같은 경우에 나타나기 쉽다. 첫째, 쉽게 관찰할 수 없는 평정요소가 선정된 경우나 각 평정요소의 의미가 서로 구별되지 못하고 중복되어 있거나 애매할 때 나타난다. 둘째, 평정자가 부하를 잘 모르는 경우에 나타난다. 즉, 평정자가 피평정자에 대한 관찰을 태만히 하는 경우이다. 셋째, 해당 피평정자의 어떤 특성에 대하여 특히 인상이 깊었던 경우에 그 이외의 다른 특성에 대해서도 우수하다고 생각하기 쉽다. 연쇄효과는 근무성적평정의 타당성·객관성을 떨어뜨리는 중요한 요인이 된다.
연쇄효과를 줄이기 위한 방법으로는 첫째, 근무성적평정 방법 중 프로브스트(probst)식 체크리스트 방법이나 강제선택법을 사용하여 평정요소 간의 연상효과를 가능한 한 배제한다. 둘째, 각 평정요소별로 모든 피평정자를 순차적으로 평정한다. 즉, 한 평정요소에 대하여 피평정자 전원을 평가하

'창의력'도 탁월하다는 식이다.

(2) 집중화(중심화) 경향

이는 평정이 보통, 또는 척도상의 중심점에 절대다수가 집중되는 경향을 말한다. 평정자가 피평정자를 잘 모르거나 평정에 자신이 없는 경우, 피평정자와의 관계 때문에 심리적 부담을 느끼는 경우, 평정기준이 모호한 경우에 자주 나타난다. 집중화 경향(central tendency)을 방지하기 위한 강력한 방법은 상대평가를 반영하는 강제배분법이다.

(3) 관대화 경향

관대화 경향(leniency tendency)은 피평정자를 실제보다도 높게 평정하는 경향으로, 평정 결과가 공개되는 경우에 평정대상자와 불편한 관계에 놓이는 것을 피하려는 경우에 흔히 발견된다.

(4) 규칙적 오류

규칙적 오류(constant error), 혹은 일관적 오류는 어떤 평정자가 다른 평정자들보다 시종 박한 점수를 주거나, 반대로 항상 후한 점수를 주는 평정자들이 저지르는 오차를 말한다.

(5) 총계적 오류

총계적 오류(total error)란 평정자의 평정기준이 일정치 않아 관대화 및 엄격화 경향이 불규칙하게 나타나는 현상을 말한다.

(6) 논리적 오류

논리적 오류(logical error)란 연쇄효과에 유사한 오차가 평정자의 머릿속에서 논리적으로 관계가 있다고 생각되는 특성 간에 나타나는 경향을 말한다. 즉, 평정요소들 간 논리적 연관성이 있다고 판단해 버리는 것이다. 예를 들면, 기획력이 우수하면 창의력이 뛰어나다든지, 암기력이 높으면 지식이 많다든지, 작업량이 많으면 숙련도가 높다고

고, 이어 다음 요소를 평가한다. 셋째, 평정요소의 의미를 명확하게 하고, 유사한 요소의 배치를 멀리 떨어지게 하는 등 요소별 배열순서에 유의한다.

판단해 버리는 것이다.

(7) 역산제

역산제(逆算制, inverse)는 평정요소의 개별적 사항을 종합해서 평정하기보다는 연고·정실 등에 의하여 총점을 우선 부여하고, 이에 따라 각 평정요소의 점수를 맞추어 가는 경향을 말한다. 객관성과 공정성을 저해하며 평정 결과에 대한 승패감을 불명확하게 하는 것으로, 우리나라에서 가장 큰 문제점 중 하나이다(박동서, 1998: 246).

(8) 시간적 오류

최초효과(primacy effect)는 첫 인상(초기 업적)에 너무 큰 비중을 두는 데서 일어나는 착오이며, 근접효과(recency effect)는 쉽게 기억할 수 있는 가장 최근의 정보를 너무 중요시하는 데서 유발되는 착오이다.[7)]

(9) 선입견에 의한 오류

상동적 오류(stereotyping error)는 평정의 요소와 관계가 없는 성별·출신학교·출신지방·종교·연령 등에 대해 평정자가 갖고 있는 편견이 영향을 미치는 현상을 말한다.

(10) 유사성 효과

유사성 효과(similar-to-me effect)란 평정자가 자기 자신과 성향이 유사한 부하에게 후한 점수를 주는 오차이다.

2) 평정 결과의 조정방법

근무성적평정을 실시한 후에는 근무성적평정 결과의 신뢰도·타당도 등의 검토와 평정 결과의 조정이 이루어져야 한다. 그래야 근무성적평정이 공정한 인사관리의 기준으로써 적절히 활용될 수 있게 된다.

평정 결과의 조정방법(표준화방법)은 ① 강제배분법, ② 각 기관을

7) 예를 들면, 임용된 이후 단 한 번도 무단결근을 하지 않던 어떤 직원이 근무성적평정 하루 전날 무단결근을 하게 되었다면, 이 직원은 평정요소 중 직무수행태도에 대하여 낮은 점수를 받게 되었다.

망라한 평정위원회를 통하여 조정하는 방법, ③ 평정의 평균치를 정하여 거기에 일치시키는 방법, ④ 규칙적 오차와 총계적 오차를 계산하는 방법 등이 있다.

6 근무성적평정의 비판과 방향

1) 근무성적평정의 비판(한계)

첫째, 다양한 평정방법에도 불구하고 평정자의 주관을 배제할 수 있는 평정방법은 없다.

둘째, 앞서 살펴본 대로 연쇄효과, 관대화와 집중화 경향 등 평정상의 오류로 평정의 타당도·신뢰도가 낮다.

셋째, 과거의 평가에만 치중하여 미래의 평가를 등한시하며, 현재의 평가를 통하여 미래를 예측함에는 제약·한계가 있다.

넷째, 공정한 평정자를 확보하기가 곤란하며, 평정을 위한 형식적 평정을 하는 경향이 있다. 즉, 공무원의 능력발전이나 인사관리의 합리화라는 적극적 목적보다는 공무원을 통제의 수단으로 삼는 소극적 목적으로 이용된다는 점이다.

다섯째, 여러 가지 목적에 적합한 단일평정방법은 없다. 즉, 표준화가 곤란하며(정인홍 외, 1992: 422), 평정상 저항이 따른다.

2) 근무성적평정의 방향

첫째, 근무성적평정의 본래적 목적에 대한 중요성 인식 및 상호 협조·이해의 증진이 필요하다.

둘째, 운영하는 사람의 적극적·자발적 노력이 따라야 하며, 평정의 정실성·불공평성의 극복과 이를 위한 평정자의 교육훈련의 실시가 요구된다.

셋째, 목적에 따른 적절한 평정방법의 선정 및 사용이 있어야 한다.

넷째, 직원 자질의 특성에 중점을 두는 기준평정보다 구체적으로 파악할 수 있는 실제의 업적·성과를 기록하는 데 중점을 두는 방향으로 나아가야 할 것이다.

7 우리나라의 근무성적평정

1) 근무성적평정의 종류

일반직공무원의 근무성적평정은 ① 성과계약에 의한 목표달성도의 평가(4급 이상 공무원 및 연구관·지도관), ② 근무실적 및 능력에 대한 평가(5급 이하 공무원, 연구직·지도직공무원 및 기능직공무원) 등 2가지 형태로 구분된다.

2) 평정자 및 확인자

평정자는 평정대상 공무원의 상급감독자 중에서, 확인자는 평정자의 상급감독자 중에서 평정단위별로 소속 장관이 각각 지정한다. 우리나라는 평정상의 오차나 편파적 평정을 시정하기 위하여 이중평정제를 실시한다.

3) 평가시기

성과계약평가는 12월 31일을 기준으로 하여 다음 연도 초(보통 1월 말~2월 초)에 매년 1회 실시한다. 근무성적평가는 정기평가 및 수시평가로, 경력평정은 정기평정 및 수시평정으로 각각 구분하여 실시한다. 정기평가, 또는 정기평정은 6월 30일과 12월 31일을 기준으로 하여 각각 실시한다.

4) 등 급

평가등급의 수는 3개 이상으로 하며, 최상위등급의 인원은 평가단위별 인원 수의 상위 20퍼센트의 비율로, 최하위등급의 인원은 하위 10퍼센트의 비율로 분포하도록 평가한다.

5) 평정자의 수

평정자(평가대상 공무원의 업무수행과정 및 성과를 관찰할 수 있는 상급, 또는 상위감독자)와 확인자(평가자의 상급, 또는 상위감독자)가 복수평정방식으로 2인이 하며, 각각 소속 장관이 지정한다.

6) 공개성 여부

평가자는 근무성적평정이 완료되면 평정대상 공무원 본인에게 근무성적평정 결과를 알려 주어야 한다. 평정 결과 공개의 장점으로는 평정의 공정성 제고, 피평정자가 자신의 장·단점을 자각할 수 있게 함으로써 자기발전을 도모, 평정 결과의 광범위한 활용 등이 있으며, 단점으로는 관대화, 또는 집중화 경향, 평정자와 피평정자 간의 불화 조성, 성적이 불량한 피평정자의 사기저하 등이 있다.

7) 신뢰도 · 타당도 · 객관도

우리나라의 근무성적평정은 그 신뢰도·타당도·객관도가 낮아 객관적이고 공정한 인사관리의 기준으로서 활용하기 어렵다.

8) 승진후보자명부의 작성

임용권자는 근무성적평정 점수의 반영비율은 70퍼센트, 경력평정 점수의 반영비율은 30퍼센트로 하여 승진후보자명부를 작성하되, 근무성적평정 점수의 반영비율은 95퍼센트까지 가산하여 반영할 수 있고, 경력평정 점수의 반영비율은 5퍼센트까지 감산하여 반영할 수 있다. 이 경우 변경한 반영비율은 그 변경일부터 1년이 경과한 날부터 적용한다.

9) 소속 장관의 재량인정

소속 장관의 재량을 폭넓게 인정하되 타당도의 제고를 기하고 있다. 소속 장관은 직급별·부서별, 또는 업무분야별 직무의 특수성을 고려하여 근무성적평정서(평정요소 및 평정요소별 배점을 포함)를 달리 정할 수 있다.

10) 성과면담

평가자는 근무성적평정이 공정하고 타당하게 실시될 수 있도록 하기 위하여 근무성적평정 대상 공무원과 성과면담을 실시하여야 한다.

구 분	공무원평정규정	공무원성과평가 등에 관한 규정(06. 1. 1)
4급 이상	성과목표달성도의 평정점	성과계약평가(12. 31)
5급 이하	<근무성적평가> 근무실적(60%) 직무수행능력(30%) 직무수행태도(10%) <강제배분> 수(20%), 우(40%), 양(30%), 가(10%) <비공개> <승진후보자명부> 근무성적평정점 50점 경력평정점 30점 훈련성적평정점 20점	<근무성적평가(6. 30, 12. 31)> 근무실적 직무수행능력 직무수행태도(선택) <강제배분> 3개 이상 평가등급(최상 20%, 최하 10%) <공개> 평가자가 본인에게 공개, 이의신청→ 확인자 <승진후보자명부> 근무성적평정점 70점(95점까지 가산) 경력평정점 30점(5점까지 감산)

제3절 다면평가제도

1 다면평가제도의 개념

다면평가제도란 국민의 정부에서 도입된 대표적인 인사제도 중의 하나로, 어느 개인을 평가할 때 직속상사 한 사람이 평가하는 것이 아니라, 다수의 평가자가 여러 방면에서 평가하는 것을 말한다. 종래 상급자 위주의 일방평가제도에서 발생하는 보이지 않는 손, 즉 혈연, 학연, 지연 등에 의한 평가제도의 문제점이 지적되면서 등장하였다.

2 다면평가제도의 순기능과 역기능

1) 순기능

첫째, 보다 공정하고 객관적인 평가가 가능하며 평가 결과에 대한 당사자들의 승복을 받아내기가 쉬우며, 부하의 의견을 반영하여 관리자·감독자들의 리더십 발전에 기여할 수 있다.

둘째, 행정서비스에 대한 다양한 의견을 수렴해 공무원과 행정의 발전을 위해 활용할 수 있다.

셋째, 상관 한 사람에게만 복종하고 책임지는 관료적 병폐를 시정할 수 있다. 충성심의 방향을 다원화하고 국민 충성심을 강화하는 데 기여할 수 있다.

넷째, 행정의 분권화, 즉 부하직원들에 대한 힘 실어주기에 유리한 조건을 형성할 수 있다.

다섯째, 공정한 환류는 피평정자들의 자기개발과 동기를 유발할 수 있다.

여섯째, 조직의 계층적 구조가 완화되고 팀워크(teamwork)가 강조되는 현대사회의 새로운 조직유형에 부합되는 제도이다. 즉, 매트릭스(matrix) 조직, 팀제 등 동태적 조직에 적합하다.

집단평정법은 여러 사람을 평정자로 활용함으로써 평가에 참여하는 소수인의 주관과 편견, 그리고 이들 간의 개인편차를 줄임으로써 객관성과 공정성을 높일 수 있는 제도이다. 또한, 감독자 이외에도 동료·부하·고객 등 다양한 사람들의 참여를 통해 평정에의 관심도와 지지도를 높일 수 있는 장점이 있다.

2) 역기능

(1) 수용성 여부

아직까지도 다면평가에 대해서 공무원들은 인기투표의 가능성과 평가의 주관성과 불공정성의 문제로 다면평가제도에 대한 수용성이 높지 않다. 인간관계 평가 중심이 되어 조직 내 포퓰리즘을 야기하며, 포퓰리즘(populism)이란 대중영합주의를 의미하며 이는 다면평가가 인기투표식으로 전락할 수 있음을 의미한다. 이로 인해 상급자가 업무추진보다는 부하의 눈치를 의식하는 행정이 이루어질 가능성이 높다.

우리나라처럼 계층제 문화가 강한 경우 관리자가 부하들의 평가를 받는 데 대한 저항과 불쾌감으로 자칫 상사와 부하 간의 갈등을 야기하여 조직 간 화합을 저해할 수 있다.

(2) 다면평가 활용

현재 승진에서 중요한 판단자료로 사용되고 있는 다면평가제도는 본래 실적에 대한 평가라기보다 태도와 역량에 대한 평가라는 점에서 인사관리의 기준(승진기준)보다는 능력발전수단으로 이해되어야 하지만 현실에서는 그렇지 않다.

(3) 평가제도 실시과정

다면평가의 실시과정에서 공정성과 신뢰성이 저하되는 문제점이 지적된다.

(4) 정확성의 저하

참여의 범위를 지나치게 확대하여 평정대상자를 정확히 모르는 상태에서 평가가 이루어진다면 오히려 정확성을 떨어뜨릴 위험도 내포하고 있다.

(5) 부처이기주의

신설조직이나 부처가 통합된 경우에는 능력보다는 출신 부처에 따른 평가로 부처이기주의가 발생하고, 소규모 부처 출신자들이 부당한 평가를 받을 가능성이 높은 문제점을 안고 있다.

(6) 담합과 모략적 응답

다면평가는 평정자들이 평정의 취지와 방법을 잘 모를 경우에는 담합을 하거나 모략성 응답을 할 가능성이 높다.

3 직무성과관리제도(Performance Management System)

직무성과관리제도(PMS)는 직무분석을 통해 도출된 성과책임을 바탕으로 성과목표를 설정·관리·평가하고, 그 평가 결과를 보수(처우) 등에 적용하는 일련의 과정을 말한다. 직무성과관리제도는 성과책임을 바탕으로 상·하급자가 상호 합의하여 당해 연도의 사업목표와 달성수준을 정하며, 연말의 성과평가 시에도 상사와 부하가 함께 평가에 참여하여 그동안의 추진실적을 점검하게 된다.

직무성과관리제도는 「공무원평정규칙」 제4조의 규정에 의한 '업무목표의 설정 및 목표달성도의 평가'의 운영형태 중 하나로, 평정 결과는 「공무원임용령」에 의한 목표달성도의 평가 결과에 사용하며, 별도의 인사관계법령이 적용되는 특정직공무원에 대해서는 해당 법령의 규정에 의한 목표달성도의 평정점으로 본다. 직무성과관리제도에 심사분석, 부서별 평가제도, 또는 다면평가제도 등에 의한 평가 결과를 반영할 수 있다.

그림 7-1 직무성과관리제도 기본절차

목표설정		성과관리		성과평정
◈ 성과책임의 확인 ◈ 성과목표안 설정 -목표별 비중 -목표별 평정기준 ◈ 상급자와의 면담을 통해 확정	⇨	◈ 상급자에 의한 지도·점검 ◈ 중간면담 실시 ◈ 필요 시 목표수정	⇨	◈ 평정면담 실시 ◈ 성과목표의 평정 ◈ 결과 활용

※ 개정 전 자료이니 참고만 하세요.

(　　　) 공무원 근무성적평정서

◈ 평정대상 공무원은 앞쪽(3번까지)만 기재하고, 뒤쪽(4, 5번)은 평정자 및 확인자가 기재함.

◈ 평정대상 기간 : 　　.　　.　　.부터　　.　　.　　.까지

성 명	소 속	직 위	직 급	생년월일	현직급임용일	현보직일

1. 업무추진 실적, 또는 추진 업무내용(평정대상 기간 중의 것만 기재)

2. 직무수행능력 관련 사항

◈ 직무 관련 전문 자격증 :

◈ PC 활용 및 정보화 능력 :

※ 소지 자격증, PC 통신 · 전자우편 활용 여부, 사용 가능한 소프트웨어 등 기재

◈ 외국어 능력 :

◈ 기타 :

3. 직무수행태도 평정 감점 해당사항(평정대상 기간 중의 것만 기재)

◈ 지각	(　　)회	◈ 징계 · 직위 해제	(　　)회
◈ 무단 결근	(　　)회	◈ 경고 또는 주의	(　　)회
◈ 무단 조퇴	(　　)회	◈ 대민 불친절	(　　)회
◈ 장시간 무단 이석	(　　)회	◈ 기 타	(　　　　)

4. 근무성적평정

◈ 업무목표의 달성도와 앞쪽의 기재사항 및 평소 관찰 결과 등을 토대로 객관적이고 공정하게 다음과 같이 평정점을 부여합니다.

–각 평정요소별로 탁월–우수–보통–미흡–불량의 5단계로 평정함.
–직무수행태도는 만점을 부여한 뒤 소속 장관이 정한 기준에 따라 평정자가 감점평정함.

① 근무 실적 (60%)	평정요소 / 평정점		실적의 질	실적의 양	적시성	업무개선도
	평정자(30%)					
	확인자(30%)					
	평정점		점			

② 직무 수행 능력 (30%)	평정요소 / 평정점		정보화능력	업무숙지도	판단력	기획력	업무추진력
	평정자(15%)						
	확인자(15%)						
	평정점		점				

③ 직무수행태도(10%)	기준점: 10점	감점: 점	평정점: 점

종합 평정점(①②③의 평정점 합계) 점

5. 종합 평정 의견

평정자 의견	
	소속 : 직위 : 성명 : (서명)

확인자	
	소속 : 직위 : 성명 : (서명)

자료 : 공무원 평정 규칙[별지 제1호 서식]

제4절 승 진

1 승진의 의의

1) 개 념

승진(promotion)이란 하위직급에서 상위직급으로의, 또는 하위계급에서 상위계급으로의 수직적인 상승이동을 말한다. 따라서 수평적 이동으로서의 전직·전보와 구별되어야 하며, 또한 권한·책임의 증대 없이 보수의 증대만이 있는 승급과도 구별되어야 한다.

2) 중요성

승진의 합리적 운영을 통해 첫째, 성공에 대한 기대감의 충족과 그에 따른 사기의 앙양과 인간관계의 합리화에 기여한다.

둘째, 공무원의 동기부여에 기여하며, 능력발전의 촉진을 가져올 수 있다.

셋째, 전체적으로 인적자원의 효율적 활용을 촉진시키며, 유능한 인재의 확보 및 양성과 동시에 이직을 막아 유능한 행정관리자의 양성이 가능하게 된다.

넷째, 실적주의와 직업공무원제의 확립에 기여할 수 있다.

2 승진의 범위

1) 승진의 한계 – 승진의 한계가 높을 경우(폐쇄형과 유사)

승진의 한계가 높을 경우 장점으로는 재직자의 사기앙양, 행정의 능률성 제고, 장기적 근무경험을 계속 살려감으로써 행정의 전문성 제고, 직업공무원제의 확립 및 발전에 기여할 수 있다는 것이다. 하지만, 단점으로는 관료주의화 · 특권화를 초래할 우려가 있으며, 민주통제가 곤란하다는 점이다.

일반적으로 승진한계가 높은 국가로는 직업공무원제가 잘 발달된 계급제 국가들로 영국 · 프랑스 · 독일 등이 있으며, 승진한계가 낮은 국가는 직위분류제가 발달한 미국 · 호주 등이 있다.

우리나라의 경우에는 제도상 국장선이 한계로 비교적 낮은 편에 속한다고 볼 수 있다. 그 이유는 직업공무원제의 미확립, 낮은 전문직업화, 불합리한 인사관리(정실 및 연고임용의 만연) 등을 들 수 있다.

2) 재직자 간의 승진경쟁의 범위

(1) 의 의

승진임용에 의하여 충원하려고 할 때에도 승진대상자의 범위를 동일한 부처 내에 한정할 것인가(비교류형, 폐쇄주의), 혹은 다른 부처의 직원도 포함시킬 것인가(교류형, 개방주의)의 문제가 제기된다.

(2) 개방주의(교류형)의 장점

첫째, 승진기회를 개방함으로써 우수한 인재의 등용에 유리하며, 행정의 질적 향상을 가져온다.

둘째, 부처 간의 할거주의(sectionalism)를 방지할 수 있으며, 부처 간 질적 균형이 이루어진다.

셋째, 기관 간 승진기회의 형평성 확보에 유리하며, 인사배치의 신축성을 제고하며 특정 부처의 인사적체와 이직을 방지한다.

(3) 폐쇄주의(비교류형)의 장점

첫째, 각 부처의 업무의 특이성을 유지할 수 있으며, 이로 인해 행정의 능률성 향상에 도움을 준다.

둘째, 팀워크(teamwork) 정신을 유지할 수 있으며, 공무원의 충성심이나 일체감을 증진시킬 수 있다.

셋째, 당해 부처 내의 공무원의 사기를 앙양시켜 주며, 기득권 의식을 살려 준다.

3 승진의 요건 및 제한

승진의 기준이 어떠하든 승진하기 위해서는 개인이 갖추어야 할 기본적인 요건이 있으며, 그 요건이 충족되어야만 승진후보자가 될 수 있다. 우리나라를 포함한 대부분의 국가에서는 승진에 필요한 최저근무연수 등이 정해져 있으며, 징계처분 등 승진이 제한되는 경우도 있다.

1) 승진소요 최저연수

승진소요 최저연수란 임용예정 직급(계급) 바로 아래 직급에서 승진에 필요한 최저근무연수를 말한다(「지방공무원임용령」 제17조). 따라서 승진소요 최저연수로 정해진 기간 동안 해당 직급에 재직하여야만 상위직급으로서의 승진후보자가 될 수 있다. 일반직공무원의 예를 보면, 3급 이상은 2년 이상, 4급은 3년 이상, 5급은 4년 이상, 6급은 3년 6개월 이상, 7급·8급은 2년 이상, 9급은 1년 6개월 이상으로 정해져 있다(「공무원임용령」 제31조).[8]

승진소요 최저연수의 계산에는 휴직, 직위해제, 징계처분기간 및 승진임용 제한기간은 제외되며, 정해진 승진소요 최저연수가 경과하여야만 모든 종류의 승진이 가능하다. 하지만, 특별승진 사유에 해당하는 경우, 그 사유에 따라 일정기간 동안 승진소요 최저연수의 단축이 가능하다(「공무원임용령」 제35조의2).

8) 특정직공무원의 경우는 각기 별도의 개별 법령에 의해 승진소요 최저연수가 정해져 있다. 예를 들면, 경찰공무원(소방공무원)은 총경(소방정)은 4년 이상, 경정(소방령) 및 경감(소방경) 및 경감(소방경)은 3년 이상, 경위(소방위) 및 경사(소방정)은 2년이상, 경정(소방교) 및 순경(소방사)은 1년 이상이다(「경찰공무원승진임용규정」 제5조 및 「소방공무원승진임용규정」 제5조 및 「소방공무원승진임용규정」 제5조.

2) 승진의 제한

공무원이 승진소요 최저연수에 도달하였다고 하더라도, 특별한 경우에 승진이 제한되며, 그 사유는 공무원의 직종과 법령에 따라 약간씩 차이가 있다. 일반직공무원의 경우, 징계처분 요구, 또는 징계의결 요구, 징계처분, 직위해제, 휴직 또는 시보임용 기간 중에 있는 경우에는 승진임용이 불가하다(「공무원임용령」 제32조).

또한, 징계처분의 집행이 끝난 날부터 강등·정직은 18개월, 감봉은 12개월, 견책은 6개월이 지나지 않은 경우에도 승진임용이 제한되며, 금품 및 향응 수수, 공금의 횡령·유용, 성폭력, 성희롱 및 성매매에 따른 징계처분의 경우에는 각각 3개월을 더한 기간이 지나지 않으면 승진임용이 될 수 없다(「공무원임용령」 제32조).

이러한 승진임용 제한기간은 특별히 정해진 포상을 받은 경우에 단축이 가능하다. 즉, 공무원이 징계처분을 받은 이후 해당 계급에서 훈장, 포장(褒章), 모범공무원포상, 국무총리 이상 표창 및 제안채택 시행에 의한 포상을 받은 경우이다. 이 경우 최근에 받은 가장 무거운 징계처분에 대해서 승진임용 제한기간의 2분의 1을 단축할 수 있다.

4 승진의 기준

승진의 기준으로 보통 경력과 실적이 고려된다. 경력의 평정기준으로는 근무연한, 학력, 경력(직무상의 경험) 등이 있고, 실적의 평정기준으로는 주관적 방법으로 근무성적, 훈련성적, 승진심사위원회의 결정, 인사권자의 판단 등이며, 객관적 평정기준으로는 승진시험이 있다.

1) 경 력

(1) 경력평정의 원칙

첫째, 근시성(近視性)의 원칙이다. 이는 실효성이 있는 최근의 경력이 더 높은 평가를 받아야 한다는 것이다.

둘째, 습숙성(習熟性)의 원칙이다. 이는 숙련도가 높은 상위직급의 경력이 하위직급의 경력이 더 높은 평가를 받아야 한다는 것이다.

셋째, 친근성(親近性)의 원칙이다. 이는 과거의 경력이 현재 담당하고 있거나 승진할 직무와 관련성이 있으면, 더 높은 평가를 해야 한다는 것이다.

넷째, 발전성(發展性)의 원칙이다. 이는 미래의 발전 가능성을 추단할 수 있는 경력을 높이 평가하여야 한다. 즉, 담당 직무와 관련된 학력·자격증·면허증 소지자, 또는 훈련을 받은 자가 더 높은 평가를 받아야 한다는 것이다.

(2) 경력의 장·단점

경력을 승진의 기준으로 삼으면 다음과 같은 장점이 있다.

첫째, 고도의 객관성을 확보할 수 있다.

둘째, 정실 개입을 방지할 수 있으며, 정실·연고의 개입에 대한 공무원의 불평·불만을 없애준다.

셋째, 장기재직을 장려해주기 때문에 행정의 안정성 향상에 기여함과 동시에 직업공무원제의 확립에 기여한다.

하지만, 경력을 승진의 기준으로 삼으면 다음과 같은 단점이 있다.

첫째, 유능한 인재의 등용이 곤란해진다.

둘째, 관료주의화·침체화를 가져오기 쉬우며, 행정의 질 저하를 가져온다.

셋째, 기관장의 무능화를 초래하기 쉽다.

2) 실 적

실적, 즉 시험을 승진기준으로 삼으면 다음과 같은 장·단점이 있다.

(1) 장 점

첫째, 정실 개입의 방지 및 타당성·공정성의 제고에 도움을 준다.

둘째, 지적 수준이 높은 공무원이 승진할 가능성이 높아진다.

셋째, 새롭고 발전된 지식을 습득케 할 수 있다.

(2) 단 점

첫째, 근무연한이나 근무성적이 무시되므로 장기근속자나 성실한 공무원의 사기가 저하된다.

둘째, 근무보다 시험과목의 공부에 주력하게 되어 직무수행에 막대한 지장을 초래하게 된다.

셋째, 시험 전후에 막대한 정신적 부담을 지우게 되며, 공무원의 사기에 막대한 영향을 미치게 된다.

5 승진의 종류

승진의 종류는 공무원의 직종별 개별 법령에 따라 차이가 있다. 가장 대표적인 것으로 일반승진, 특별승진, 근속승진을 들 수 있으며, 이외에 우선승진, 우대승진 및 대우승진 등이 있다.

1) 일반승진

승진임용은 원칙적으로 근무성적평정·경력평정·훈련성적·가산점 등 능력의 실증에 의한다. 다만, 1급 내지 3급 공무원에의 승진임용 및 고위공무원단 직위로의 승진임용에 있어서는 능력과 경력 등을 고려하여 임용하며, 1996년 1월 1일부터는 5급 공무원에의 승진임용에 있어서는 승진시험을 거치도록 하되, 필요하다고 인정할 때에는 승진심사위원회의 심사를 거쳐 임용할 수 있도록 규정을 완화하였다. 이는 심사승진과 시험승진으로 구분할 수 있다.

(1) 심사승진

심사승진은 거의 모든 경력직공무원의 직렬 및 직급에 걸쳐 활용되는 승진방법으로 심사승진의 대상 및 절차 등은 직렬 및 계급에 따라 다소 차이가 있다. 일반적으로 심사대상이 되는 승진후보자의 자격은 승진소요 최저연수를 충족하고 정해진 교육훈련을 이수하여야 하며, 승진후보자명부의 일정한 배수 범위에 포함되어야 한다. 이들에 대해 다수의 내부(혹은 외부)위원으로 구성된 승진심사위원회가 승진후보자를 심사하고, 적격자를 선정하여 임용권자에게 승진임용을 제청하는 절차를 거친다.

일반직공무원의 승진후보자명부는 1월 31일과 7월 31일을 기준으로 승진임용에 필요한 요건을 갖춘 5급 이하 공무원 등에 대하여 승진임용예정 직급별로 작성된다. 이러한 명부 내의 순위는 근무성적평정점수, 경력평정점수 및 가점평정점수를 합한 총점을 기준으로 한다. 이때 근무성적평정점수의 반영비율은 70~95%까지이며, 경력평정점수의 반영비율은 5~30%까지로 한다. 단, 5%의 범위 내에서 해당되는 가점을 합산한 점수가 승진후보자명부의 총점이 된다.

표 7-6 승진후보자명부의 구성요소 및 배점비율

구성요소		배점비율(만점: 105점)	
		5급(우정 2급) 이하, 연구사 및 지도사	
근무성적		70~95%	만점: 100점
경력		5~30%	
가점	직무 관련 자격증, 특수지 근무, 특정직위, 공적사항, 기타	각 항목별 1점 범위 내	만점: 5점
교육훈련		최저 이수시간 준수	

(2) 시험승진

시험승진은 대체로 심사승진과 병행하여 이루어지며 그 활용정도는 최근에 다소 제한적이다. 예를 들면, 5급(우정 2급)으로의 일반직공무원 승진,[9] 경정 이하 계급으로의 경찰공무원 승진, (지방)소방령 이

9) 5급 공무원으로의 승진은 기관에 따라 시험, 심사, 시험과 심사의 병행 등의 세 가지 방법 중에서 하나를 지정하여 운영할 수 있다. 즉, 각 기관은 승진시험만으로 승진하는 방법, 승진심사위원회의 심사만으로 승진하는 방법, 승진시험과 승진심사위원회 심사를 병행하는 방법 중에서 하나를 선택 시행할 수 있다(「국가공무원법」 제40조 및 「공무원임용령」 제34조).

하 계급으로의 소방공무원 승진 등에 시험승진이 가능하다.

일반직공무원 5급으로의 승진시험은 일반승진시험과 공개경쟁승진시험으로 구분된다. 일반승진시험은 승진소요 최저연수를 경과하고 승진임용이 제한되거나, 응시자격이 정지 중에 있지 않은 승진후보자명부상 선(先)순위자 순으로 총결원의 2~5배수에 해당하는 6급 공무원이 그 대상이 된다. 이들에 대하여 1차・2차로 구분하여 시험을 실시하고, 시험성적과 승진후보자명부상의 평정점수를 일정비율로 합산하여 최종합격자를 결정한다.

한편, 공개경쟁승진시험은 승진소요 최저연수를 경과하고 승진임용이 제한되거나 응시자격이 정지 중에 있지 않은 6급 공무원이 그 대상이 된다. 승진후보자명부와 무관하게 누구나 응시가 가능하며, 1차・2차로 구분하여 시험을 실시하고 3차 면접을 통해 최종합격자를 결정한다.

2) 특별승진

특별승진은 우수공무원에 대하여 일반승진에 대한 예외를 부여하는 경우이다. 즉, 특별한 요건에 해당하는 공무원을 승진소요 최저연수, 또는 승진후보자명부의 순위에도 불구하고 특별승진임용하거나 일반승진시험에 우선 응시하게 한다(「국가공무원법」 제40조의4).

예를 들면, 민원봉사대상수상자, 직무수행능력우수자, 제안채택시행자, 명예퇴직자, 공무사망자 등의 경우이며, 각기 특별승진임용의 구체적인 대상자 및 요건 등이 다르다.

3) 근속승진

근속승진은 특정계급에서 일정기간 계속 근무한 경우 계급별 정원에 관계없이 승진임용하는 것을 말한다. 이는 근속기간이라는 연공요소를 승진기준으로 활용하는 것이며, 장기간 승진적체로 인한 사기저하 문제를 해소하고 엄격한 정원관리를 탄력적으로 운영하는 데 유용하다.

근속승진은 공무원의 직종별 적용 법규에 따라 그 대상 및 방법 등을 달리한다. 일반직공무원의 근속승진은 6급·7급·8급 공무원으로 승진하는 경우에 적용되며, 각기 7급·8급·9급에서 정해진 최저연수, 교육훈련시간 및 근속승진기간[10]을 충족한 공무원이 승진후보자가 된다.

근속승진기간에는 휴직기간, 직위해제기간, 징계처분기간 및 승진임용 제한기간은 제외되며, 관련 법령에 따른 인사교류경력이 있는 경우에는 인사교류기간의 2분의 1에 해당하는 기간만큼 근속승진기간의 단축이 가능하다. 근속승진도 승진후보자명부를 작성하고 승진심사위원회(혹은 인사위원회)의 심사를 거치는 등 일반승진과 동일한 절차와 방법에 의해 이루어진다.

6 강 임

1) 강임의 개념

강임(降任, demotion)이란 수직적 이동의 하나로서, 하위계급(직급)으로 이동하는 것을 말한다.[11] 즉, 어떤 하위계급(직급)에 결원이 발생하면, 바로 상위계급(직급)의 공무원을 그 계급(직급)에 임용하는 것이 강임이다.

강임과 승진은 모두 수직적 인사이동의 한 형태이지만, 승진은 강임과 반대의 방향, 즉 하위계급(직급)에서 상위계급(직급)으로 이동한다는 점에서 차이가 있다. 강임이 가능한 사유의 하나로서 징계처분이 있는데, 징계처분에 의해 이루어진 강임이 강등(降等)이다. 따라서 강

10) 근속승진기간은 7급은 12년 이상, 8급은 7년 6개월 이상, 9급은 6년 이상이다. 6급 공무원으로서의 근속승진은 직렬별 근속승진후보자의 100분의 20에 해당하는 인원 수를 초과하여 이루어질 수 없으며 연 1회 심사가 가능하다(「공무원임용령」 제35조의4)

11) 강임은 계급과 무관하게 '같은 종류의 직무 내에서 하위의 직위에 임용하는 것'으로 정의되기도 한다(「소방공무원법」 제1조의2 및 「교육공무원법」 제2조).

임과 강등이 계급(직급)이 하락을 수반한다는 점에서는 동일하지만, 강등은 징계처분의 한 종류로서 강임과는 그 성격이 근본적으로 다르다.

2) 강임의 필요성

강임은 실제 인사행정에서 자주 적용되지는 않는다. 하지만, 반드시 필요한 경우가 있을 수 있기 때문에 제도적으로 인정되고 있다. 직제개편이나 예산삭감 등으로 직제가 변경되거나 정원이 조정되었을 경우, 해당 직위를 담당하고 있던 공무원의 퇴직을 면하게 하여 공무원의 신분을 유지하도록 하기 위하여 강임을 활용하기도 한다. 또한, 조직 전체의 효율적인 인적자원관리를 위해서도 강임이 필요한 경우도 있다.[12)]

공무원의 개인적 필요에 의해서도 강임이 필요할 수 있다. 현재의 직위보다 낮은 계급에 해당하는 직위라 할지라도 자신에게 보람된 업무이고 적성에 맞는 경우 강임을 희망할 수 있다. 강임을 통해 자신에게 적합한 의무・책임이나 직무를 수행하도록 한다면, 개인적인 직무만족뿐만 아니라 조직의 효율성 향상에도 이바지할 수 있다.[13)]

---

12) 가끔 강임이 징계의 수단으로 활용되는 경우가 있는데 이는 잘못된 것이다. 징계수단으로는 다른 방법이 존재하며, 징계는 적법한 사유와 절차에 의거하여 이루어져야 하기 때문이다.

13) 공무원 자신의 거주나 가정생활의 편리를 위하여 다른 지역이나 기관으로 이동하는 과정에서 실제 강임이 빈번하게 이루어지고 있다.

제5절 배치전환

1 배치전환의 의의

1) 개 념

공무원이 종래의 책임수준과 같은 직위로 이동하는 수평적 인사이동으로서 보수액의 변동이 수반되지 않는다. 여기에는 전직·전보·파견근무·전입 등이 있다.

2) 종 류

(1) 전직(轉職)

전직은 직무등급은 같으나 직렬이 다른 직급의 다른 직위로 수평이동(행정직렬→세무직렬)하는 것으로, 전직시험을 거쳐야 한다. 빈번한 자리이동은 행정의 전문화를 저해하고, 직무의 능률을 떨어뜨릴 우려가 있기에 전직과 전보를 위해서는 최저 재임기간을 채워야 한다. 우리나라의 경우 특별채용된 공무원은 3년 간 다른 직렬로 전직할 수 없다.

(2) 전보(轉補)

전보는 동일한 직무등급·직렬·직급 내에서 다른 직위로 수평이동(민방위과장 → 총무과장)하는 것으로 시험이 필요 없다. 일반공무원은 당해 직위에 임용된 날부터 2년 이내에 다른 직위에 전보할 수 없다.

(3) 전입(轉入)

전입은 인사 관할을 달리하는 기관 상호 간에 타 소속 공무원을 이동(판사 → 검사)시키는 것이다. 국회, 법원, 헌법재판소, 선거관리위원회 및 행정부 상호 간에 다른 기관 소속 공무원을 전입하려는 때에는 시험을 거쳐 임용하여야 한다.

(4) 겸임(兼任)

한 사람에게 둘 이상의 직위를 부여하는 것이 겸임이며, 겸무(兼務), 또는 겸보(兼補)라 부르기도 한다(오석홍, 2013: 182). 둘 이상의 직위는 하나의 기관에 속하거나 서로 다른 기관에 속할 수 있다. 겸임은 직위에의 결원을 잠정적으로 보충하는 방법으로 경우에 따라서는 장기적으로 활용되기도 한다.

겸임은 정부조직 내부의 직위를 겸하는 것이지만, 겸직(兼職)은 정부조직 외부의 직위를 겸하는 것이 보통이다. 또한, 겸임은 임용권자의 필요에 따라 공무수행을 위한 것이며(「국가공무원법」 제32조3 및 「공무원임용령」 제40조), 반면에 겸직은 개인적 필요에 따라 이루어진다(「국가공무원법」 제64조 및 「국가공무원 복무규정」 제26조). 따라서 겸임은 원칙적으로 허용된다고 볼 수 있으나, 겸직은 원칙적으로 금지된다고 할 수 있다.

우리나라에서는 직위와 직무내용이 유사하다고 담당 직무의 수행에 지장이 없다고 인정되면, 법령이 정하는 바에 따라 겸임이 허용된다(「공무원임용령」 제40조).

(5) 파견근무

파견근무는 업무수행, 또는 그와 관련된 행정지원이나 연수, 기타 능력개발 등을 위하여 공무원을 원래의 소속 부서에서 임시로 일정기간 다른 기관에서 근무하는 것이다. 파견근무를 하더라도 원래의 소속을 바꾸지 않고, 보수도 원래의 소속 부서에서 받으면서 일정기간 임시로 다른 기관에서 근무하는 것이다. 우리나라의 파견제도는 소속 공무원을 파견하는 경우와 민간전문가를 파견받는 경우를 포함하고 있다.

소속 공무원의 파견은 국가적 사업의 수행, 또는 그 업무수행과 관련된 행정지원이나 연수, 그 밖에 능력개발 등을 위하여 다른 국가기관 · 공공단체 · 정부투자기관 · 국내외의 교육기관 · 연구기관, 그 밖의 기관에 일정기간 근무하게 하는 것이다.

반면에, 민간전문가의 파견은 국가적 사업의 공동수행, 또는 전문성이 특히 요구되는 특수업무의 효율적 수행 등을 위하여 필요한 경우, 국가기관 외의 기관 · 단체의 임직원을 파견받아 근무하게 하는 것을 말한다. 이 경우 파견된 민간전문가는 파견받은 국가기관의 장의 지휘 · 감독을 받으며, 직무상 행위를 하거나 「형법」 및 그 밖의 법률에 따른 벌칙을 적용할 때 공무원으로 간주된다.

표 7-7 파견의 사유 및 기간

구 분	파견사유	파견기간
소속 공무원 파견	국가기관 외의 기관 · 단체에서 국가적 사업수행	2년 이내, 최대 5년
	다른 기관의 업무폭주로 인한 행정지원	2년 이내, 최대 5년
	사무의 소관 불명, 또는 특수업무의 공동수행	2년 이내, 최대 5년
	교육훈련	필요기간
	공무원교육훈련기관의 교수요원	1년 이내, 최대 2년
	국제기구, 외국의 정부 · 연구기관에서 업무수행 및 능력개발	필요기간
	국내연구기관, 민간기관 · 단체에서 관련 업무수행, 능력개발, 국가정책수립 자료수집 등	2년 이내, 최대 5년
민간전문가 파견	국가적 사업의 공동수행, 또는 전문성이 특히 요구되는 특수업무의 효율적 수행	2년 이내, 1년 범위 내에서 연장 가능

자료: 「국가공무원법」 제32조의4 및 「공무원임용령」 제41조의 2.

3) 용 도

첫째, 광범한 경험을 쌓는 훈련제도이다. 특히, 고급공무원의 능력발전을 위해서 필요하다.

둘째, 행정조직 및 관리상의 변혁에 대처하는 배치조정을 위하여 필요하며, 인화관계의 개선과 보직 부적응의 해소를 위하여 필요하다.

셋째, 적재적소의 인재배치를 통한 행정능률의 증진과 사기의 앙양을 위하여 필요하며, 권태감의 방지와 근무의욕의 고취를 위한 목적도 있다.

넷째, 계획사업의 우선순위에 따른 합리적인 인사배치를 실현하기 위하여 필요하며, 개인 의사를 존중하여야 하는 경우 등에도 이용되어야 한다.

다섯째, 상관 개인에 대한 충성심의 고착화를 타파하고 비공식 집단의 지나친 응집력 강화를 방지함으로써, 조직에의 충성심을 확보하고자 하는 경우에도 필요하다.

2 우리나라의 전직 · 전보제도

1) 보직관리의 원칙

「국가공무원법」에서는 전공분야 · 훈련 · 경력 · 적성 등을 고려하여 합리적으로 보직하도록 규정하고 있다.

2) 문제점

우리나라의 전직 · 전보제도는 본래의 목적과는 달리 소극적 · 부정적 목적에 오용되어 왔다. 전직 · 전보제도가 ① 징계의 수단, ② 부정부패의 방지수단, ③ 개인적 특혜를 부여하는 수단, ④ 사임의 강요수단, ⑤ 추종세력의 집결 및 개인세력의 증식수단 등으로 오용되어 왔던 것이다.

제 8 장 사기앙양방안

제1절 사 기

1 사기의 의의

1) 사기의 개념

사기(士氣, morale)란 조직목표의 효율적 달성을 위하여 자발적 · 적극적으로 협력하고 노력하려는 개인 및 집단의 근무의욕 · 정신 · 태도를 의미한다. 즉, 집단의 융합적인 감정을 토대로 하여 목적에 매진하는 의욕적이고 적극적인 행동을 자아내는 독특한 정신상태와 집단의 자율성이라고도 한다(박연호, 1984: 570).

사기는 생산성 향상에 기여하는 가장 중요한 요소 중의 하나로서 1930년대 인간관계론 이후 중시되어 왔다.

2) 사기의 성격

(1) 개인적 성격

사기는 개인이 직무와 직무환경에 대하여 가지는 심리상태로서의 자발적·주체적인 근무의욕이다. 이러한 사기는 개인의 직무만족·욕구충족·개성·가치관과 밀접한 함수관계에 있다.

(2) 조직적·집단적 성격

사기는 조직 구성원이 전체로서 조직목표를 달성하기 위하여 상호협력적으로 조직활동을 수행하려는 적극적인 정신상태라 할 수 있다. 사기는 개인적 만족감의 총화 이상으로서의 집단적 현상인 것이다.

(3) 사회적 성격

사기는 사회적 가치, 또는 사회적 역할과 결부됨으로써, 지적·도덕적 만족감을 충족시킬 수 있어야 한다. 사기는 보다 큰 사회적 효용성과 결부될 때만 의미를 가지는 사회적 성격을 가지고 있다.

3) 사기와 생산성과의 관계(P = M × A)

인간관계론 발전과정과 함께 사기에 대한 연구가 본격화되기 시작하였는데, 허즈버그(F. Herzberg) 등은 사기와 생산성은 밀접한 관계가 있다고 생각하여 사기 향상은 곧 생산성 향상을 가져온다고 보았다.

하지만, 탄넨바움(Tannenbaum), 슈미트(Schmidt), 브룸(V. H. Vroom) 등은 사기와 생산성은 직접적인 관계가 없다고 생각하여 사기 향상은 언제나 생산성 향상을 가져오는 것은 아니라고 본다. 특히, 리커트(Likert)는 직원의 높은 사기가 반드시 높은 생산성을 가져오는 것이 아니라고 하였으며, 사기가 낮더라도 높은 생산성을 가져올 수 있다고 주장하였다(Likert, 1961: 13-14).

따라서 사기는 생산성에 영향을 미치는 여러 복합적 요인·변수의 하나에 지나지 않는다는 것이다.

2 사기의 결정요인

1) 사기의 결정요인

(1) 경제적 요인

보수, 연금 등 직무수행에 대한 반대급부로서 경제적 요인은 사기와의 상관관계는 매우 중요하다.

(2) 사회 · 심리적 요인

사기에 영향을 미치는 사회 · 심리적 요인으로는 개인의 가치 인정감 · 칭찬, 귀속감 · 일체감, 심리적 안정감, 성공감, 참여의식 등이 있다.

(3) 기타 요인

현대조직이론에서는 자아실현욕구, 조직목표에 대한 명확한 인식 · 일치, 공정한 인사관리, 육체적 · 정신적 건강과 근무환경 · 조건 등의 많은 요인의 복합적인 작용에 의하여 사기가 결정된다고 본다.

2) 사기의 결정요인에 관한 학설

첫째, 과학적 관리법이나 전통적 이론에서는 경제적 욕구충족을 가장 중요시하였다.

둘째, 인간관계론이나 신고전적 조직이론에서는 사회 · 심리적 욕구의 충족을 가장 중요시하였다.

셋째, 복합적 인간관을 취하는 사람들은 인간의 복합적 욕구를 충족시켜 줄 때에 사기가 향상된다고 주장하고 있다.

넷째, 사기는 사기에 영향을 미치는 여러 요인의 복합적인 상호 작용의 결과에 기인한다고 보아야 할 것이다.

3 사기의 측정방법

1) 태도조사

태도조사란 직무와 근무조건, 경제적 보상, 상관의 감독방법, 동료와의 관계, 개인적 만족감 등에 관한 태도·의견·불만을 조사·분석하는 것을 말한다.

태도조사의 방법으로는 주로 면접법과 질문지 사용법이 주로 사용되지만, 그 외에도 관찰법, 사회측정법 등이 있다.

2) 근무관계기록법

여기에 포괄될 수 있는 것으로는 생산고, 이직률, 사고율, 결근·조퇴·지각·무단이석 등을 조사하여 사기를 측정하는 방법이 있다.

3) 소셔메트리(sociometry)

사기요인의 하나인 집단 내의 인간관계를 측정하는 데 유용한 기법이다. 모레노(J. Moreno)가 개발한 이 방법은 집단 구성원 상호 간의 선호, 즉 사람들이 서로 상대방에 대하여 가지는 호오(好惡)의 감정을 포착하여 분석함으로써, 집단의 구조, 인간관계, 집단 구성원의 지위 등을 추정하려는 것이다.

4) 투사법(projective method)

피조사자가 무엇에 관하여 조사를 받는지 모르는 가운데 솔직한 태도를 노출시키게 하여 그 결과를 분석하는 조사방법이다.

제2절 보 수

1 의 의

1) 개 념

보수란 공무원이 근무에 대한 대가로서 받는 금전적인 보상이다. 국가기관 외의 기관·단체로부터 파견된 임직원의 보수는 파견한 기관이 지급하며, 파견받은 기관은 실비변상 등을 할 수 있다. 다만, 특히 필요한 경우 파견받은 기관은 파견한 기관과 협의하여 보수를 지급할 수 있다.

공무원의 보수는 국민경제, 사회의 제반정책 등에 미치는 영향 등을 고려하여 민간분야보다 더 엄격하게 관리된다. 즉, 민간분야는 종업원들의 적극적인 공헌을 획득하기 위하여 어떤 수준의 임금을 결정할 것인가 하는 미시적(micro)인 입장에서 관리되지만, 공무원의 보수관리는 국가 정책적인 시각에서 거시적(macro)으로 관리된다.[14]

2) 보수의 중요성

보수는 공무원의 사기와 행정능률에 지대한 영향을 미치는 경제적 유인으로, 적정한 보수가 보장되지 않는 경우에는 공무원의 사기와 행정능률이 저하되고, 부정·부패와 인간관계에의 악영향을 초래하며, 사회적·경제적 발전에 장애를 가져온다. 공무원 보수를 지나치게 높게 책정하면 사회 다른 부문의 우수한 인재를 빼앗아오게 되어, 사회 전체의 효율을 떨어뜨리게 되는 요인으로 작용할 수도 있다.

---

14) 민간의 미시적 시각은 개별 단위 중심의 경영학적인 접근방법이지만, 공공의 거시적 시각은 국민경제 중심의 정치·경제학적인 접근방법이다.

3) 공무원 보수의 특징

첫째, 공무원 보수의 전체수준은 사회일반의 보수수준에 비해 낮다.

둘째, 보수의 책정면에서 근로의 대가로서의 보수는 동일노동, 동일대가를 지불하는 것이 원칙이지만, 정부의 업무는 엄격한 직위분류제를 이용하는 경우에도 노동의 비교치를 찾는 것이 힘든 경우가 많다.

셋째, 사기업의 보수는 근로자와 사용자의 합의에 의해 결정되는 것이 원칙이지만, 공무원의 경우 노동권이 제약을 받고 있기 때문에 보수결정에 불리한 영향을 미친다.

넷째, 우리나라의 경우 전통적인 관직에 대한 사고와 기대, 국가의 경제적 사정 등이 영향을 미쳐서 더욱 불리한 보수결정을 하게 되는 요인으로 작용하기도 한다.

2 보수의 결정요인

공무원 보수결정의 세 가지 접근방법은 첫째, 납세자의 압력을 의식하여 가능한 한 낮은 수준에서 책정하는 방법, 둘째, 모범을 보이기 위해 민간부문보다 더 많이 지불할 수도 있고, 셋째, 민간부문과 비교하여 지불하는 방식이 있다. 미국과 영국은 대체로 세 번째 방식을 따르며, 우리나라의 경우도 기본적으로 이를 기본으로 한다.

따라서 보수수준을 결정할 때에는 먼저 보수의 일반수준을 결정하고, 다음에 조직 내의 상대적 균형관계를 고려하여 차별수준을 결정해야 한다. 공무원의 보수수준은 정부의 재정력을 상한선으로 하고, 공무원의 생계비를 하한선으로 하여 그 사이에서 직책과 능력에 따라 결정하는 것이 바람직하다.

공무원의 경우 민간부문과 비교해 보수를 지급한다 하더라도 직책의 시장가격의 결정이 어렵기 때문에, 민간기업의 보수의 평균치를 기준으로 하여 보수를 결정하는 것이 일반적이다. 그러나 이 경우에도 공무원과 민간기업의 직종이 서로 다르고 직급이 다양하기 때문에, 기준치의 설정이 어렵기는 마찬가지이다. 따라서 비교의 기준을 설정하기 위한 또 하나의 기준이 설정되어야 한다. 비교할 행정직의 대표직급의 선정과 비교할 기업의 산업별·규모별·지역별 평균치의 설정과 비교기간의 설정, 비교시기의 결정 등이 그에 해당된다.

민간기업의 임금은 노동 수요적 측면, 노동 공급적 측면, 노동 시장적 측면에 근거하여 그 수준이 결정된다(최종태, 2008: 197). 그러나 공무원 보수는 민간기업의 임금과는 상당히 다른 요인에 의해 결정된다. 이는 정부와 민간기업 간에는 조직체계, 목적이나 활동, 구성원 등의 특성이 크게 다르기 때문이며, 일반적으로 공무원 보수수준을 결정하는 데 고려되는 사항들은 다음과 같다.

1) 경제적 요인(상한선)

공무원 보수의 일반수준을 결정할 때 고려해야 할 경제적 요인으로서는 국민소득수준(조세부담능력), 정부의 지불능력(재정능력), 민간의 임금수준, 일반물가수준, 경제정책 등이 있다. 특히, 물가수준을 중요하게 고려해야 하는 이유는 보수가 명목상의 금액보다는 실질구매력을 반영하여야 하기 때문이다. 정부의 지불능력은 정부의 재정상태에 의해 제약을 받고, 정부의 재정상태는 국민이 납부하는 세금에 달려 있으며, 국민의 담세능력은 국민의 소득수준에 좌우된다.

또한, 공무원 보수수준이 민간부문의 임금인상에 영향을 미쳐 물가상승의 요인이 될 수 있기 때문에, 그것이 물가수준에 미치는 영향도 함께 고려하여야 한다. 보수를 지나치게 낮게 책정하면 우수한 인재를 사회의 다른 부문에 빼앗기게 되고, 지나치게 높게 책정하면 사회의 다른 부문의 인력을 빼앗아오게 되어 사회 전체의 효율을 떨어뜨릴 우려가 있다.

2) 사회·윤리적 요인(하한선)

정부는 모범 고용주로서 공무원에게 생계비를 지급하여야 할 특별한 사회·윤리적 의무를 가지고 있다. 생계비를 결정하는 데 있어서는 생활수준이 문제가 된다.

이러한 수준은 빈곤수준, 최저생활수준, 건강 및 품위유지수준, 안락수준, 문화수준 등으로 구분할 수 있는데, 공무원의 생계비는 적어도 건강 및 품위유지수준 정도는 지급되어야 할 것이다.

3) 정책적 요인

보수를 근무에 대한 반대급부로 지급한다는 소극적 입장을 지양하고, 근무의욕을 제고하고 자극하는 수단으로서 이용이 가능하도록 정책적 고려가 있어야 한다.

공무원 보수를 결정함에 있어서 공직 내부의 사정을 참고하여야 한다. 기본적으로는 직종, 근속기간, 자격이나 능력, 계급(직급), 근무조건, 연령, 부양가족 등을 고려하여야 하며, 특히 직종(직무)·계급·근무조건 등에 있어서 보수의 형평이 이루어지지 않으면 불평과 불만이 초래될 수 있다.

따라서 승진기회가 적거나 모집이 곤란한 직종, 비(非)선호 직위나 직무, 열심히 일하거나 근무성적이 탁월한 공무원 등에게는 보수 측면에서 정책적인 고려가 있어야 하며, 공무원의 근무의욕 및 업무능률이나 성과를 제고시키는 수단으로 적절히 활용될 수 있도록 보수수준이 결정되어야 한다.

4) 부가적 요인

부가적 요인은 공무원이 보수 이외에 받는 편익·특혜를 말하는 것으로서 근무조건, 사회복지제도, 휴가·병가제도, 연금·퇴직수당, 신분보장, 기타 부수입 등이 이에 관련된다.

3 보수의 체계

1) 보수체계의 의의

보수체계란 보수의 구조를 말한다. 즉, 보수의 구성내용과 결정기준으로 크게 기본급과 부가급으로 구성된다. 또한, 보수의 결정기준은 생계비, 경력, 능력 및 자격, 직무성질, 직무성과 등을 기준으로 기본급을 결정한다. 공무원의 보수는 개인 및 조직차원에서 대내적 형평성이 확보될 수 있도록 수립·관리되어야 한다.

기본급은 봉급이라고도 하며 보수의 기본이 되는 급여이다. 이는 모든 공무원에게 기본 근무시간에 지급되는 것으로 고정급의 형태를 띤다. 한편, 부가급은 각종 수당 및 기타 후생복지비를 포함하는 급여를 말한다.

2) 기본급

기본급을 결정하는 기준에는 생계비, 연공, 근속기간, 직무, 업적이나 자격, 능력 등에 따라 생활급, 연공급, 직무급, 직능급, 실적급 등으로 나눌 수 있다.

(1) 생활급

생활급(生活給)은 공무원의 생계비를 기준으로 한 보수이며, 그 결정기준은 연령, 가족상황, 자녀교육비 등 공무원의 개인적 특성을 기준으로 정해진다. 생활급은 주로 계급제를 채택하고 있는 국가와 대부분의 신생국에서 보수체계의 기초로 삼고 있다.

(2) 연공급

연공급(年功給)은 연령, 근속기간, 경력, 학력 등을 기준으로 기본급을 결정하는 것으로, 공무원의 연령이 증가함에 따라 생활비가 증가하고 근속기간이나 경력에 따라 직무수행능력이나 숙련도, 업적이 향상될 수 있다는 점에 착안한 것이다.

(3) 직무급

직무급(職務給)은 직무의 상대적 가치, 즉 직무의 내용·곤란성·책임도를 기준으로 한 보수를 말한다. 대개 직위분류제를 채택하고 있는 국가에서 보수체계의 기초로 삼고 있다.

(4) 직능급

직능급(職能給)은 직무수행능력을 기준으로 기본급을 결정하는 것으로 능력급의 한 유형이라고 할 수 있다.

(5) 실적급

실적급(實績給)은 근무실적을 기준으로 보수를 결정하는 것으로 업적급(業績給)이라고도 한다. 개인의 직무수행 결과를 기준으로 한다는 점에서 성과급(成果給)과 동일한 개념으로 사용되기도 한다.

표 8-1 기본급의 유형별 장점과 단점

구 분	장 점	단 점
생활급	• 생활 보장 및 안정감 부여	• 무사안일주의 근무태도 초래
	• 폐쇄적 노동시장에서 인력확보 용이	• 유능한 전문인력 확보에 불리
	• 귀속감과 충성심 강화	• 능력개발이나 생산성 향상에 기여 미흡
	• 실시 용이 및 수용성 제고	• 보수의 공정성 확보 곤란
연공급	• 생활 보장 및 안정감 부여	• 초임자 불리
	• 연장자 우대	• 무사안일주의 근무태도 초래
	• 폐쇄적 노동시장에서 인력확보 용이	• 유능한 전문인력 확보에 불리
	• 인사관리의 융통성	• 보수의 공정성 확보 곤란
	• 귀속감과 충성심 강화	• 능력개발이나 생산성 향상에 기여 미흡
	• 조직 내 질서확립과 사기앙양	• 젊은층의 사기저하
	• 실시 용이 및 수용성 제고	• 인건비 부담 가중
직무급	• 젊고 유능한 인재확보 용이	• 장기근속자에게 불리
	• 보수에 대한 불만 해소	• 노후생활의 불안감 증대
	• 보수의 공정성 달성	• 복잡한 절차와 운영상 어려움

	• 인건비의 효율성 증대	• 실적이나 성과의 미(未)고려
	• '일' 중심의 풍토 조성	• '연공' 중심의 풍토에서의 저항감
직능급	• 젊고 유능한 인재확보 용이	• 경쟁의식 과다로 조직 분위기 손상
	• 자기개발과 동기부여 수단	• 직무보다 형식적 능력·자격에 집착
	• 보수의 공정성 실현	• 직능의 공정한 평가에 어려움
	• 인사관리의 융통성 제고	• 인건비 부담의 증가
	• 교육훈련의 수요 파악	• 직무성격상 부적절한 직종존재 (예 의사, 간호사, 운전기사 등)
실적급	• 우수인력의 확보 용이	• 경쟁의식 과다로 조직 분위기 손상
	• 실적 향상에의 동기부여	• 직무수행과정보다 계량적 산출에 집착
	• 보수의 공정성 실현	• 실적의 공정한 평가에 어려움
	• 조직의 생산성 향상	• 인건비 부담의 증가

자료: 김렬, 「인사행정론」(서울: 박영사), 2014, p. 440.

3) 부가급(수당)

기본급을 보충하는 성질을 가진 것으로서 특수한 근무조건·생활조건을 고려하거나, 또는 능률증진의 목적을 위하여 지급되는 부수적 보수이다. 보수행정의 합리화 정도가 낮거나, 계급제를 채택하고 있는 나라의 경우 수당의 종류가 많은 것이 일반적이다.

(1) 직무 관련 수당

직무의 성격이나 직무상 요구되는 자격요건이 특수한 경우(예 직무수당, 직책수당), 근무시간이나 근무형태 등이 특수한 경우(예 교대근무수당, 외근수당), 근무환경이 건강에 해롭거나 안정이 위협받는 경우(예 특수작업수당, 위험근무수당) 등에 지급되는 것을 말한다.

(2) 생활보조수당

가족수당, 자녀학비보조수당, 주택수당, 통근수당, 육아휴직수당 등이 이에 해당한다.

(3) 업무능률수당

개근수당, 정근수당, 모범근속수당, 상여수당 등이 이에 해당한다.

(4) 후생복지수당

실비변상비라고도 하며, 정액급식비, 명절휴가비, 연가보상비 등이 이에 해당한다.

(5) 기타 수당

민간부문 임금과의 균형을 확보하기 위해 지급하는 처우개선수당, 혹은 조정수당, 표준근무시간 외에 지급되는 초과근무수당, 일직 및 숙직수당 등이 이에 해당한다.

4) 보수표의 작성상 고려사항

(1) 보수표의 수

오늘날 대부분의 국가는 복수보수표를 사용하고 있으며, 기능의 분화로 보수표가 다원화되고 있다.

(2) 등급의 수

등급의 세분화는 동일직무·동일보수의 원칙에는 부합되지만, 보수관리가 복잡하게 되고 등급 간의 차액이 적어 무의미하게 된다. 등급의 수는 일반적으로 직위분류제에서는 많고 계급제에서는 적다.

(3) 등급의 폭(호봉제)

각 등급을 단일액이 아니라 몇 개의 호봉, 또는 폭을 두는 것을 말한다. 등급의 폭을 두는 목적은 근무연한에 따른 공무원의 능력향상, 근무성적의 향상, 장기근무의 장려, 직업공무원제의 확립을 위한 것이다.

(4) 등급 간의 중첩

한 등급의 봉급폭이 상위등급의 봉급폭과 겹치는 것을 말한다. 장기근속자의 사기앙양, 혹은 여러 이질적인 직급을 포함시켜 등급의 수를 줄이는 데 목적이 있다.

상하등급 간의 중첩에는 상위등급 간의 중첩은 적어지고, 하위등급 간의 경우는 많아지는데, 이는 하위직일수록 장기근무자가 많고 승급도 능력발전에 따르는 것보다는 생계비 지원의 의미로 시행되기 때문이다. 일반적으로 계급제에서 중첩이 심하다.

(5) 보수곡선(J곡선)

등급에 따라 보수액을 도표상에 표시하면 고위직에 이를수록 급경사(급상승)가 되고, 하위직에 이를수록 완만하게 되는 J자 모양의 곡선이 되는데, 이를 보수곡선(pay curve), 또는 J곡선이라고 한다.

이것은 고급공무원의 수는 하위직에 비해 적지만 조직에의 기여도가 높으며, 중요한 역할에 비추어 우대하자는 뜻과 승진의 기대감을 갖도록 유인을 제고하려는 데 뜻이 있다.

미국이나 일본의 경우는 상하위직 간의 보수차이가 크지만, 우리나라의 경우는 격차가 적은 편이다(下厚上薄).

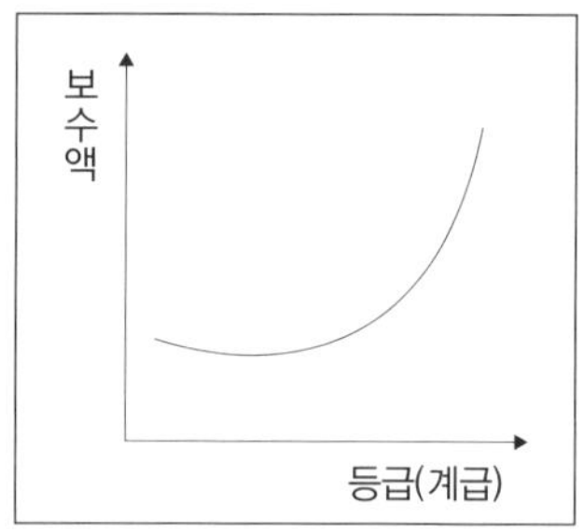

임금피크제란 일정한 나이까지는 연공서열에 따라 급여를 올려 주고, 그 이후부터는 오히려 일정 급여를 깎는 대신 정년까지 고용을 보장해 주는 제도이다. 따라서 임금피크제에서의 보수곡선은 J자 모양의 반대가 된다.

[별표 3]

일반직공무원과 일반직에 준하는 특정직 및 별정직공무원 등의 봉급표 [개정 2015. 1. 6.]

(제5조 및 별표 1 관련)

(월지급액, 단위: 원)

계급·직무등급 / 호봉	1급	2급	3급	4급·6등급	5급·5등급	6급·4등급	7급·3등급	8급·2등급	9급·1등급
1	3,513,000	3,162,600	2,853,200	2,445,400	2,185,400	1,802,800	1,617,800	1,442,500	1,282,800
2	3,636,100	3,279,900	2,958,800	2,545,300	2,273,700	1,886,600	1,691,600	1,512,500	1,348,600
3	3,762,400	3,398,700	3,067,500	2,646,800	2,365,300	1,973,200	1,769,700	1,586,400	1,418,300
4	3,891,500	3,518,900	3,177,000	2,750,600	2,460,500	2,061,700	1,851,800	1,661,700	1,492,200
5	4,023,700	3,640,400	3,288,300	2,855,900	2,558,300	2,152,600	1,936,800	1,740,200	1,566,700
6	4,157,500	3,762,300	3,400,700	2,962,200	2,658,100	2,246,200	2,024,000	1,820,500	1,642,900
7	4,293,400	3,885,700	3,514,300	3,069,400	2,759,500	2,340,000	2,111,800	1,901,300	1,715,900
8	4,430,500	4,009,100	3,628,300	3,177,300	2,862,000	2,434,100	2,199,900	1,978,500	1,786,300
9	4,569,200	4,133,200	3,743,300	3,285,400	2,964,900	2,528,500	2,283,800	2,052,500	1,853,700
10	4,709,000	4,257,300	3,858,200	3,393,400	3,068,600	2,617,100	2,364,000	2,122,300	1,918,400
11	4,848,500	4,381,900	3,973,200	3,502,400	3,165,200	2,701,100	2,439,600	2,190,000	1,980,300
12	4,992,500	4,510,700	4,092,600	3,604,900	3,258,500	2,783,800	2,513,700	2,256,200	2,041,600
13	5,137,400	4,640,500	4,203,500	3,701,000	3,347,200	2,861,500	2,584,200	2,319,800	2,100,500
14	5,282,800	4,757,800	4,306,300	3,790,500	3,429,900	2,935,000	2,651,700	2,380,500	2,157,600
15	5,409,800	4,866,100	4,401,100	3,874,800	3,507,900	3,005,600	2,716,000	2,438,800	2,212,300
16	5,522,400	4,965,400	4,489,600	3,954,200	3,581,400	3,071,700	2,777,000	2,495,000	2,265,200
17	5,622,400	5,056,800	4,571,800	4,028,000	3,650,500	3,134,800	2,835,500	2,547,600	2,316,900
18	5,711,600	5,140,000	4,648,200	4,097,000	3,715,800	3,194,600	2,891,400	2,598,700	2,365,100
19	5,791,300	5,217,200	4,718,900	4,161,400	3,777,300	3,251,100	2,943,900	2,647,600	2,412,400
20	5,862,800	5,287,600	4,785,000	4,221,600	3,834,800	3,304,400	2,994,100	2,694,300	2,457,400
21	5,928,600	5,351,800	4,846,200	4,277,900	3,889,000	3,355,700	3,042,000	2,738,900	2,500,000
22	5,987,300	5,410,900	4,902,900	4,330,700	3,939,900	3,403,800	3,087,100	2,781,700	2,540,900
23	6,036,800	5,464,900	4,955,400	4,380,200	3,988,000	3,449,000	3,130,800	2,822,400	2,579,800
24		5,509,000	5,004,200	4,426,700	4,032,900	3,492,200	3,172,300	2,861,700	2,617,200
25		5,551,200	5,044,500	4,469,500	4,075,300	3,533,200	3,211,500	2,898,900	2,652,800
26			5,082,700	4,505,600	4,115,300	3,571,900	3,249,100	2,935,200	2,685,000
27			5,118,400	4,539,100	4,148,500	3,608,700	3,281,000	2,965,300	2,712,800
28				4,570,900	4,180,400	3,639,500	3,310,700	2,994,400	2,739,600
29					4,209,700	3,668,400	3,339,500	3,021,800	2,765,400
30					4,238,100	3,696,900	3,366,700	3,048,500	2,790,400
31						3,723,200	3,392,600	3,074,300	2,815,000
32						3,748,200			

자료: 「공무원보수규정」 제5조 [별표 3].

4 총액인건비제도

1) 총액인건비제도의 개념

총액인건비제도의 시행 주관 부처(행정자치부·기획재정부)에서는 각 부처별 인건비 예산의 총액을 관리하고, 해당 부처에서는 인건비 예산 총액의 한도 안에서 인력의 직급별 규모, 직렬·직류 등의 종류, 기구의 설치 및 인건비 배분에 대하여 자율성을 가지고 운영하되, 그 결과에 대해 책임을 지는 제도이다. 2007년부터 중앙행정부처 장관이 부처의 인건비 총액 한도 내에서 자율적으로 직급에 따른 인력규모를 조정하고, 기구를 설치할 수 있는 총액인건비제도가 전면 도입되었다.

2) 정부 성과향상과의 연계

총액인건비제도의 기본취지는 부처의 업무특성에 맞는 조직·보수제도의 운영을 통하여 조직의 성과를 향상시키는 데 있으므로, 조직·보수의 자율적인 조정이 성과향상을 위한 효율적 인센티브로 작용할 수 있도록 관련 사항 등을 충분히 고려하여야 한다.

주관 부처는 총액인건비제도의 성공적인 운영을 통하여 각 부처의 성과가 향상되는 경우에는 이를 평가하여 해당 기관의 다음 연도 총액인건비에 반영되도록 하며, 성과가 낮은 경우 자율권 보장범위를 축소하는 등의 다각적인 조치를 취하도록 노력한다.

3) 각 부처 자율성 확대

(1) 조직·정원관리 측면(인력규모 결정과 기구설치의 자율성)

각 부처가 성과를 극대화하는 방향으로 자체 인력을 탄력적으로 운영할 수 있도록 총정원 및 포괄적 정원관리 기준범위 내에서 조직·인력 조정의 자율성을 부여한다.

행정자치부는 국가공무원 총정원 및 부처별 정원상한만 관리하고,

정원규모 및 계급별·직급별 정원은 부처에서 자율적으로 결정한다.

<table>
<tr><th colspan="2">구 분</th><th>총액인건비제도 시행 前</th><th>총액인건비제도 시행 後</th></tr>
<tr><td rowspan="3">조직, 정원 분야</td><td>부처 정원규모</td><td>• 정원 1인 증감의 경우에도 행자부 승인 필요</td><td>• 행자부는 각 부처 정원상한을 관리하고, 총액 인건비 범위 안에서 총정원의 3% 내 증원은 부처 자율로 결정</td></tr>
<tr><td>계급별 정원</td><td>• 행자부에서 계급별로 정원 관리, 1인의 직급조정의 경우에도 행자부 승인 필요</td><td>• 3·4급 이하 정원은 부처 자율로 계급별·직급별 정원관리(단, 4·5급 이상의 계급 간 적정비율 기준 유지)
※ 고위공무원단 정원은 별도 관리</td></tr>
<tr><td>기구 설치</td><td>• 과(課)단위 기구신설 시 상한 제한</td><td>• 국장급 이상 기구는 직제로 규정하나, 과(課) 단위 기구는 부처 자율 설치</td></tr>
<tr><td rowspan="4">보수 분야</td><td>자율 항목</td><td>• 초과근무수당, 연가보상비, 정액급식비, 특수업무수당 등에 대한 부처 자율적 운영권한 없음</td><td>• 수당 등의 신설·통합·폐지·조정 가능
• 절감재원으로 성과급, 또는 맞춤형복지 점수 추가 지급, 인력증원 등에 활용 가능
※ 성과상여금은 감액 불가, 시간외근무수당은 규정대로 운영하되 지급시간을 줄이거나 늘리는 것만 가능</td></tr>
<tr><td>운영 경비</td><td>• 운영경비 절감액에 대한 자율적 사용 제한</td><td>• 운영경비 절감재원으로 맞춤형복지 점수, 또는 성과급 추가 지급, 인력증원 등에 활용 가능
※ 맞춤형복지 예산은 감액 불가</td></tr>
<tr><td>연봉책정 관련</td><td>• 일반계약직공무원 신규채용 시 연봉책정 관련 인사위와 협의 필요</td><td>• 일반계약직 6호 이하 신규채용 시 연봉상한액 범위 안에서 인사위와 협의 없이 직접 정함</td></tr>
<tr><td>파견자 인건비</td><td>• 파견공무원에 대한 보수 등 인건비를 원소속기관에서 부담</td><td>• 파견공무원에 대하여는 파견받는 기관에서 인건비 부담</td></tr>
<tr><td rowspan="2">예산 분야</td><td rowspan="2">이용 전용 관련</td><td>• 사업비에서 인건비로의 이·전용, 예비비의 사용 가능(기획재정부 승인)으로 인건비 규모증대 가능성</td><td>• 사업비에서 인건비로의 이·전용, 예비비의 사용 등은 원칙적으로 금지, 총액인건비 규모 억제</td></tr>
<tr><td>• 전용의 범위에 대한 부처 자율권 제한</td><td>• 총액인건비 내 대상경비 간 전용은 각 기관의 장에게 원칙적으로 위임</td></tr>
</table>

부처기구 및 정원관리는 매년 1회 시행하는 소요정원으로 대체하고, 수시 직제 개정은 법 개정에 따른 부처 간 기능 조정, 조직 통·폐합 등 불가피한 경우를 제외하고는 불인정한다.

파견에 따른 별도 정원관리의 경우, 파견직원을 고려하여 부처별 총액인건비를 산정하되, 향후 파견을 받는 기관에서 파견자의 인건비를 부담(교육훈련 등의 경우에는 수혜기관에서 부담)하는 것을 원칙으로 한다.

(2) 보수관리 측면(인건비 배분의 자율성)

각 부처별·기관별 보수수준 및 보수지급의 자율성을 부여하고 인센티브 성격의 보수를 확대하되, 자율성 부여범위 결정을 위해 보수항목별 인건비 분류체계를 변경한다.

구 분		세부내역
인건비	기본항목	봉급, 기말수당, 대우공무원수당, 정근수당(가산금), 가족수당, 자녀학비보조수당, 육아휴직수당, 관리업무수당, 명절휴가비, 가계지원비
	자율항목	성과상여금, 특수지근무수당, 위험근무수당, 특수업무수당(기술업무수당 등 26종), 업무대행수당, 초과근무수당, 연가보상비, 정액급식비, 교통보조비
운영경비		직급보조비, 월정직책급, 각종 보수성경비와 활동비, 맞춤형복지제도 운영예산 등

「공무원연금법」상 연금보수월액이거나, 생활급 성격의 인건비, 또는 전 부처의 통일적 기준을 줄 필요가 있는 보수항목인 기본항목은 행정자치부에서 종합관리한다.

시범운영단계에서는 자율항목의 지급대상, 지급요건 결정권을 각 부처로 이관하고, 수당 간 지급액 조정 등의 재량권을 부여한다.

(3) 예산관리 측면(인건비예산 운영의 자율성)

총액인건비 범위 내에서 인건비 운영 중 발생한 잉여인건비 사용에 대한 각 부처의 재량권을 확대한다. 각 부처가 절약한 인건비에 대해서는 전체 금액의 15% 한도 내에서 인센티브로 지급해 자율적으로 사용할 수 있다.

부처 인건비의 운영평가 결과 인센티브로 증액된 인건비 사용에 대해서도 부처 자율권을 부여한다. 단, 사업비에서 인건비로의 이·전용 및 예비비의 사용은 엄격하게 제한한다.

인센티브 프로그램

① 성과보너스는 탁월한 성과를 거둔 구성원에게 금전적 보상을 지급하는 제도이다.
② 작업량 보너스는 작업량에 따라 금전적 보상을 제공하는 제도이다.
③ 수익분배제도는 특정집단이 가져온 수익, 또는 절약분을 구성원에게 나누어 주는 제도이다.
④ 제안상제도는 조직의 자원을 절약할 수 있는 우수한 제안을 한 구성원에게 인센티브를 제공하는 제도이다.
⑤ 행태보상제도는 관리층이 권장하는 특정행동에 대해 인센티브를 제공하는 제도이다.
⑥ 종업원인정제도는 금전적 보상을 제공하는 것은 아니나, '이 달의 인물' 등과 같이 특정 구성원, 또는 집단의 특수한 기여를 인정해 줌으로써 동기를 유발하고자 하는 제도이다.

5 연봉제

1) 개 념

연봉제란 개인의 능력, 실적, 공헌도에 대한 평가를 통해 연단위의 계약에 의해 임금액이 결정되는 능력중시형 임금지급체계이다. 연봉제는 임금지급 형태의 일종이면서 동시에 능력주의 임금체계의 일환이다. 기존의 연공서열형 임금체계 하에서는 매년 정기승급이 이루어져 성과에 관계없이 임금상승이 자동적으로 이루어진 반면, 연봉제 하에서는 개인의 업적과 능력에 대한 평가를 기초로 하여 매년 임금의 변동이 있을 수 있다.

2) 도입 필요성

최근 공직사회의 경쟁력을 키우고 창의적이고 열심히 일하는 공직 분위기를 조성하기 위해 계급과 연공 중심의 경직적인 인사관리체계에서 직무와 성과 중심의 유연한 인사관리 체계로의 전환이 필요했다.

이러한 성과 중심의 인사관리체계로 전환하면서 연공급 보수체계

대신 성과급 보수체계를 도입하는 방안이 논의되었으며, 1998년 말 국장급 이상 공무원에게 연봉제를 도입했고, 2000년부터 호봉의 승급 대신 전년도의 성과를 평가하여 연봉을 조정하게 되었다.

3) 연봉제의 장점과 단점

연봉제에서는 개인의 능력이나 실적이 보수결정의 기준이 되기 때문에 능력 · 실적과 보수 간의 연계성이 높다. 따라서 연봉제는 우수인력의 유인 및 재직자의 동기부여에 유용하며, 조직 내에 성과지향적인 분위기를 형성하여 조직의 활성화와 생산성 향상에 기여할 수 있다. 또한, 인사행정 측면에서 호봉제의 복잡한 보수체계를 단순화시켜 보수관리의 용이성과 효율성을 증대시키는 장점이 있다.

하지만, 연봉제는 공무원에게 직장생활의 안정감을 저하시키고, 과도한 경쟁심이나 위화감을 조성하는 요인이 될 수 있다. 특히, 연봉의 기초가 되는 평가 결과의 객관성과 공정성에 대한 시비(是非)가 나타날 수 있으며, 한 연도의 실적을 중시하므로 장기적인 관점에서 구성원의 배려와 조직의 목표달성에 소홀할 가능성이 있다.

4) 연봉제의 형태

연봉제는 그 형태가 다양하며, 우리나라의 경우는 미국식의 순수한 연봉제가 아니라, 변형된 형태의 연봉제로서 연봉에 포함되지 아니하는 연봉 외 급여가 지급되고 있다. 현재 공직사회에는 고정급적 연봉제, 성과급적 연봉제, 직무성과급적 연봉제 등이 운용되고 있다.

여기서, 연봉은 기본연봉과 성과연봉으로 구분되는 데, 기본연봉은 개인의 경력, 누적성과, 계급, 또는 직무의 곤란성과 책임의 정도를 반영 · 지급하는 급여의 연간 금액이며, 성과연봉은 전년도 업무실적의 평가 결과를 반영 · 지급하는 급여의 연간 금액을 말한다(「공무원보수규정」 제4조). 한편, 연봉의 급여는 일부 수당 및 실비변상 등을 포함한다.

세 가지 형태의 연봉제가 갖은 기본구조는 동일하지만, 그 구성내용은 각 형태마다 다소 차이가 있는데 <표 8-2>와 같다.

표 8-2 연봉제의 보수체계

<table>
<tr><th rowspan="2">구 분</th><th colspan="2">연 봉</th><th>연봉 외 급여</th></tr>
<tr><th>기본연봉</th><th>성과연봉</th><th>수당 등</th></tr>
<tr><td>고정급적 연봉제</td><td>• 기본연봉: 대상별 연봉 금액 설정</td><td>–</td><td rowspan="3">• 가족수당, 자녀학비 보조수당, 정액급식비, 직급보조비 등</td></tr>
<tr><td rowspan="2">직무성과급적 연봉제</td><td>• 기준급: 연간 한계(상한, 하한)액 설정</td><td rowspan="2">• 평가등급별 차등</td></tr>
<tr><td>• 직무급: 직무등급(가, 나)별 연간 금액</td></tr>
<tr><td rowspan="2">성과급적 연봉제</td><td colspan="2">• 총연봉: 직급 · 직무등급 · 연봉등급별 한계(상한, 하한)액 설정</td><td rowspan="2">• 법령에 따라 별도 지급</td></tr>
<tr><td>• 봉급 및 수당 등</td><td>• 평가등급별 차등</td></tr>
</table>

외무공무원의 경우 한 걸음 더 나아가 계급제와 이에 기초한 연봉제를 폐지하고, 직무분석을 실시하여 각 직위별 직무값과 성과에 따라 연봉이 결정되는 직무성과급적 연봉제를 2002년부터 도입했으며, 적용대상도 과장급까지로 확대했다.

(1) 고정급적 연봉제

고정급적 연봉제는 연봉이 고정된 보수체계로서 정무직공무원에게 적용된다. 정무직공무원은 일반직공무원과 달리 성과 평가가 극히 어렵기 때문에 개별 직위마다 직무의 곤란성과 책임도에 부합하는 일정액의 기본연봉만이 정해진다.

기본연봉 외에 가족수당, 자녀학비보조수당, 정액급식비, 직급보조비 등과 같은 수당 및 실비변상 등이 관련 법령에 따라 연봉의 급여로 지급된다.

(2) 직무성과급적 연봉제

직무성과급적 연봉제는 고위공무원단에 속하는 일반직 · 별정직공무원(일부 제외)에게 적용된다. 직무성과급적 연봉제에서 연봉은 기본연봉과 성과연봉으로 구성되며, 기본연봉은 다시 기준급과 직무급으로 구분된다.

기준급은 개인의 경력 및 누적성과를 반영하여 책정되는 기본급여를 의미하며, 그 한계액(하한액, 상한액)이 정해져 있다. 한편, 직무급은 직무분석 결과로 도출된 각 직위의 직무값(직무의 곤란성과 책임도)에 따른 급여인데, 자신이 보임된 직위의 직무등급(가, 나)에 해당하는 직무급을 지급받는다. 반면에, 성과연봉은 전년도 '성과계약 등 평가' 결과에 따라 등급별로 차등지급되는 성과급이다.

이러한 기본연봉과 성과연봉 외에는 가족수당, 자녀학비보조수당, 정액급식비, 지급보조비 등과 같은 수당 및 실비변상 등이 관련 법령에 따라 연봉 외 급여로 지급된다.

(3) 성과급적 연봉제

성과급적 연봉제는 고위공무원단에 속하지 않는 1~4급(상당)의 일반직·별정직공무원 및 7등급 이상의 외무공무원, 국·공립대학 교원, 임기제공무원(한시임기제공무원 제외)에게 적용된다.

성과급적 연봉제에서 연봉은 기본연봉과 성과연봉으로 구성되지만, 기본연봉과 성과연봉을 합산한 전체 연봉의 한계액(하한액, 상한액)이 일반직·별정직·외무공무원의 직급(계급, 직무등급)별, 대학 교원, 임기제공무원의 연봉등급·구분별로 설정되어 있다.

성과급적 연봉제의 기본연봉에는 직급 등에 의해 정해지는 봉급, 정근수당, 관리업무수당, 명절휴가비 등의 연간 금액이 포함된다. 이러한 기본연봉의 결정방식은 직무성과급적 연봉제에서의 기본연봉이 기준급과 담당 직무의 곤란성과 책임도에 의해 정해지는 것과 차이가 있다. 반면에, 성과연봉은 직무성과급 연봉제에서와 마찬가지로 전년도 업무실적에 따라 등급별로 차등지급되는데, 다만 직무성과급적 연봉제에 비하여 각 평가등급별 지급률의 차등폭을 다소 적게 하고 있다.

이러한 기본연봉과 성과연봉 외에 가족수당, 자녀학비보조수당, 특수지근무수당, 특수근무수당, 시간외근무수당, 정액급식비, 연가보상비, 직급보조비 등과 같은 수당 및 실비변상 등이 관련 방법에 따라 연봉 외 급여로 지급된다.

6 성과상여금제도

1) 의의 및 대상

공직사회에 경쟁원리를 도입하여 열심히 일하는 분위기를 조성하고, 행정의 생산성과 서비스의 질을 높이기 위해 성과상여금제도가 도입되었다. 즉, 우수한 인재를 육성·관리하고 공직의 경쟁력을 높이기 위해, 공무원 인사와 급여체계를 사람과 연공 중심에서 성과와 능력 중심으로 개편하면서 성과급제를 연봉제와 함께 도입했다. 중앙행정기관을 중심으로 운영되고 있는 성과상여금제도의 적용대상은 모든 직종의 과장급 이하 공무원이다.

2) 방 법

성과상여금은 개인별로 차등하여 지급하는 방법, 부서별로 차등하여 지급하는 방법, 개인별 차등지급 방법과 부서별 차등지급 병용, 부서별 차등지급 후 부서 내 개인별 차등지급 방법 중에서 각 부처가 소속 공무원의 의견을 수렴하고 해당 기관의 업무와 구성원의 특성을 감안하여 자율적으로 선택하여 운영하도록 되어 있다.

다만, 부서별로 차등지급하고자 하는 경우에는 행정자치부와 협의해야 하며, 기관의 특성상 필요한 경우에는 행정자치부와 협의하여 위의 네 가지 방법 이외의 다른 방법도 사용할 수 있다.

제3절 연 금

1 연금의 의의

1) 개 념

연금이란 공무원의 노령·퇴직·질병·부상·사망 등에 대하여 상실된 소득을 보충해 주고자 공무원이나 그 가족에게 지급되는 급여를 말한다.

2) 연금의 법적 성질에 관한 학설

은혜설(공로보상설), 생계보장설, 위자료설, 거치보수설 등이 있으나, 연금은 당연히 받을 수 있는 거치된 보수로서, 공무원의 권리로 인식되는 거치보수설이 통설이다. 즉, 퇴직연금은 재직 중에 받아야 할 보수의 일부가 퇴직 후에 지급되는 것이다. 이는 정부가 베푸는 은전(恩典)이 아니라 공무원의 당연한 권리인 것이다.

3) 연금제도의 목적(효용)

첫째, 사회보장적 측면에서 연금제도는 공무원 및 그 가족의 경제적 생활안정 및 복지 향상에 기여한다.

둘째, 인사관리적 측면에서 연금제도는 공무원제의 질적 개선 및 행정의 질적 향상, 인사관리의 신진대사 촉진, 공무원의 사기앙양 및 근무성적의 향상 등에 기여한다.

2 연금의 종류

연금은 각 국가의 환경이나 제도에 따라 다양하지만, 일반적으로 공적연금과 사적연금으로 구별된다.

1) 공적연금

공적연금(public pension)은 국가나 공공기관이 관장하는 연금으로 사회보장체계의 근간을 이룬다. 이는 개별 법률에 따라 그 대상이 강제적으로 의무화되어 있는 것이 특징이다. 우리나라의 공적연금은 <표 8-3>과 같다.

표 8-3 우리나라의 공적연금

구 분	공무원연금	군인연금	사립학교 교직원연금	별정우체국연금	국민연금
근거 법률	공무원연금법	군인연금법	사립학교 교직원연금법	별정우체국	국민연금법
시행일	1960. 1. 1	1963. 1. 1	1975. 1. 1	1982. 7. 1	1988. 1. 1
적용대상	공무원 등	장기복무 하사관 및 장교	사립학교교원 및 직원 등	별정우체국 직원	국내 거주 18~59세 국민
비용부담	본인 및 국가 (지방자치단체)	본인 및 국가	본인·법인 및 국가	본인·피지정인 및 국가	개인 및 사용자
관장기관	행정자치부	국방부	교육부	미래창조과학부	보건복지부
집행기관	공무원연금공단	국방부(군인연금과) 및 국군재정관리단 (퇴직연금과)	사립학교 교직원연금공단	별정우체국 연금관리단	국민연금공단

자료: 김렬, 전게서, p. 463.

2) 사적연금

사적연금(private pension)은 기업이나 개인이 운영주체가 되며 가입과 탈퇴가 임의적이다. 이에는 기업연금, 협약연금, 개인연금 등으로 구분된다(김렬, 2014: 465).

3 연금재원의 조성방법

1) 연금재원의 형성

연금재원을 형성하는 방식으로는 적립방식과 부과방식이 있다. 적립방식이 기금제 방식이며, 부과방식이 비기금제 방식이다.

(1) 기금제

적립방식(capital funding system, 기금제)이란 장래의 연금급여에 필요한 비용을 미리 적립하여 연금기금을 조성하고, 이 기금과 기금 활용에 의한 이득금으로 연금지급에 충당하는 제도를 말한다. 우리나라와 미국 등에서 채택하고 있다.

(2) 비기금제

부과방식(pay-as-go system, 비기금제)은 적립된 기금 없이 연금급여가 발생할 때마다 필요한 비용을 조달하여 지급하는 방식으로, 각 연도의 연금급여에 소요되는 비용을 해당연도 가입자의 기여금이나 국가의 일반세입에서 확보하는 제도이다. 영국, 독일, 프랑스 등에서 채택하고 있다.

표 8-4 적립방식(기금제)과 부과방식(비기금제)의 장 · 단점

구 분	장 점	단 점
적립방식 (기금제)	• 인구구조변화 및 경기변동에 대처 용이 • 연금재정 및 급여의 안정성 확보 • 제도의 안정적 운영가능	• 인플레이션에 대처 곤란 • 연금기금의 감소 · 고갈 가능성 • 관리운영 복잡 및 비용과다
부과방식 (비기금제)	• 인플레이션에 대처 용이 • 경제성장 시 연금가치 상승 • 관리운영의 간편 및 비용절감	• 인구구조변화 및 경기변동에 민감 • 연금재정 및 급여의 안정성 미흡 • 미래 세대의 부담 과중

2) 연금재원의 조달

연금급여를 지급받기 위해서는 누군가가 재원을 부담해야만 하는데, 공무원 본인의 부담 여부에 따라 기여제와 비기여제로 구분된다.

(1) 기여제

기여제(contribution system)는 연금재원을 정부와 공무원이 공동으로 부담하는 제도를 말한다. 주로 기금제에서 활용하고 있다.

(2) 비기여제

비기여제(non-contribution system)는 재원조성을 공무원이 부담하지 않고 정부가 전액 부담하는 제도이다. 주로 비기금제에서 활용하고 있다.

4 우리나라의 연금제도

1) 연금재원의 조성방법

연금기금의 재원은 정부의 부담금과 공무원의 기여금에 의하여 조성되고 있다. 즉, 기금제 및 기여제를 채택하고 있다.

2) 연금법 적용대상

국가 및 지방공무원 등이 포함된다. 단, 군인과 선거에 의하여 취임하는 공무원은 제외한다.

3) 연금급여의 종류

연금급여의 종류는 대체적으로 퇴직급여와 유족급여가 중심을 이루는데, 우리나라의 경우 퇴직급여와 유족급여 외에 재해보상급여와 부조급여 등이 포함된다. 여기서, 연금급여의 직접적인 지급은 아니지만, 학자금대출, 연금대출, 주택지원, 복지시설운영 등 각종 후생복지사업도 공무원연금이 활용되고 있다(「공무원연금법」 제74조 제2항).

연금급여의 종류로는 급여가 지급되는 기간을 기준으로 장기급여와 단기급여로 나눌 수 있는데 <표 8-5>와 같다.

표 8-5 공무원연금급여의 종류 및 요건

<table>
<tr><th colspan="3">종 류</th><th colspan="2">요 건</th></tr>
<tr><td rowspan="16">장기급여</td><td rowspan="5" colspan="2">퇴직급여</td><td>퇴직연금</td><td>• 20년 이상 재직 후 퇴직(연금 선택 시)</td></tr>
<tr><td>조기퇴직연금</td><td>• 20년 이상 재직 후 퇴직(연금개시연령 이전 퇴직 후 연금 선택시)</td></tr>
<tr><td>퇴직연금일시금</td><td>• 20년 이상 재직 후 퇴직
(연금에 갈음하여 전액 일시금 선택 시)</td></tr>
<tr><td>퇴직연금공제일시금</td><td>• 20년 이상 재직 후 퇴직
(20년 초과 재직기간 중 일부기간 일시금 선택 시)</td></tr>
<tr><td>퇴직일시금</td><td>• 20년 미만 재직 후 퇴직</td></tr>
<tr><td rowspan="5" colspan="2">유족급여</td><td>유족연금</td><td>• 20년 이상 재직 중 사망, 또는 (조기)퇴직연금/장해연금 수령 중 사망</td></tr>
<tr><td>유족연금부가금</td><td>• 20년 이상 재직 중 사망(유족연금에 추가)</td></tr>
<tr><td>유족연금일시금</td><td>• 20년 이상 재직 중 사망
(유족연금 + 유족연금부가금 대신 일시금)</td></tr>
<tr><td>유족연금특별부가금</td><td>• 퇴직 후 연금 수급 전 사망, 또는 (조기)퇴직연금 수급권자가 3년 이내 사망(유족연금에 추가)</td></tr>
<tr><td>유족일시금</td><td>• 20년 미만 재직 중 사망</td></tr>
<tr><td rowspan="7">재해보상급여</td><td rowspan="2">장해급여</td><td>장해연금</td><td>• 공무상 질병 · 부상으로 장해상태로 퇴직 전 · 후 장해 상태</td></tr>
<tr><td>장해보상금</td><td>• 장해연금 대신 일시금 선택 시</td></tr>
<tr><td rowspan="2">유족급여</td><td>유족연금</td><td>• 공무상 질병 · 부상으로 재직 중 사망, 또는 퇴직 후 3년 이내 사망</td></tr>
<tr><td>유족보상금</td><td>• 공무상 질병 · 부상으로 재직 중 사망, 또는 퇴직 후 3년 이내 사망</td></tr>
<tr><td rowspan="2">순직유족급여</td><td>순직유족연금</td><td rowspan="2">• 순직 사망</td></tr>
<tr><td>순직유족보상금</td></tr>
<tr><td rowspan="3">단기급여</td><td>요양급여</td><td>공무상요양비</td><td>• 공무상 질병 · 부상으로 요양 시</td></tr>
<tr><td rowspan="2" colspan="2">부조급여</td><td>사망조위금</td><td>• 본인 · 배우자 · 부모(배우자 부모 포함) · 자녀 사망</td></tr>
<tr><td>재해부조금</td><td>• 자연적 · 인위적 재해로 인한 재산상 손해</td></tr>
</table>

제 9 장

인간관계관리

제 1 절 인사상담과 고충처리

1 인사상담

1) 개 념

인사상담이란 욕구불만, 갈등, 정서적 혼란 등 부적응 문제를 가진 직원들이 문제를 해결할 수 있도록 도와주기 위한 개인적 면담의 절차를 말한다.

2) 인사상담의 방법

(1) 지시적 상담

상담자의 지시 · 지도에 주로 의존하여 문제를 해결하고자 하는 상담자 중심의 인사상담이다.

(2) 비지시적 상담

내담자로 하여금 스스로 문제를 해결할 수 있도록 상담자는 간접적인 도움을 주는 정도로 그치는 내담자 중심의 인사상담을 말한다.

(3) 절충적 상담

지시적 상담과 비지시적 상담을 혼용하는 방식이다.

2 고충처리

1) 의 의

고충처리란 근무조건·인사관리·신상문제 등의 직장생활에 관련하여 공무원이 제기하는 불만인 고충을 심사하고, 그 해결책을 강구하는 일련의 과정을 의미한다.

고충처리제도의 목적은 하의상달의 촉진, 사기앙양, 신분보장, 직업공무원제의 발전 등에 기여하는 데 있다.

(1) 소청심사와의 차이

공무원 개인이 청구한 고충은 제3의 중립적인 기관에서 심사를 하며, 당사자의 청구 및 제3의 기관에 의한 판단 등의 측면에서 고충심사는 소청심사와 유사한 점이 있다. 하지만, 그 심사의 대상, 법적 성격 및 효력 등에 있어서는 근본적인 차이가 있다.

첫째, 심사의 대상에서 차이가 있다. 소청심사는 공무원이 받은 신분상 불이익이 대상인 반면, 고충심사는 공무원의 신분사항보다는 근무조건·처우 등과 같은 일상의 문제가 주요 대상이다.

둘째, 소청심사는 불이익 처분이나 부작위(不作爲)에 대한 사후 구제를 위한 쟁송절차로서 준사법적 기능을 수행하지만, 고충심사는 단순히 적절한 행정상의 조치, 혹은 해결책에 대한 심사기능을 수행한다.

셋째, 심사결정의 효력에 차이가 있다. 즉, 소청심사의 경우 해당 행정청은 소청심사위원회의 결정에 반드시 기속되지만, 고충처리위원회의 결정은 해당 행정청을 기속하지 않으며, 그 행정청이 스스로 판단·시정조치를 하여야만 효력이 발생한다.

표 9-1 소청심사와 고충처리의 비교

구 분		소청심사	고충처리
차이점	목적	• 공무원의 권리 구제	• 공무원의 개인적인 애로 및 불만 해결
	적용대상	• 경력직공무원 • 특수경력직공무원은 개별 법률에 따름	• 경력직공무원 • 다른 법률에 특별한 규정이 있는 경우를 제외하고, 특수경력직공무원에 대해서도 준용
	대상사유	• 신분상 불이익 처분	• 근무조건·처우·일상의 신상문제
	심사기관	• 소청심사위원회	• 국가공무원 – 중앙고충심사위원회(소청심사위원회) – 보통고충심사위원회 • 지방공무원: 인사위원회
	심사의 법적 성격	• 준사법적 기능	• 심사기능
	심사결정의 효력	• 해당 행정청을 기속	• 해당 행정청을 기속하지 않음 (행정청의 판단·시정조치)
유사점	심사절차	• 심사청구, 심사 및 결정 등	
	심사기관	• 제3의 기관에서 심사·결정(심사기관은 상이할 수 있음)	

(2) 인사상담과의 차이

인사상담은 조직에의 부적응 문제를 가진 공무원이 스스로 문제를 해결하는 데 도움을 주기 위한 개인적인 면담활동으로, 주로 갈등, 욕구불만, 정서적 혼란 등 부적응 문제에 대하여 인사권자, 혹은 전문상담자와의 비공개적인 면담을 통해 그러한 문제에 대한 자신의 통제력을 높이는 데 목적이 있다.

고충처리는 주로 개인이 스스로 통제할 수 없는 문제에 대한 해결책을 공식적으로 강구하는 절차이며, 공무원의 고충을 경청하는 데 그치지 않고, 제3자적 기관의 판단을 구한다는 점에서 인사상담보다 더 포괄적인 의미를 갖는다.

2) 고충의 원인 및 영향

고충의 원인으로는 부당한 인사조치나 차별대우를 당하는 경우, 열악한 근무조건·환경에 의한 경우, 상급자에 대한 심한 불신감이나 무능력에 대한 불만을 느끼는 경우 등 상당히 다양하다.

고충의 역기능으로는 근무의욕·사기의 저하, 행정의 생산성과 서비스의 질적 저하, 관리층과 직원 간의 인간관계의 악화, 불평·불만의 파급·확산으로 침울한 분위기 조성, 비밀주의적·면종복배적 행태의 만연 등이 있다.

3) 우리나라의 고충처리

(1) 법적 근거

우리나라의 공무원 고충처리제도는 「국가공무원법」 및 개별 법률에 근거하고 있다.[15] 공무원의 종류에 따라 고충처리의 대상이나 심사기관이 다르지만, 그 요건 및 절차 등은 거의 유사하다고 할 수 있다.

고충처리제도에 관한 대표적인 근거 규정인 「국가공무원법」 제76조의2에서는 "공무원은 누구나 인사·조직·처우 등 각종 직무조건과 그 밖에 신상문제에 대하여 인사상담이나 고충심사를 청구할 수 있으며, 이를 이유로 불이익한 처분이나 대우를 받지 아니한다"고 명시하고 있다.

(2) 고충심사의 적용대상 및 사유

고충심사의 청구가 가능한 공무원은 원칙적으로 경력직공무원이다. 하지만, 다른 법률에 특별한 규정이 있는 경우를 제외하고, 법령이 정하는 바에 따라 특수경력직공무원도 그 대상이 될 수 있다(「국가공무원법」 제76조의3).

고충심사의 청구가 가능한 사유로는 근무조건, 인사관리, 기타 신

15) 예를 들면, 「국가공무원법」 제76조의2·제76조의3 및 「공무원고충처리규정」, 「지방공무원법」 제67조의1·제67조의3 및 「지방공무원임용령」 제66조 내지 제76조, 「경찰공무원법」 제25조, 「소방공무원법」 제22조, 「교육공무원법」 제49조 등에 소청에 관한 규정이 있다.

상문제에 관한 사항을 포함한다. 따라서 공무원의 개인적인 고충은 거의 모두가 심사청구의 대상이 된다고 할 수 있다.

(3) 고충심사기관

우리나라는 중앙인사관장기관(행정자치부, 국회사무처, 법원행정처, 헌법재판소사무처, 중앙선거관리위원회사무처) 및 각 지방자치단체 등에 고충심사위원회를 두고 있다. 중앙인사관장기관에는 중앙고충심사위원회, 임용(제청)권자 단위에서는 보통고충심사위원회가 운영되고 있다. 지방공무원의 고충청구에 대한 심사는 지방자치단체에 설치된 인사위원회에서 담당한다.

표 9-2 고충심사청구의 대상 및 제외사항

구 분	세부내용
근무조건	• 봉급 · 수당 등 보수에 관한 사항 • 근무시간 · 휴직 · 휴가에 관한 사항 • 업무량, 작업도구, 시설안전, 보건위생 등 근무환경에 관한 사항 • 주거 · 교통 및 식사편의 제공 등 후생복지에 관한 사항
인사관리	• 승진 · 전직 · 전보 등 임용에 관한 사항으로서 임용권자의 재량행위에 속하는 사항 • 근무성적평정 · 경력평정 · 교육훈련 · 복무 등 인사행정의 기준에 관한 사항 • 상훈 · 제안 등 업적성취에 관한 사항
신상문제	• 성별 · 종교 · 연령별 등에 관한 차별 대우 • 기타 개인의 정신 · 심리 · 신체적 장애로 인해 발생되는 직무수행 관련 사항
제외사항	• 공무원의 공통적 · 집단적 대상이 되는 사항 • 사무의 관리운영에 관한 사항 • 다른 기관의 협력이 필요하거나 해당 기관만으로는 조치가 불가능한 사항 • 실정법에서 별도의 심사 · 처리, 또는 쟁송절차가 명시되어 있는 사항

4) 고충처리의 종류

(1) 비공식적 고충처리(감독자에 의한 고충처리)

비공식적 고충처리란 고충이 직근 상급감독자, 또는 차상급감독자를 포함한 계선조직 내에서 해결을 보게 되는 경우를 말한다.

고충처리는 감독자가 비공식적으로 직원의 고충을 일찍 포착하여 신속히 처리함으로써, 공식적인 고충제기에까지 이르지 않도록 하는 것이 바람직하다.

(2) 공식적 고충처리

비공식적인 고충처리과정에서 적절히 해결되지 못하는 고충은 따로 마련된 계선조직 외부의 전담기관에서 맡게 된다. 이를 공식적 고충처리라고 한다.

공식적 고충처리방식은 부처별 고충처리기관만 두는 경우, 중앙고충처리기관만 두는 경우, 부처별 고충처리기관을 두면서 그 위에 중앙고충처리기관을 두는 경우가 있다.

제2절 제안제도

1 제안제도의 의의

1) 개 념

제안제도는 공무원으로 하여금 행정개선방안을 일정한 절차에 따라 제안케 하고, 이러한 제안이 행정의 능률화·합리화에 이바지할 수 있다고 판정될 때 그 이바지하는 정도에 따라 포상을 하는 제도를 말한다.

제안제도는 일차적으로 업무개선과 능률향상이며, 평소 정책결정에 참여하지 못하는 하위계층에게 참여기회를 제공함으로써 이차적으로는 동기유발과 하의상달의 수단으로 활용할 수 있다.

2) 연 혁

제안제도는 1880년 스코틀랜드의 조선기술자인 데니(William Denny)가 사용한 투서함 형식의 창안제도에서 비롯되었다. 우리나라에서는 1973년 제안규정이 제정됨으로써 제안제도를 실시하기에 이르렀다.

2 제안제도의 효용 및 단점

1) 효 용

첫째, 제안제도는 공무원의 창의력 계발 및 활용에 기여하며, 문제해결능력의 증진에도 도움이 된다.

둘째, 조직에 대한 일체감 · 귀속감 · 신뢰감을 증진하고, 직원의 인정감을 충족하여 주어 사기를 앙양시킨다.

셋째, 행정의 능률화 · 합리화를 촉진시킴으로써 행정개선에 기여하며, 환류통로로서 조직관리 및 인간관계의 개선에 이용될 수 있다.

넷째, 커뮤니케이션(특히, 하의상달)을 촉진시켜 참여의식을 높여주고, 직무에 대한 관심과 흥미를 높여 준다.

2) 단 점

첫째, 직원 간 지나친 경쟁 및 갈등의 초래로 인간관계에 부정적인 영향을 미칠 우려가 있다.

둘째, 부서 간 업무의 다양성으로 합리적인 객관적인 심사기준을 정하기가 곤란하여 공정한 심사가 어려울 수 있다.

셋째, 지나치게 기술적 제안에 치중될 가능성이 있다.

넷째, 실질적인 제안자가 누구인지 식별이 곤란할 수 있다.

3 우리나라의 제안제도

1) 운 영

(1) 제안자격 및 제안사항

하위공무원이 단독, 또는 공동으로 제안할 수 있으며, 행정의 능률화 및 합리화에 기여할 수 있는 사항이면 해당된다.

(2) 제안유형 및 방법

제안의 유형으로는 자유제안, 지정제안, 직무제안, 추천제안 등으로 구분하고 있으며, 제안의 방법으로는 제안함에의 투입, 직접 제출, 직제를 통한 제출 등이 있다.

(3) 제안심사 및 보상

행정자치부에 제안심사위원회를 두고 각 부처에는 자체 제안심사위원회를 두어 창의성 · 경제성(능률성) · 실용성 · 적용범위 · 계속성 · 노력도 · 완성도 등을 기준으로 심사한다. 우리나라는 보상의 종류를 창안상, 인사상의 특전, 상여금 등의 수여로 나누고 있다.

2) 실 제

(1) 공무원 제안의 범위 및 대상 확대

자신의 업무와 관련된 제도 개선사항도 제안할 수 있도록 하고, 공동제안의 경우 소속 기관장의 허가 없이 3인 이상이 제안할 수 있도록 하고 있다.

(2) 실천과 성과 중심의 운영

자신이 제안한 개선아이디어를 실제 업무에 적용하여 성과가 있는 경우에 제안을 제출할 수 있도록 하고, 제안자 외에도 제안의 기여도에 따라 보상할 수 있도록 하고 있다.

(3) 제안의 처리절차 개선

제출된 제안은 1개월 이내에 채택여부를 결정하도록 하고, 채택제안에 대해서는 3년 간, 불채택된 제안은 2년 간 관리하도록 하여 행정환경의 변화 등으로 불채택된 제안을 시행하는 경우에는 재심사하여 채택여부를 결정하도록 하고 있다.

(4) 우수한 제안에 대한 보상 확대

우수한 제안을 제출한 자에 대해서는 최고 800만 원까지의 부상금과 최고 3,000만 원까지의 상여금을 각각 지급할 수 있도록 하고 있다.

제3절 공무원단체

1 의 의

1) 개 념

공무원단체란 광의로는 공무원의 권익을 옹호하고 근무조건을 유지·개선하기 위하여, 공무원이 조직하는 모든 단체·연합체를 말한다. 협의로는 공무원노동조합의 형태를 갖춘 공식적인 단체만을 의미한다.

2) 효용(필요성)

첫째, 공무원의 집단의견·이익의 효율적 표출·반영을 가능케 하며, 그를 통한 공무원의 복리증진에 기여할 수 있다.

둘째, 관리층이 일반직원들의 실태·태도·의견을 파악하는 데 있어서의 유용한 수단이 된다.

셋째, 관리층과의 협상과정에서 관리층과 직원 간의 의사통로를 마련해주며, 상호 이해의 증진과 인간관계의 개선에 기여하고, 협의를 통한 대내행정의 민주화를 꾀할 수 있다.

넷째, 귀속감·일체감·참여감·세력감·성취감 등의 충족으로 공무원의 사기가 앙양된다.

다섯째, 행정윤리의 확립, 실적주의의 강화, 행정관리의 개선과 공무원의 질적 향상, 부패의 방지 등 행정개선에 기여한다.

2 공무원단체의 활동내용

1) 단결권

단결권은 공무원들이 근로조건의 유지·개선을 목적으로 관리층과 대등한 교섭력을 가지는 자주적 단체를 구성할 수 있는 권리이다. 여기에는 단체에 가입하여 구성원으로서 활동할 수 있는 권리까지 포함한다. 대부분의 국가에서 공무원의 단결권을 인정하고 있다.

2) 단체교섭권

단체교섭권이란 공무원의 근로조건 개선에 관하여 공무원조합이 관리층과 자주적으로 협의·교섭할 수 있는 권리를 말한다. 공무원의 단결권을 인정하고 있는 국가에서는 많건 적건 간에, 그리고 어떤 형태로든 단체교섭권은 인정되고 있다.

단체교섭의 대상은 근로시간, 휴가, 주차공간, 작업안전, 보수(임금) 등이며, 신규채용이나 각종 인사정책 등은 단체교섭의 대상이 되지 아니한다.

3) 단체행동권

단체행동권이란 단체교섭이 순조롭게 진행되지 않아 분쟁상태가 생긴 경우에 공무원단체가 파업(strike)이나 태업(sabotage) 등으로 실력행사를 할 수 있는 권리를 말한다. 반면에, 사용자인 정부도 직장폐쇄 등을 할 수 있다.

행정의 공공적 성격으로 공무원의 단체행동권은 대부분의 국가에서 금지, 또는 제한되고 있다.

3 우리나라 공무원단체의 현황

「헌법」 제33조 제2항은 "공무원인 근로자는 법률로 인정된 자를 제외하고는 단결권·단체교섭권 및 단체행동권을 가질 수 없다"고 규정하고 있다.

「국가공무원법」 제66조는 "공무원은 노동운동 기타 공무 이외의 일을 위한 집단적 행위를 하여서는 아니된다. 다만, 국회규칙·대법원규칙, 또는 대통령령으로 정하는 사실상 노무에 종사하는 공무원은 예외로 한다"고 규정하고 있다.

공무원직장협의회의 설립·운영에 관한 법률에 근거하여 1999년 이후 직장협의회가 인정되고 있다.

4 공무원의 노동조합 설립 및 운영 등에 관한 법률의 주요 내용

제2조 【정의】 이 법에서 "공무원"이라 함은 「국가공무원법」 제2조 및 「지방공무원법」 제2조에서 규정하고 있는 공무원을 말한다. 다만, 「국가공무원법」 제66조 제1항 단서 및 「지방공무원법」 제58조 제1항 단서의 규정에 의한 사실상 노무에 종사하는 공무원과 교원의 노동조합 설립 및 운영 등에 관한 법률의 적용을 받는 교원인 공무원을 제외한다.

제4조 【정치활동의 금지】 노동조합과 그 조합원은 정치활동을 하여서

는 아니된다.

제5조 【노동조합의 설립】 ① 공무원이 노동조합을 설립하고자 하는 경우에는 국회·법원·헌법재판소·선거관리위원회·행정부·특별시·광역시·도·시·군·(자치)구 및 특별시·광역시·도의 교육청을 최소단위로 한다.

② 노동조합을 설립하고자 하는 자는 고용노동부장관에게 설립신고서를 제출하여야 한다.

제6조 【가입범위】 ① 노동조합에 가입할 수 있는 공무원의 범위는 다음 각 호와 같다.

1. 6급 이하의 일반직공무원 및 이에 상당하는 연구, 또는 특수기술직렬의 일반직공무원

2. 특정직공무원 중 6급 이하의 일반직공무원에 상당하는 외무행정·외교정보관리직공무원

3. 기능직공무원

4. 6급 이하의 일반직공무원에 상당하는 별정직공무원 및 계약직공무원

5. 고용직공무원

② 제1항의 규정에 불구하고 다음 각 호의 1에 해당하는 공무원은 노동조합에 가입할 수 없다.

1. 다른 공무원에 대하여 지휘·감독권을 행사하거나 다른 공무원의 업무를 총괄하는 업무에 종사하는 공무원

2. 인사·보수에 관한 업무를 수행하는 공무원 등 노동조합과의 관계에서 행정기관의 입장에 서서 업무를 수행하는 공무원

3. 교정·수사 그 밖에 이와 유사한 업무에 종사하는 공무원

4. 업무의 주된 내용이 노동관계의 조정·감독 등 노동조합의 조합원으로서의 지위를 가지고 수행하기에 적절하지 아니하다고 인정되는 업무에 종사하는 공무원

제7조 【노동조합 전임자의 지위】 ① 공무원은 임용권자의 동의를 얻어 노동조합의 업무에만 종사할 수 있다.

② 제1항의 규정에 의한 동의를 얻어 노동조합의 업무에만 종사하는 자에 대하여는 그 기간 중 「국가공무원법」 제71조, 또는 「지방공무원법」 제63조의 규정에 따라 휴직명령을 하여야 한다.

③ 국가 및 지방자치단체는 전임자에 대하여 그 전임기간 중 보수를 지급하여서는 아니된다.

④ 국가 및 지방자치단체는 공무원이 전임자임을 이유로 승급 그 밖의 신분에 관한 불이익한 처우를 하여서는 아니된다.

제8조 【교섭 및 체결권한 등】 ① 노동조합의 대표자는 그 노동조합에 관한 사항, 또는 조합원의 보수·복지 그 밖의 근무조건에 관한 사항에 대하여 국회사무총장·법원행정처장·헌법재판소사무처장·중앙선거관리위원회사무총장·행정자치부장관(행정부를 대표)·특별시장·광역시장·도지사·시장·군수·(자치)구청장, 또는 특별시·광역시·도의 교육감 중 어느 하나에 해당하는 자(정부교섭대표)와 각각 교섭하고 단체협약을 체결할 권한을 가진다. 다만, 법령 등에 의하여 국가, 또는 지방자치단체가 그 권한으로 행하는 정책결정에 관한 사항, 임용권의 행사 등 그 기관의 관리·운영에 관한 사항으로서 근무조건과 직접 관련되지 아니하는 사항은 교섭의 대상이 될 수 없다.

제11조 【쟁의행위의 금지】 노동조합과 그 조합원은 파업·태업 그 밖에 업무의 정상적인 운영을 저해하는 일체의 행위를 하여서는 아니된다.

제17조 【다른 법률과의 관계】 ① 이 법의 규정은 공무원이 공무원직장협의회의 설립·운영에 관한 법률에 의하여 직장협의회를 설립·운영하는 것을 방해하지 아니한다.

제18조 【벌칙】 제11조의 규정을 위반하여 파업·태업 그 밖에 업무의 정상적인 운영을 저해하는 행위를 한 자는 5년 이하의 징역, 또는 5천만 원 이하의 벌금에 처한다.

제 4 편

근무규율

제 10 장 공무원의 의무와 책임

제 1 절 공무원의 의무

1 공직윤리의 의의

1) 공직윤리의 개념

공직윤리는 정부조직에 종사하는 공무원이 마땅히 지켜야 할 도리이며 직업윤리이다. 윤리적 가치가 행정을 수행하는 공무원에 의해서 추구되어야 한다는 점에서 행정윤리라고도 한다. 공무원의 행동규범은 공직윤리를 체현(體現)하는 태도와 행동의 준거이며 기준이다.

행정윤리의 개념은 이를 협의로 해석하여 공무원의 부정부패와 관련된 소극적인 측면으로 이해되기도 하며, 적극적으로 행정이 추구하고자 하는 바람직한 가치까지 포함하는 가치 함축적인 규범적 개념이다. 행정윤리의 개념 속에는 공무원이 지켜야 할 공무원의 직업윤리는 물론 공무원이 입안하여 집행하는 정책의 내용이 윤리적이어야 한다는 의미도 내포되어 있다.

2) 공직윤리의 중요성

오늘날 현대행정에서는 공무원의 행동규범, 즉 공직윤리의 중요성이 점차 강조되고 있는데 그 이유는 다음과 같다.

첫째, 현대행정의 양적 확대와 질적 변화에 따른 공무원의 권한 증대가 그 이유이다. 즉, 공무원의 영향력이 과거와 달리 크게 확대됨에 따라 올바른 권한 행사를 위해서는 적절한 행동규범의 정립이 필요하다.

둘째, 시민생활에의 광범위한 개입 및 방대한 영향력으로 인해 관료주의화할 가능성이 있으며, 이로 인한 폐해를 극복하기 위해서는 공무원의 행동규범을 명확히 정립할 필요가 있다.

셋째, 광범위한 재량권과 방대한 자원배분권의 행사 등으로 권력의 남용 및 부패의 가능성이 커짐에 따라 이를 줄이기 위한 방안으로 공직윤리의 중요성을 강조하고 있는 것이 현대국가의 현실이다.

따라서 자율적이며 규범을 강조하는 공직윤리는 공무원 개개인의 자율로는 더 이상 확보하기 어렵기에 법적 구속력을 통한 확보방안이 강구되고 있는데 대표적인 법률로는 <표 10-1>과 같다.

표 10-1 법적 구속력이 있는 행동규범

관련 법률	행동규범		
국가공무원법(지방공무원법)	신분 관련 행동규범	• (복무)선서 · 영예 · 증여의 제한 • 품위유지의 의무 • 영리업무 · 겸직 금지 • 정치운동의 금지 • 집단행위의 금지	
	직무 관련 행동규범	• 성실의 의무 • 직장이탈 금지 • 종교중립의 의무 • 청렴의 의무	• 복종의 의무 • 친절 · 공정의 의무 • 비밀엄수의 의무
공직자윤리법	• 등록 및 공개 • 주식매각 및 신탁 • 선물신고		

	• 퇴직공직자의 취업·복종의 의무행위 제한 등
부패방지 및 국민권익위원회의 설치와 운영에 관한 법률	• 청렴의무(법령준수, 친정공정, 부패·품위손상행위 금지) • 업무상 비밀이용 금지 • 부패행위 신고의무 • 비위면직자의 취업 제한
공직자 등의 병역사항 신고 및 공개에 관한 법률	• 병역사항 신고 및 공개
공익신고자 보호법	• 공익(침해행위)신고의 의무

3) 공직자에게 말하는 다산 정약용의 윤리사상

첫째, 4지(知)이다. 공직비리는 내가 알고 있고, 네가 알며, 하늘이 알고, 귀신이 안다는 가르침이다.

둘째, 4외(畏)이다. 공직자는 감독관청을 두려워하며, 정부와 백성을, 그리고 하늘을 두려워하라는 가르침이다.

셋째, 4형(刑)이다. 징계권자가 관료를 징계할 때, 백성들의 이해에 관한 일에 잘못을 저지르면 가장 무거운 형벌인 상형(上刑)을, 공사에는 중형(中刑)을, 관사에는 하형(下刑)을, 징계권자 본인에게 잘못을 저지르면 징계를 하지 마라 하였다.

2 공직윤리의 저해요인

1) 공공부문에서의 개혁

전통적인 관리방식과 새로운 관리방식 간의 충돌과 갈등이 윤리적 문제를 야기한다. 우리나라의 경우 최근 신공공관리방식이 타율적·수동적으로 활용되고 있다는 점에서 윤리의 핵심가치인 자율성을 크게 침해하고 있다.

2) 재정적 압박

최근 국제경기의 후퇴로 인한 재정적 압박으로 인해 효율성 가치에 치중하고, 결국 직접적 산출이 적고 단기적 효과가 나타나지 않는 규범적 문제나 윤리적 문제에 대한 대응이 부족하게 된다.

3) 민간부문 관리기법의 유입

정부실패의 영향으로 공공부문에 경제논리 중심의 민간부문 관리기법의 유입과 더불어 생산성과 효율성이 주된 가치가 됨으로써, 공공성이나 공익성이 우선적으로 고려되지 못하고 있다.

4) 결정론 지향적 환경 변화

사회 · 정치 · 경제적 환경과 분위기가 행정활동에 영향을 미치게 되는데, 직접적 산출과 성과를 기대하는 결정론 지향적 환경 변화는 결국 자율성의 지속적 상실을 초래하게 된다.

5) 공직에 대한 위신의 저하

공직에 대한 가치와 열망이 줄어들고 있으며, 다른 직업에 비해 바람직한 직업으로 인정받지 못하고 있다. 이것은 곧 공직과 정부에 대한 신뢰성의 상실을 초래하며, 나아가서 공직에 대한 각종 투입(인력, 시간, 열정 등)을 제한하게 된다.

6) 정치적 후원 증대

정치와 행정의 인터페이스(interface)가 증대되고 있다. 이에 따라서 중하위직은 사기업의 논리로, 고위직은 정치의 논리로 분절되는 현상이 발생하고 있다. 특히, 정치적 후원의 증대는 공직자의 정치화를 초래하고, 그 결과 부정적 측면에서 부패의 가능성이 증대된다.

3 행정권의 오용

1) 부정행위

공무원들이 고속도로 통행료를 착복하고 영수증을 허위 작성한다든가, 또는 공공기금을 횡령하고 계약의 대가로 지불금의 일부를 가로채는 등의 부정행위를 의미한다.

2) 비윤리적 행위

공무원들이 비록 특혜의 대가로 금전을 수수하지는 않더라도, 친구, 또는 특정 정파에 호의를 베풀거나 자신의 경제적 이익을 위해 어떤 결정을 내리는 행위를 의미한다.

3) 법규의 경시

공무원들이 법규를 무시하거나 자신의 행위를 정당화하는 방향으로 법규를 해석하는 경우이다. 경우에 따라서는 예산이나 현실적 어려움 등의 구실을 내세워 법규대로 시행하기를 거부하기도 하며, 집행을 끝없이 미루는가 하면, 말로는 약속을 하면서도 결코 시행하지 않기도 한다.

4) 입법 의도의 편향된 해석

행정기관이 법규를 위반하지 않는 합법적인 테두리 안에서 특정이익을 옹호하는 경우이다. 예를 들면, 정부가 환경보호 의견을 무시한 채 관련 법규에서 개발업자나 목재회사 측의 편을 들어 벌목을 허용한다면 입법 의도를 개발 중심으로 해석하는 것이 된다.

5) 불공정한 인사

행정기관의 장이 민간기업체와 마찬가지로 불공정한 인사를 자행하는 경우이다. 행정기관에서 업무수행능력과 무관한 다른 이유로 해임되거나 징계받는 공무원들이 많으며, 경우에 따라서는 자신의 의견을 용기 있게 말하는 정직성 때문에 징계받는 경우도 있다.

6) 무 능

의도가 아무리 좋더라도 부여된 업무를 적절히 수행하지 못한다면, 공무원은 그 책임을 다하지 못한 것이 된다. 다소의 실책은 불가피하더라도 부주의로 인해 수억 원의 막대한 예산이 낭비되거나, 지나친 비능률은 용납될 수 없다.

7) 실책의 은폐

일부 공무원들이 자신의 실책을 은폐하려 하거나 입법부, 또는 시민과의 협력을 거부한 경우이다. 화난 의원들이 이를 무책임한 행동으로 매도해 언론이나 많은 시민들은 공무원의 편에서 이를 용기로 간주할 수도 있다.

8) 무사안일

일부 공무원들은 부여된 재량권을 행사하지 않고, 적극적인 조치를 취하기를 꺼리는 무사안일(無事安逸)에 젖어 있다. 상황이 명백히 어떤 조치를 요구함에도 불구하고 사후책임을 두려워하는 공무원들은 아무런 조치도 취하지 않음으로써 안일을 추구하고, 아무도 그들을 비판하지 않는 경우가 많다.

책임이라는 개념이 흔히 부정적인 용어로 사용되기에 무사안일은 중요한 의미를 지닌다. 공무원들에게 요구되는 것은 최대한의 봉사이지 최소한의 봉사가 아니다.

제2절 공무원의 행동규범

공무원의 행동규범은 법적 의무로서 그 준수를 강제하거나, 혹은 공무원이 자율적 행동지침으로써 준수하게 된다. 「국가공무원법」과 「공직자윤리법」은 기본적으로 부정부패를 방지하기 위한 추상적이고 소극적 윤리를 강조하고 있는 반면, 취임선서와 복무선서 및 공무원의 윤리헌장과 신조 등은 봉사와 충성, 그리고 창의성과 책임성 등 구체적이고 적극적 윤리를 강조하고 있다.

1 국가공무원법상 의무

1) 기본적 의무

성실의무[1)]는 「국가공무원법」상의 다른 의무를 파생시키는 근원적인 의무이다. 공무원에게 부과된 의무 중 가장 중요하고 기본적인 것으로, 공무원은 공익을 위해 전인격과 양심을 바쳐 직무를 수행해야 한다는 것이다.

2) 직무상 의무

(1) 복종의무

직무를 수행함에 있어서 소속 상관의 직무상의 명령에 복종하여야 한다(제57조). 하지만, 법관, 감사위원, 국회의원, 지방의회의원 등 직무 성질상 독립이 보장되어 있는 공무원은 이 의무에서 제외된다.

1) 제56조 (성실의무) 모든 공무원은 법령을 준수하며 성실히 직무를 수행하여야 한다. 성실의무는 「국가공무원법」에 따라 공무원의 신분을 가진 사람뿐만 아니라, 직·간접적으로 공무를 위탁받아 수행하는 모든 사람을 말한다고 본다.

(2) 직장이탈 금지

소속 상관의 허가, 또는 정당한 이유 없이 직장을 이탈하지 못한다(제58조). 이는 근무시간 중에 성립하는 것이 원칙이지만 시간 외 근무를 하는 경우에도 성립한다. 예를 들면, 공무원이 사직서를 제출하고 수리되기 전에 무단결근을 하였을 때, 연가신청을 하였는데 기관장의 허가가 있기 전에 근무지를 이탈한다든지 하는 경우는 위반이 될 수 있다. 수사기관이 공무원을 구속하려면 그 소속 기관의 장에게 미리 통보하여야 한다. 다만, 현행범은 그러하지 아니하다.

(3) 친절·공정의 의무

공무원은 국민 전체의 봉사자로서 친절하고 공정하게 직무를 수행하여야 한다(제59조).

(4) 종교중립의 의무

공무원은 종교에 따른 차별 없이 직무를 수행하여야 한다. 공무원은 소속 상관이 이에 위배되는 직무상 명령을 한 경우에는 이에 따르지 아니할 수 있다(제59조의2).

(5) 비밀엄수의 의무

재직 중은 물론 퇴직 후에도 직무상 알게 된 비밀을 엄수하여야 한다(제60조). 이는 국민의 알권리와 상충될 수 있다는 점에서 직무상의 기밀로 규정된 비밀을 충실하게 지켜야 한다는 의미로 해석하는 것이 바람직하다(김렬, 2014: 395). 공무원이 퇴직 후 누설한 비밀에 대해서 징계책임은 물을 수 없지만, 형사책임은 물을 수 있으며, 공무원 재임용도 거부할 수 있다.

(6) 청렴의 의무

직무와 관련하여 직접, 또는 간접을 불문하고 사례·증여, 또는 향응을 수수할 수 없다(제61조). 공무원은 직무상의 관계가 있든 없든 그 소속 상관에게 증여하거나 소속 공무원으로부터 증여를 받아서는 아니된다.

3) 신분상 의무

(1) 선서의 의무

공무원은 취임할 때에 소속 기관장 앞에서 국회규칙, 대법원규칙, 헌법재판소규칙, 중앙선거관리위원회규칙, 또는 대통령령으로 정하는 바에 따라 선서(宣誓)하여야 한다(제55조). 다만, 불가피한 사유가 있으면 취임 후에 선서하게 할 수 있다.

(2) 영예 · 증여의 제한

공무원이 외국 정부로부터 영예나 증여를 받을 경우에는 대통령의 허가를 받아야 한다(제62조). 영예란 훈장, 상장, 표창 등을 말하며 모든 공무원에게 적용된다.

(3) 품위유지의 의무

공무원은 직무의 내외를 불문하고 그 품위가 손상되는 행위를 하여서는 아니된다(법 제63조). 이 의무는 공직의 체면이나 위신을 유지함과 동시에 공직에 대한 국민의 신뢰를 확보하기 위한 것이기 때문에 공 · 사 부문 모두에 있어서 요구되는 것이다.

(4) 영리업무 및 겸직 금지

공무원은 공무 외에 영리를 목적으로 하는 업무에 종사하지 못하며 소속 기관장의 허가 없이 다른 직무를 겸할 수 없다(제64조). 영리를 목적으로 하는 업무의 한계는 국회규칙, 대법원규칙, 헌법재판소규칙, 중앙선거관리위원회규칙, 또는 대통령령으로 정한다.

(5) 정치운동의 금지

공무원은 정당이나 그 밖의 정치단체의 결성에 관여하거나 이에 가입할 수 없으며, 공무원은 선거에서 특정 정당, 또는 특정인을 지지, 또는 반대하기 위한 다음의 행위를 하여서는 아니된다(제65조).

1. 투표를 하거나 하지 아니하도록 권유운동을 하는 것
2. 서명운동을 기도(企圖) · 주재(主宰)하거나 권유하는 것

3. 문서나 도서를 공공시설 등에 게시하거나 게시하게 하는 것
4. 기부금을 모집, 또는 모집하게 하거나, 공공자금을 이용, 또는 이용하게 하는 것
5. 타인에게 정당이나 그 밖의 정치단체에 가입하게 하거나 가입하지 아니하도록 권유운동을 하는 것

공무원은 다른 공무원에게 제1항과 제2항에 위배되는 행위를 하도록 요구하거나, 정치적 행위에 대한 보상, 또는 보복으로서 이익, 또는 불이익을 약속하여서는 아니된다. 이 외에 정치적 행위의 금지에 관한 한계는 대통령령 등으로 정한다. [개정 2015. 5. 18]

(6) 집단행위의 금지

공무원은 노동운동이나 그 밖에 공무 외의 일을 위한 집단행위를 하여서는 아니된다(제66조). 다만, 사실상 노무에 종사하는 공무원은 예외로 한다. 사실상 노무에 종사하는 공무원의 범위는 대통령령 등으로 정한다. [개정 2015. 5. 18] [시행일 2015. 11. 19]

노동조합에 가입된 자가 조합 업무에 전임하려면 소속 장관의 허가를 받아야 하며, 이 경우 필요한 조건을 붙일 수 있다.

2 공직자윤리법상 의무

「공직자윤리법」은 공직자 및 공직후보자의 재산등록, 등록재산 공개 및 재산형성과정 소명과 공직을 이용한 재산취득의 규제, 공직자의 선물신고 및 주식백지신탁, 퇴직공직자의 취업 제한 및 행위 제한 등을 규정함으로써 공직자의 부정한 재산 증식을 방지하고, 공무집행의 공정성을 확보하는 등 공익과 사익의 이해충돌을 방지하여 국민에 대한 봉사자로서 가져야 할 공직자의 윤리를 확립함을 목적으로 한다(제1조).

1) 재산등록 및 재산공개의 의무

일반직공무원의 경우 4급 이상(정부출연기관 임원 포함)이 등록대상이고, 공개는 1급 이상이 그 대상이 된다. 등록의무자가 정당한 사유 없이 재산등록을 거부한 때에는 1년 이하의 징역, 또는 1천만 원 이하의 벌금에 처한다.

표 10-2 재산등록의무자 및 공개대상자

구 분	재산등록의무자(제3조)	구 분	재산공개대상자(제10조)
1호	• 국가의 정무직공무원	1호	• 국가의 정무직공무원
2호	• 지방자치단체의 정무직공무원	2호	• 지방자치단체의 정무직공무원
3호	• 4급 이상 일반직 국가공무원 (고위공무원 포함) • 지방공무원 및 이에 상당하는 별정직공무원(고위공무원 포함)	3호	• 1급 이상 일반직 국가공무원 (가등급의 고위공무원 포함) • 지방공무원 및 이에 상당하는 별정직공무원 (고위공무원 포함)
4호	• 대통령령으로 정하는 외무공무원 (고위공무원 포함)	4호	• 대통령령으로 정하는 외무공무원 (고위공무원 포함)과 국가정보원의 기획조정실장
5호	• 법관 및 검사	5호	• 고등법원 부장판사급 이상의 법관 및 대검찰청 검사급 이상의 검사
6호	• 헌법재판소 헌법연구관	6호	• 중장 이상의 장관급 장교
7호	• 대령 이상의 장교 및 이에 상당하는 군무원	7호	• 총장·부총장·대학원장·학장(대학교의 학장 제외) 및 전문대학의 장과 대학에 준하는 각종 학교의 장 • 특별시·광역시·특별자치시·도·특별자치도의 교육감 및 교육위원
8호	• 총장·부총장·대학원장·학장(대학교의 학장 포함) 및 전문대학의 장과 대학에 준하는 각종 학교의 장 • 특별시·광역시·특별자치시·도·특별자치도의 교육감·교육장 및 교육위원	8호	• 치안감 이상의 경찰공무원 및 특별시·광역시·특별자치시·특별자치도의 지방경찰청장
		8의 2호	• 소방정감 이상의 소방공무원
9호	• 총경(자치총경 포함) 이상의 경찰공무원 • (지방)소방정 이상의 소방공무원	9호	• 지방국세청장 및 3급 공무원, 또는 고위공무원단 소속 공무원인 세관장
10호	• 제3호~제7호까지 및 제9호의 공무원으로 임명할 수 있는 직위, 또는 이에 상당하는 직위에 임용된 국가·지방 임기제공무원	10호	• 제3호~제6호까지, 제8호 및 제9의 공무원으로 임명할 수 있는 직위, 또는 이에 상당 직위에 임용된 국가·지방 임기제공무원

11호	•「공공기관의 운영에 관한 법률」에 따른 공기업의 장·부기관장·상임이사 및 상임감사, 한국은행의 총재·부총재·감사 및 금융통화위원회의 추천직 위원, 금융감독원의 원장·부원장·부원장보 및 감사, 농업협동조합중앙회·수산업협동조합중앙회의 회장 및 상임감사	11호	•공기업의 장·부기관장 및 상임감사, 한국은행의 총재·부총재·감사 및 금융통화위원회의 추천직 위원, 금융감독원의 원장·부원장·부원장보 및 감사, 농업협동조합중앙회·수산업협동조합중앙회의 회장 및 상임감사
12호	•제3조의2에 따른 공직유관단체의 임원	12호	•그 밖에 대통령령으로 정하는 정부의 공무원 및 공직유관단체의 임원
13호	•그 밖에 국회규칙, 대법원규칙 및 대통령령으로 정하는 특정 분야의 공무원과 공직유관단체의 직원	13호	•제1호~제1호2까지의 직(職)에서 퇴직한 사람(제6조 제2항의 경우에만 공개)

자료: 「공직자윤리법」 제3조 및 제10조에 의거 정리.

2) 주식의 매각 또는 신탁

재산공개대상자와 기획재정부 및 금융위원회 소속 공무원 중 대통령령으로 정하는 사람(4급 이상)은 본인 및 그 이해관계자 모두가 보유한 주식의 총 가액이 1천만 원 이상 5천만 원 이하의 범위에서 대통령령으로 정하는 금액(3천만 원)을 초과할 때에는 초과하게 된 날부터 1개월 이내에 해당 주식의 매각, 또는 주식백지신탁하거나 이해관계자로 하여금 하도록 하고, 그 행위를 한 사실을 등록기관에 신고하여야 한다.

공개대상자 등이 정당한 사유 없이 자신이 보유하는 주식을 매각, 또는 백지신탁하지 아니한 때에는 1년 이하의 징역, 또는 1천만 원 이하의 벌금에 처한다.

백지신탁된 주식은 수탁회사가 60일 이내에 처분하거나 다른 금융재산으로 바꾸어 운용하게 되며, 그 운용방법 등은 공직자 본인에게 통보되지 않고 운용 결과에 대해서도 수탁기관은 책임을 지지 않는다. 다만, 보유주식이 주식백지신탁 심사위원회에서 직무관련성이 없다고 결정된 경우에는 그 주식의 매각, 또는 백지신탁의 의무가 없다.

3) 선물신고의 의무

공무원(지방의회의원 및 교육위원을 포함), 또는 공직유관단체의 임·직원과 이들의 가족이 외국, 또는 그 직무와 관련하여 외국인(외국단체를 포함)으로부터 일정가액 이상의 선물(10만 원 이상)을 받은 때에는 지체 없이 소속 기관·단체의 장에게 신고하고, 당해 선물을 인도하여야 하며 신고된 선물은 신고즉시 국고에 귀속된다.

4) 퇴직공직자의 취업 제한

「공직자윤리법」상 재산등록의무자의 경우 퇴직 전 5년 간 담당한 업무나 직위와 밀접한 관계가 있는 일정규모 이상의 영리사기업체에는 퇴직 후 2년 간 취업이 제한된다. 다만, 관할 공직자윤리위원회의 승인을 받은 때에는 그러하지 아니하다. 공직자윤리위원회위원장과 국가기관·지방자치단체, 또는 공직유관단체의 장은 해당 기관·단체에 재직하였던 자가 이를 위반하여 취업한 때에는 관계 중앙행정기관의 장에게 해당인에 대한 취업해제조치를 하도록 요청하여야 하며, 요청을 받은 관계 중앙행정기관의 장은 해당인이 취업하고 있는 영리사기업체나 협회의 장에게 해당인의 해임을 요구하여야 한다.

해임 요구를 받은 영리사기업체, 또는 협회의 장은 지체 없이 이에 응하여야 한다. 퇴직공직자가 영리사기업체, 또는 협회에 취업한 때에는 1년 이하의 징역, 또는 1천만 원 이하의 벌금에 처한다.

3 부패방지 및 국민권익위원회의 설치와 운영에 관한 법률상 행동규범

「부패방지 및 국민권익위원회의 설치와 운영에 관한 법률」은 국민권익위원회를 설치하여 고충민원의 처리와 이에 관련된 불합리한 행정제도를 개선하고, 부패의 발생을 예방하며 부패행위를 효율적으로 규제함으로써 국민의 기본적 권익을 보호하고 행정의 적정성을 확보하며 청렴한 공직 및 사회풍토의 확립에 이바지함을 목적으로 한다(제1조).

이를 위해 공공기관 및 정당의 책무, 기업과 국민의 의무, 공직자의 청렴의무 및 업무상 비밀이용금지, 공직자 행동강령 제정 및 준수, 국민권익위원회의 설치, 국민감사청구 등에 관한 사항을 규정하고 있다.

이 법의 대상이 되는 공직자는 「국가공무원법」 및 「지방공무원법」에 따른 공무원, 그 밖의 다른 법률에 따라 그 자격·임용·교육훈련·복무·보수·신분보장 등에 있어서 공무원으로 인정된 자, 「공직자윤리법」 제3조 제1항 제12호에 따른 공직유관단체의 장 및 그 직원을 말한다.

1) 청렴의무 및 업무상 비밀이용 금지

공직자는 법령을 준수하고 친절하고 공정하게 집무하여야 하며 일체의 부패행위와 품위를 손상하는 행위를 하여서는 아니된다(제7조). 또한, 공직자는 업무처리 중 알게 된 비밀을 이용하여 재물, 또는 재산상의 이익을 취득하거나 제3자로 하여금 취득하게 하여서는 아니된다(제7조의2). 이러한 공직자의 업무상 비밀이용 금지를 위반한 때에는 7년 이하의 징역, 또는 5천만 원 이하의 벌금에 처한다.

2) 공직자의 비밀누설 금지 및 부패행위 신고의무

위원회의 위원, 전문위원, 또는 직원이나 그 직에 있었던 자 및 위원회에 파견되거나 위원회의 위촉에 의하여 업무를 수행하거나 수행하였던 자는 업무처리 중 알게 된 비밀을 누설하여서는 아니된다(제30조). 이에 위반하여 부패방지 업무처리 중 알게 된 비밀을 누설한 자는 5년 이하의 징역, 또는 3천만 원 이하의 벌금에 처한다(제87조).

또한, 공직자는 그 직무를 행함에 있어 다른 공직자가 부패행위를 한 사실을 알게 되었거나 부패행위를 강요, 또는 제의받은 경우에는 지체 없이 이를 수사기관·감사원, 또는 위원회에 신고하여야 한다(제56조).

3) 공직자 행동강령의 제정 및 준수

공직자의 청렴의무 규정에 따라 공직자가 준수하여야 할 행동강령을 제정 · 시행하여야 하는데, 이는 대통령령 · 국회규칙 · 대법원규칙 · 헌법재판소규칙 · 중앙선거관리위원회규칙, 또는 공직유관단체의 내부규정으로 정한다(제8조).[2]

공직자 행동강령은 직무 관련자로부터의 향응 · 금품 등을 받는 행위의 금지 · 제한에 관한 사항, 직위를 이용한 인사관여 · 이권개입 · 알선 · 청탁행위의 금지 · 제한에 관한 사항, 공정한 인사 등 건전한 공직풍토 조성을 위하여 공직자가 지켜야 할 사항, 그 밖에 부패의 방지와 공직자의 직무의 청렴성 및 품위유지 등의 사항을 규정한다. 이러한 공직자 행동강령을 위반한 때에는 징계처분이 가능하다.

4) 비위면직자의 취업 제한

공직자가 재직 중 직무와 관련된 부패행위로 당연퇴직, 파면, 또는 해임된 경우에는 공공기관, 퇴직 전 3년 간 소속하였던 부서의 업무와 밀접한 관련이 있는 일정규모 이상의 영리를 목적으로 하는 사기업체, 또는 영리사기업체의 공동이익과 상호 협력 등을 위하여 설립된 법인 · 단체에 퇴직일부터 5년 간 취업할 수 없다(제82조).

이에 위반하여 비위로 면직된 공직자가 공공기관, 영리사기업체, 또는 협회에 취업한 때에는 2년 이하의 징역, 또는 2천만 원 이하의 벌금에 처한다(제89조).

---

2) 행동강령에는 「공무원 행동강령」, 「법관 및 법원공무원 행동강령」, 「헌법재판소 공무원 행동강령」, 「선거관리위원회 공무원 행동강령」 등이 이에 해당한다.

4 자율적 규제

1) 공무원윤리헌장

공무원윤리헌장

우리는 영광스러운 대한민국의 공무원이다. 오늘도 민족중흥의 최일선에 서서 겨레와 함께 일하며 산다. 이 생명은 오직 나라를 위하여 있고, 이 몸은 영원히 겨레 위해 봉사한다. 충성과 성실은 삶의 보람이요 공명과 정대는 우리의 길이다. 이에 우리는 국민 앞에 다하여야 할 숭고한 사명을 민족의 양심으로 다지며, 우리가 나가야 할 바 지표를 밝힌다.

○ 우리는 민족사적 정통성 앞에 온 신명을 바침으로써 통일 새시대를 창조하는 역사의 주체가 된다.

○ 우리는 겨레의 엄숙한 소명 앞에 솔선 헌신함으로써 조국의 번영을 이룩하는 민족의 선봉이 된다.

○ 우리는 창의적 노력으로 최대의 능력을 발휘함으로써 민주한국을 건설하는 국가의 역군이 된다.

○ 우리는 불의를 물리치고 언제나 바른 길만을 걸음으로써 정의사회를 구현하는 국민의 귀감이 된다.

○ 우리는 공익우선의 정신으로 국리민복을 추구함으로써 복지국가를 실현하는 겨레의 기수가 된다.

공무원의 신조

1. 국가에는 헌신과 충성을
1. 국민에겐 정직과 봉사를
1. 직무에는 창의와 책임을
1. 직장에선 경애와 신의를
1. 생활에는 청렴과 질서를

2) 청백리상의 제정

올바른 공직자상의 확립을 뒷받침하기 위하여 제정된 청백리상도 자율적 규제의 일환이다.

우리나라의 정치적 중립성

「헌법」 제7조에서는 "공무원은 국민 전체에 대한 봉사자로서 국민에 대하여 책임을 진다. 공무원의 신분과 정치적 중립성은 법률이 정하는 바에 의하여 보장된다"고 규정하여 공무원의 정치적 중립성 원칙을 밝히고 있다.

「국가공무원법」 제65조에서는 공무원은 정당이나 그 밖의 정치단체의 결성에 관여하거나 이에 가입할 수 없고, 선거에서 특정 정당, 또는 특정인을 지지 또는 반대하기 위한 다음[3]의 행위를 하여서는 아니되며, 다른 공무원에게 전기(前記)에 위배되는 행위를 하도록 요구하거나, 정치적 행위에 대한 보상, 또는 보복으로서 이익, 또는 불이익을 약속하여서는 아니된다고 규정하고 있다.

제3절 공무원의 책임

1 공무원책임의 의의

인간은 누구나 사회가 정한 기준이나 법규를 위반하면 그에 상응한 책임을 진다. 공무원도 자신에게 부여된 법규나 행동규범을 지켜야 할 의무가 있으며 이에 대한 책임도 져야 한다.

다양한 책임이 있지만 여기서는 공무원의 법적 책임에 한정하여 고찰한다. 공무원은 자신의 행동에 대해서 법률상의 제재나 불이익을 받을 수 있다.

공무원의 법적 책임을 협의의 시각에서 보면 행정조직 내부에서 부과되는 징계책임에 한정된다. 하지만, 광의의 시각에서 보면 징계책

3) 1. 투표를 하거나 하지 아니하도록 권유운동을 하는 것, 2. 서명운동을 기도(企圖)·주재(主宰)하거나 권유하는 것, 3. 문서나 도서를 공공시설 등에 게시하거나 게시하게 하는 것, 4. 기부금을 모집, 또는 모집하게 하거나, 공공자금을 이용, 또는 이용하게 하는 것, 5. 타인에게 정당이나 그 밖의 정치단체에 가입하게 하거나 가입하지 아니하도록 권유운동을 하는 것 등이다.

임뿐만 아니라 형사책임과 변상책임까지를 포함한다. 이들 책임은 그 목적이나 내용을 달리하기 때문에 동일한 위반행위에 대하여 동시에 부과될 수 있다.

2 징계책임

1) 징계의 의의

징계란 공무원 관계에 있어서의 질서유지를 위해 공무원의 복무의무 위반에 대해서 과하여지는 제재를 말한다. 징계는 조직 전체의 규율을 유지하며 공무원이 직무를 충실히 수행하고, 행동규범을 준수하도록 하려는 데 그 의의가 있다.

공무원에 대하여 징계처분을 행할 때나 강임·휴직·직위해제, 또는 면직처분을 행할 때에는 그 처분권자, 또는 처분제청권자는 처분의 사유를 기재한 설명서를 교부하여야 한다. 다만, 본인의 원에 의한 강임·휴직, 또는 면직처분은 그러하지 아니하다.

2) 징계사유(제78조)

① 이 법 및 이 법에 따른 명령을 위반한 경우
② 직무상의 의무를 위반하거나 직무를 태만히 한 때
③ 직무의 내외를 불문하고 그 체면, 또는 위신을 손상하는 행위를 한 때

3) 징계부가금

공무원의 징계 의결을 요구하는 경우 그 징계사유가 금품 및 향응 수수(授受), 공금의 횡령(橫領)·유용(流用)인 경우에는 해당 징계 외에 금품 및 향응 수수액, 공금의 횡령액·유용액의 5배 내의 징계부가금 부과 의결을 징계위원회에 요구하여야 한다.

징계위원회에서 징계부가금 부과 의결을 하기 전에 금품 및 향응 수수, 공금의 횡령·유용으로 다른 법률에 따라 형사처벌을 받거나 변상책임 등을 이행한 경우에는 징계위원회는 대통령령으로 정하는 바에 따라 조정된 범위에서 징계부가금 부과를 의결하여야 하며, 징계부가금 부과 의결을 한 후에 형사처벌을 받거나 변상책임 등을 이행한 경우에는 징계위원회는 대통령령으로 정하는 바에 따라 징계부가금의 감면 등의 조치를 하여야 한다.

4) 징계의 종류

(1) 견 책

견책(譴責)은 잘못된 행동에 대해 훈계·회개하게 하는 것이며 공식절차에 의하고 인사기록에 남으며, 6개월(금품 및 향응 수수, 공금의 횡령·유용, 성폭력, 성희롱 및 성매매의 경우에는 3개월을 더한 기간) 동안 승진·승급이 제한되며, 이 기간은 승진소요 최저연수에서 제외된다.

(2) 감 봉

감봉(減俸)은 1개월 이상 3개월 이하의 기간 동안 보수의 3분의 1을 감한다. 감봉기간이 끝난 날부터 12개월(금품 및 향응 수수, 공금의 횡령·유용, 성폭력, 성희롱 및 성매매의 경우에는 3개월을 더한 기간) 동안 승진·승급이 제한되며, 이 기간은 승진소요 최저연수에서 제외된다.

(3) 정 직

정직(停職)은 1개월 이상 3개월 이하의 기간 동안 공무원의 신분은 보유하나 직무에 종사하지 못하며, 그 기간이 지나면 자동으로 복직되며, 보수의 3분의 2를 감한다. 정직 기간이 끝난 날부터 18개월(금품 및 향응 수수, 공금의 횡령·유용, 성폭력, 성희롱 및 성매매의 경우에는 3개월을 더한 기간) 동안 승진·승급이 제한되며, 이 기간은 승진소요 최저연수에서 제외된다.

(4) 강 등

강등(降等)은 1계급 아래로 직급을 내리고 공무원의 신분은 보유하나 3개월 간 직무에 종사하지 못하며 그 기간 중 보수의 3분의 2를 감한다. 직무에 종사하지 못하는 3개월이 끝난 날로부터 18개월(금품 및 향응 수수, 공금의 횡령·유용, 성폭력, 성희롱 및 성매매의 경우에는 3개월을 더한 기간) 동안 승진·승급이 제한되며, 이 기간은 승진소요 최저연수에서 제외된다.

(5) 해 임

해임(解任)은 공무원을 강제로 퇴직시키는 처분으로 해임 후 3년간 임용자격이 제한되나 퇴직급여에 영향이 없다. 하지만, 금품 및 향응 수수, 공금의 횡령·유용으로 해임된 때에는 퇴직급여의 4분의 1(5년 미만 재직자는 8분의 1) 및 퇴직수당의 4분의 1이 감액된다(「공무원연금법 시행령」 제55조).

표 10-3 공무원별 징계의 종류

<table>
<tr><th>구 분</th><th>일반직·경찰·소방·교원 등</th><th>군인(장교·준사관·부사관)</th><th>법 관</th><th>검 사</th><th colspan="2">분 류</th></tr>
<tr><td>파면</td><td>○</td><td>○</td><td>×</td><td>×</td><td rowspan="3">배제(排除) 징계</td><td rowspan="5">중(重) 징계</td></tr>
<tr><td rowspan="2">해임</td><td rowspan="2">○</td><td rowspan="2">○</td><td rowspan="2">×</td><td>해임</td></tr>
<tr><td>면직</td></tr>
<tr><td>강등</td><td>○</td><td>○</td><td>×</td><td>×</td><td rowspan="5">교정(矯正) 징계</td></tr>
<tr><td>정직</td><td>○
(1~3개월)</td><td>○
(1~3개월)</td><td>○
(1개월~1년)</td><td>○
(1~6개월)</td></tr>
<tr><td>감봉</td><td>○
(1~3개월)</td><td>○
(1~3개월)</td><td>○
(1개월~1년)</td><td>○
(1개월~1년)</td><td rowspan="3">경(輕) 징계</td></tr>
<tr><td rowspan="2">견책</td><td rowspan="2">○</td><td>근신
(10일 이내)</td><td rowspan="2">○</td><td rowspan="2">○</td></tr>
<tr><td>○</td></tr>
</table>

○: 해당함, ×: 해당하지 않음.

(6) 파 면

파면(罷免)은 공무원을 강제로 퇴직시키는 처분으로 파면 후 5년간 임용자격이 제한되고 「공무원연금법」상에 제한을 받는다. 퇴직급여의 2분의 1(5년 미만 재직자는 4분의 1) 및 퇴직수당의 2분의 1이 감액된다(「공무원연금법 시행령」 제55조).

5) 징계사유의 시효

징계의결의 요구는 징계사유가 발생한 날부터 2년[금품 및 향응 수수(授受), 공금의 횡령(橫領)·유용(流用)의 경우에는 5년]이 지나면 하지 못한다.

징계위원회의 구성·징계의결, 그 밖에 절차상의 흠이나 징계양정의 과다(過多)를 이유로 소청심사위원회, 또는 법원에서 징계처분의 무효, 또는 취소의 결정이나 판결을 한 경우에는 전항의 기간이 지나거나, 그 남은 기간이 3개월 미만인 경우에도 그 결정, 또는 판결이 확정된 날부터 3개월 이내에는 다시 징계의결을 요구할 수 있다.

3 변상책임

공무원 자신의 의무위반행위로 인해 국가나 지방자치단체에 재산상 손해를 끼친 경우 지게 되는 재산상의 책임을 변상책임이라 한다. 행정상의 책임이므로 개인적 차원에서 지게 되는 민사상 손해배상책임과는 구분되며, 직무상 불법으로 인한 변상책임과 회계관계직원 등의 변상책임으로 구분할 수 있다.

「헌법」 제29조 제1항에 의하면, 공무원의 직무상 불법행위로 인해 손해를 입은 국민은 법률이 정하는 바에 의하여 국가, 또는 공공단체에 정당한 보상을 청구할 수 있다. 이 경우 공무원 자신의 변상책임은 면제되지 아니하며, 「국가배상법」의 적용을 받는다. 공무원이 직무상 불법행위로 국민에게 손해를 끼친 경우 국가나 지방자치단체가 먼저

배상한 후, 해당 공무원에게 구상권(求償權)을 행사할 수 있다.

「회계관계직원 등의 책임에 관한 법률」에 의하면, 첫째, 회계관계직원이 고의, 또는 중대한 과실로 법령이나 그 밖의 관계 규정 및 예산에 정해진 바를 위반하여 국가, 지방자치단체, 그 밖에 감사원의 감사를 받는 단체 등의 재산에 손해를 끼친 경우 변상할 책임이 있다. 둘째, 현금, 또는 물품을 출납·보관하는 회계관계직원이 선량한 관리자로서의 주의를 게을리하여 그가 보관하는 현금, 또는 물품이 망실(亡失)되거나 훼손된 경우 변상할 책임이 있다(제4조).

4 형사책임

공무원의 일정한 행위가 행정상의 의무위반에 그치지 아니하고, 동시에 「형법」상 범죄를 구성하는 경우에는 그 공무원은 일반 법익의 보호를 위하여 형사상 책임을 지게 된다. 공무원도 일반 개인으로서 당연히 「형법」을 적용받지만, 공무원의 직무에 관해 「형법」은 별도의 규정을 마련하여 그 위반에 대한 책임을 부과하고 있다(「형법」 제7장 참조). 형사책임이 부과되는 공무원의 범죄는 직무위배에 관한 죄, 직권남용에 관한 죄, 뇌물에 관한 죄 등이다.

제 11 장 신분보장 및 부패

제 1 절 신분보장

1 신분보장의 의의

1) 신분보장의 개념

「국가공무원법」 제68조는 "공무원은 형의 선고, 징계처분, 또는 이 법에 정하는 사유에 의하지 아니하고는 그 의사에 반하여 휴직·강임, 또는 면직을 당하지 아니한다"고 규정하여 신분보장의 원칙을 밝히고 있다. 다만, 1급 공무원과 직무등급이 가장 높은 등급의 직위에 임용된 고위공무원단에 속하는 공무원은 그러하지 아니하다.

공무원의 신분보장(身分保障)은 크게 두 가지 관점에서 정의될 수 있다. 하나는 공무원으로서 신분상의 불이익을 받지 않는다는 소극적 의미로 해석하는 경우이다. 다른 하나는 공무원의 신분보장을 통해 전반적인 삶의 질(質)을 보장한다는 적극적 의미로 해석하는 경우이다.

소극적 의미는 법이 정한 사유와 절차에 의하지 아니하고는 본인의 의사에 반하여 공무원의 신분관계에 있어서 불리한 처분을 당하지 않는다는 방어적 성격을 띠지만, 적극적 의미는 공직을 평생의 직업으로 삼아 보람을 갖도록 직장생활의 질을 보장하여야 한다는 진취적 성격을 지닌다.

이처럼 신분보장이 두 가지 의미로 해석될 수 있지만, 소극적 입장에서 신분보장의 개념을 정의하고 그에 대하여 논의하는 것이 일반적이다. 이는 실적주의를 확립하기 위한 요건으로서 공무원의 신분보장이 등장하게 된 역사적 배경을 보면 쉽게 이해될 수 있다. 즉, 정실·엽관주의적 요소의 영향으로부터 공무원으로 보호하기 위한 기본적이고 방어적인 장치로서 공무원의 신분보장이 제도화되었기 때문이다. 이에 따라 현재 실적주의를 채택하고 있는 많은 국가는 소극적 입장에서 신분보장제도를 수립·운영하고 있다(김렬, 2014: 349).

2) 신분보장의 원칙

공무원의 신분보장이 제대로 확립되기 위해서는 제도적 장치가 필요하다. 즉, 신분보장을 위한 제도적 장치는 기본원칙에 따라 마련되어야 한다.

첫째, 법적 사유의 원칙이다. 공무원에게 신분상 불리한 처분을 하려면 법적 사유가 있어야 한다. 즉, 법에서 정한 사유에 의해서만 공무원에게 신분상 불리한 처분이 가능하며, 공무원은 법에 정해진 사유에 해당되지 않는 한 신분상 불이익을 받지 않는다.

둘째, 적법 절차의 준수 원칙이다. 법에서 정한 사유에 의해 불리한 처분을 할 경우, 그 절차는 반드시 법에 따라야 한다. 즉, 신분상 불이익을 주는 처분은 그 처분의 전·후에 걸쳐 법이 정한 정당한 절차(예 징계위원회 의결 등)에 의해야 하며, 이는 불리한 처분의 대상 공무원에게 자신을 방어하고 사후에 구제를 받을 수 있는 충분한 기회를 부여하기 위한 것이다.

셋째, 자유 의사의 원칙이다. 불이익 처분은 법적 사유에 해당되는 경우를 제외하고는 본인의 의사에 반하여 내려질 수 없다. 본인이 자유로운 의사로 휴직을 원하거나 사의(辭意)를 표시하는 것은 얼마든지 허용되지만, 의원면직(依願免職)은 사의표시만으로 신분관계가 소멸되는 것은 아니며, 임용권자가 면직처분을 내릴 때까지 공무원의 신분관계가 존속된다.

2 신분보장의 필요성과 한계

1) 신분보장의 필요성

첫째, 공무원의 신분보장은 행정의 안정성·계속성을 확보하고 전문성·능률성을 유지·향상시킬 수 있다.

둘째, 외부의 부당한 압력이나 정치적 영향을 배제하고 행정의 중립성·공평성을 보장할 수 있다.

셋째, 공무원의 신분보장을 통해 심리적 안정감을 느끼게 됨으로써 사기를 앙양시킬 수 있으며, 공무원의 창의적·자율적인 직무수행을 촉진시킬 수 있다.

넷째, 공무원 개인의 인권을 보호·존중할 수 있다.

2) 신분보장의 한계

첫째, 지나치게 강력한 신분보장은 관료주의화·특권화를 초래하며 민주통제를 곤란하게 한다.

둘째, 관리자의 감독 곤란 및 무능자·부패자의 제거 곤란으로 무사안일주의·부정부패를 초래할 우려가 있다.

셋째, 급격하게 변화하는 현대행정에서는 공무원의 신분보장이 재직자의 능력개발 욕구를 저해하여 행정의 전문성에 도움이 되지 않을 수 있다.

표 11-1 신분보장의 기능

구 분	순기능(장점)	역기능(단점)
관리적 측면	• 공무원의 질적 수준 향상 • 공무원의 권익보호 및 사기진작 • 능동적 · 창의적 직무수행 촉진 • 조직몰입 및 책임성제고	• 공무원의 질적 수준 저하 • 공무원의 집단이익 보호 및 특권화 • 무사안일 등 관료주의화 초래 • 조직침체 및 책임회피 등
행정적 측면	• 행정의 중립성과 공정성 확보 • 행정의 일관성과 안정성 강화 • 행정의 전문성과 능률성 향상	• 행정의 중립성과 공정성 훼손 • 행정에 대한 민주 통제 곤란 • 행정의 전문성과 능률성 저하

자료: 김렬, 전게서, p. 352.

3 신분보장제도

1) 주요 외국

공무원의 신분보장은 국가에 따라 그 대상, 원칙이나 요건, 내용과 방법 등이 다양하다. 먼저, 직업공무원제를 채택하고 있는 영국의 경우, 일반적인 노동관계법의 부당해고금지규정 및 「고용보험법」에 의하여 자의적인 면직이 불가하다.

독일과 프랑스에서는 공무원관계의 소멸을 가져오는 퇴직과 면직 등은 법률에 정해진 사유와 요건에 해당될 때만 인정되고 있다.

일본은 인사원 규칙이 정하는 사유에 의한 경우를 제외하고는 그 의사에 반하여 강임 · 면직이 금지되어 있다.

미국은 실적주의를 확립하기 위한 노력의 하나로 공무원의 정치적 중립성 확보와 행정능률성 제고를 도모하고자 공무원의 신분보장이 이루어지고 있다. 특히, 1912년에 제정된 「로이드-리폴레트법(Lloyd-La Follette Act)」은 실적주의의 적용을 받는 경력직공무원을 정당한 사유에 의하지 않고는 부당하고 자의적으로 면직을 할 수 없도록 하고 있다.

2) 우리나라의 신분보장제도

우리나라 공무원의 신분은 「헌법」 및 관련 법률에 의해 보장되고 있다. 「헌법」 제7조 제2항은 "공무원의 신분과 정치적 중립성은 법률이 정하는 바에 의하여 보장된다"고 규정하고, 그 구체적인 사항은 법률에 위임하고 있다.

이에 따라 「국가공무원법」 제68조는 "형의 선고, 징계처분, 또는 이 법에서 정하는 사유에 따르지 아니하고는 본인의 의사에 반하여 휴직·강임, 또는 면직을 당하지 아니한다"고 규정하고 있다. 이러한 「국가공무원법」 외에 직종별 개별 법률에서도 신분보장의 대상과 범위 등이 명시되어 있다.

신분보장은 실적주의의 적용을 받는 경력직공무원이 원칙적인 대상이다. 경력직공무원 중에서도 관련 법령에 따라 신분보장의 대상에서 제외되는 경우가 있다. 예를 들면, 1급 공무원, 고위공무원단 소속 공무원, 시보공무원 등이 대표적이다.

또한, 경력직공무원이라도 임기제공무원은 자신의 임기 동안에만 '임기제공무원이 아닌 일반직공무원'에 준하는 신분보장을 받으며, 특정직공무원은 직종별 개별 법률에 따라 각기 신분보장의 대상과 범위가 다르다.

특수경력직공무원은 원칙적으로 신분보장의 대상이 아니지만 정무직공무원인 감사위원회(「감사원법」 제8조) 및 별정직공무원인 소청심사위원회(「국가공무원법」 제11조) 등과 같이 일정한 임기 동안 신분보장을 받는 경우가 있다.

신분보장제도가 공무원의 신분관계에서 발생 가능한 불이익을 방지하기 위한 것이기 때문에, 신분관계의 변경과 소멸을 가져오는 임용행위 중에서 신분상 불이익을 유발할 수 있는 처분이 원칙적인 대상이 된다. 공무원에게 불리한 처분이라도 본인의 의사에 따라 이루어진 경우에 그 처분은 신분보장제도의 대상에서 제외됨은 당연하다.

4 정년제도

1) 정년제도의 의의

정년제도란 본인의 의사에 관계없이 퇴직시키는 제도를 말한다. 이 정년제도의 목적으로는 행정의 능률성의 증진, 신진대사의 촉진, 계획적 인사관리의 확보, 퇴직결정의 공정성·적정성의 유지 등이다.

2) 정년제도의 유형

첫째, 연령정년제이다. 이는 가장 일반적인 정년제도이다.[4]

둘째, 근속정년제이다. 공직에 임용된 후 일정한 근속 연한이 지나면 자동적으로 퇴직시키는 것이다. 근속정년제는 아무리 능력이 있더라도 일정기간이 지나면 퇴직되므로 실적과는 거리가 먼 제도라 할 수 있다.

셋째, 계급정년제이다. 공무원이 일정기간 승진하지 못하고 동일계급에 체재하면 기간 만료와 함께 자동적으로 퇴직시키는 제도이다. 경찰공무원에게는 연령정년제와 함께 계급정년제가 적용되고 있다.

표 11-2 계급정년제의 장·단점

장 점	단 점
•관료제의 침체(관료주의화)를 방지 •성취지향적 분위기 확보 •정실 개입의 봉쇄 •적정 유동률 확보	•직업공무원제의 침해 우려 •유능한 공무원을 공직에서 배제할 우려 •이직률의 조정이 곤란 •공무원의 사기 저하를 초래할 가능성

4) 우리나라의 경우 5급 이상은 60세, 6급 이하는 57세로 불평등하게 규정되어 있던 국가공무원의 정년을 연차적으로 60세로 단일화(2007년 12월 14일 체결된 정부와 공무원노조의 단체협약의 결과)하여 「헌법」상 평등권을 보장하면서, 사회의 고령화 시대를 대비하고 공공인력의 효율적 관리를 도모하게 되었다. 즉, 6급 이하 일반직공무원, 연구사, 지도사 및 기능직공무원의 정년을 2009년부터 2010년까지는 58세로, 2011년부터 2012년까지는 59세로, 2013년부터 60세로 하였다.

5 퇴직(면직)

퇴직(退職, retirement)이란 '현직에서 물러남'을 의미하며, 이는 면직(免職), 사직(辭職), 그 밖의 사망 외의 사유로 인한 모든 해직(解職)을 말한다(「공무원연금법」 제3조 제1항 제4호). 이와 같은 퇴직으로 인해 공무원의 신분관계가 소멸하게 되며, 그 종류는 자발적인 의사(意思) 여부에 따라 임의퇴직(任意退職)과 강제퇴직(强制退職)으로 크게 구분된다.

1) 임의퇴직

임의퇴직(voluntary retirement)은 공무원이 스스로 원하여 그 신분관계가 소멸되는 자발적인 퇴직이며, 이는 쌍방적 행정행위로서 본인은 자필(自筆)로 작성된 사직원과 임용(제청)권자에 의한 면직처분을 필요로 한다.[5] 이러한 희망퇴직, 혹은 의원면직(依願免職)은 공무원 개인의 의사에 따라 이루어지는 것이 원칙이지만, 그 대상이나 요건 및 사유 등이 제도적으로 정해진 경우가 있다.

예를 들면, 명예퇴직, 조기퇴직, 자진퇴직 등이 그것인데, 이들의 경우 본인의 퇴직의사가 전제되어야 한다는 점에서 임의퇴직에 해당하지만, 각 부처(기관)의 예산 및 인력운영 사정뿐만 아니라 법령에 규정된 요건에 대한 심사행위가 수반된다는 점에서 단순히 형태의 임의퇴직과는 다소 차이가 있다.

2) 강제퇴직

강제퇴직(mandatory retirement)은 정년이나 징계 등과 같이 법적 사유로 발생하는 비(非)자발적인 퇴직으로, 공무원 본인의 의사와는

5) 이처럼 공무원의 사의(辭意)표시만으로 공무원관계가 소멸하는 것이 아니기 때문에, 그 사직원이 수리(受理)되기 전까지는 출근 및 직무수행 등 공무원의 의무와 책임이 여전히 존재한다. 「헌법」상 공무담임권은 국민의 권리이지 의무가 아닌 까닭에 공무원은 원칙적으로 사임의 자유가 있고, 임용권자는 그 사직원의 수리의무가 있다.

무관하게 이루어지는 모든 종류의 퇴직이 강제퇴직이다. 이는 제도적으로 정해진 대상이나 요건 및 사유에 따라 당연퇴직, 정년퇴직, 징계퇴직, 직권면직, 탄핵면직 등의 형태를 말한다.

표 11-3 퇴직의 종류

구 분		정의 및 내용
임의퇴직 (의원면직)	명예퇴직	장기근속한 경력직공무원이 정년 전에 별도의 혜택을 받고 스스로 퇴직하는 것
	조기퇴직	장기근속하지 않은 경력직공무원이 정년 전에 별도의 혜택을 받고 스스로 퇴직하는 것
	자진퇴직	별정직공무원(비서 · 비서관 제외)이 근무상한연령 전에 별도의 혜택을 받고 스스로 퇴직하는 것
강제퇴직 (강제면직)	당연퇴직	법적 사유(예 임기 만료, 결격사유 등)에 해당되어 공무원의 신분이 소멸되는 것
	정년퇴직	법적으로 정해진 정년에 해당되어 공무원의 신분이 소멸되는 것
	징계퇴직	해임 · 파면의 직권으로 공무원의 신분이 박탈되는 것
	직원면직	임용권자의 직권으로 공무원의 신분이 박탈되는 것
	탄핵면직	국회의 탄핵소추와 헌법재판소의 탄핵심판으로 공무원의 신분이 박탈되는 것

3) 명예퇴직 등(제74조의2)

공무원으로서 20년 이상 근속한 자가 정년 전에 자진하여 퇴직하는 경우에는 예산의 범위 안에서 명예퇴직수당을 지급할 수 있다(명예퇴직).

직제와 정원의 개폐, 또는 예산의 감소 등에 의하여 폐직, 또는 과원이 되었을 때에 20년 미만 근속한 자가 정년 전에 자진하여 퇴직하는 경우에는 예산의 범위 안에서 수당을 지급할 수 있다(조기퇴직).

명예퇴직수당을 지급한 국가기관의 장은 명예퇴직수당을 지급받은 자가 다음에 해당하는 경우에는 그 명예퇴직수당을 환수하여야 하며, 환수금을 납부할 자가 기한 이내에 납부하지 아니한 때에는 국세체납처분의 예에 의하여 이를 징수할 수 있다.

① 재직 중의 사유로 인하여 금고 이상의 형을 받은 경우
② 경력직공무원, 그 밖에 국회규칙·대법원규칙·헌법재판소규칙·중앙선거관리위원회규칙, 또는 대통령령이 정하는 공무원으로 재임용되는 경우
③ 명예퇴직수당을 초과하여 지급받거나 그 밖에 명예퇴직수당의 지급대상이 아닌 자가 지급받은 경우

6 직위해제와 대기명령제

1) 직위해제(제73조의3)

직위해제란 공무원에게 직위를 부여하지 않는 처분을 말한다. 직위해제의 사유는 다음과 같다.

① 직무수행능력이 부족하거나 근무성적이 극히 나쁜 자
② 파면·해임, 또는 정직에 해당하는 징계의결이 요구 중인 자
③ 형사사건으로 기소된 자(약식명령이 청구된 자는 제외)
④ 고위공무원단에 속하는 일반직공무원으로서 제70조의2 제1항 제2호 및 제3호의 사유로 적격심사를 요구받은 자

2) 대기명령제

대기명령제란 직무수행능력이 부족하거나 근무성적이 극히 불량한 자로서, 직위가 해제된 자에 대하여 3개월 이내의 기간 대기명령을 내리고, 능력회복이나 근무성적의 향상을 위한 교육훈련, 또는 특별한 연구과제의 부여 등 필요한 조치를 취하는 제도를 말한다.

대기명령을 받은 자에 대하여는 3개월의 기간 내에 직위를 부여하거나, 이 기간 중 능력의 향상이 없다고 인정됨으로써 직권면직시킬 경우에는 징계위원회의 동의를 얻어야 한다.

제2절 행정상의 부패

1 부패의 의의

1) 개 념

공무원은 국민 전체에 대한 봉사자로서 국민의 이익을 위해 일정한 규범을 준수해야 하는데, 이를 일탈하는 공무원의 행위, 또는 부정행위를 부패라고 한다. 즉, 부패란 부정, 부조리, 비위, 비리 등으로도 표현하는데, "공직을 이용해서 사적 이익을 추구하는 행위, 또는 공직자가 공권력을 남용하거나, 또는 공직에 있음을 기회로 공익과는 다른 사익을 추구, 또는 확장하는 행위"라고 할 수 있다.

부패는 민주주의의 기둥을 위협하며 정권의 몰락에 큰 영향을 주는 것이기에 현대행정조직의 발달 내지는 관료제 병리의 극복, 그리고 민주주의의 정착·발달을 위하여 부패에 대한 연구는 매우 의미가 큰 것이다.

2) 부패의 영향

일반적으로 부패는 사회 전반에 부정적 영향을 미치며, 경제성장에 악영향을 미친다는 주장이 대부분이다(Keefer & Knack, 1997; Woo, 2004: 1). 하지만, 부패가 배분적 효율성을 증대시켜 경제에 긍정적 요인으로 작용한다는 주장을 하는 학자도 있다(Nye, 1997: 411-433; Kaufmann, 1997). 즉, 부패는 행정능률을 촉진시키며, 소득을 재분배시키며, 자본형성에 기여하며, 권력행사자의 갈등을 완화시키며, 엄격한 관료제의 완화라는 순기능적 역할도 있다는 것이다.

하지만, 부패는 자본의 과잉과 투자왜곡을 통해 자원 낭비를 가져오고, 정치체제의 정통성을 훼손하여 국가 사회발전에 도움이 되지 않는다. 즉, 부패는 행정 권력에 대한 불신, 사회적 규범 파괴, 사회적 불신 초래, 무규범(anomie)의 확산 등 심각한 역기능을 초래한다.[6]

2 부패의 접근방법

1960년대까지는 기능주의적 입장에서 관료부패를 국가가 성장하여 어느 정도 발전단계에 들어서면 소멸되는 것으로 이해하였다. 1970년대 이후에 들어와서는 부패란 국가가 발전한다고 해서 소멸되는 것이 아니라, 다양한 먹이를 먹고 사는 하나의 유기체로서 파악하는 후기 기능주의가 등장하였다. 이렇게 다양하게 접근되는 관료부패는 크게 다음과 같이 네 가지 접근법으로 논의되고 있다.

1) 도덕적 접근법

관료부패를 개인행동의 결과로 보아 개인이나 소규모 집단이 공적 역할을 지배하는 법규를 침해한 경우, 부패의 원인을 이러한 행위에 참여한 개인들의 윤리, 자질의 탓으로 돌리는 경우를 말한다. 즉, 개인의 성격이라든가 독특한 습성과 윤리문제가 부패행태와 밀접한 관련이 있다고 보는 입장이다.

2) 사회·문화적 접근법

특정한 지배적 관습이나 경험적 습성과 같은 것이 관료부패를 조장한다고 보는 입장이다. 예를 들면, 우리에게는 전통적으로 선물관행이나 보은의식이 있고, 또한 인사문화가 있는데, 이것이 관료부패의 한 원인이라고 할 경우 이것은 바로 사회·문화적 입장에서 관료부패

6) 워너(S. B. Werner, 1983)는 부패의 확산효과(spillover effect)로 인해 민주체제의 기반을 위협한다고 주장하고 있으며, 굴드(D. J. Gould, 1983)는 부패가 개발도상국의 행정에서 생산성과 효율성을 저하시키고 배분 및 규제 메커니즘을 파괴한다는 지적을 한다.

를 파악하는 것이다.

3) 제도적 접근법

사회의 법과 제도상의 결함이나, 또는 이러한 것들에 대한 관리기구들과 그 운영상의 문제들, 또는 예기치 않았던 부작용들이 부정부패의 원인으로 작용한다고 보는 입장이다. 특히, 행정통제장치의 미비는 이러한 접근법에서 나타나는 대표적인 관료부패의 원인이다.

4) 체제론적 접근법

관료부패는 어느 하나의 변수에 의하여 설명되는 것이 아니라, 그 나라의 문화적 특성, 제도상의 결함, 구조상의 모순, 그리고 관료의 비윤리적 행태 등 다양한 요인에 의하여 복합적으로 나타난다고 보는 입장이다. 이러한 관점에서 볼 경우 공무원 부패는 부분적인 대응으로는 억제하기가 매우 어려운 문제라고 할 수 있다.

3 부패의 유형

부패의 유형을 몇 가지 기준에 따라 분류하면 다음과 같다.

1) 부패 발생의 수준

(1) 개인부패

개인 수준에서 발생하는 부패이다. 대부분의 부패 유형들은 개인부패의 유형에 속한다. 예를 들면, 공무원이 담당하는 직무를 수행하면서 금품을 수수한다거나, 혹은 공금을 횡령하는 등 개인적 일탈 수준에서 부패가 발생하는 경우를 들 수 있다.

(2) 조직부패

하나의 부패사건에 여러 사람이 조직적 혹은 집단적으로 연루되어 있는 경우를 의미한다. 조직적으로 부패행위가 이루어지는 경우 여간해서는 외부에 잘 드러나지 않는 것이 특징이다.

2) 부패의 제도화 정도

(1) 일탈형 부패

개인적 부패에서 많이 발생하는 것으로, 부정적인 관행이나 구조보다는 개인의 윤리적 일탈에 의해 발생하게 된다. 예를 들면, 무허가 업소를 단속하던 단속원이 정상적인 단속활동을 수행하다가 금품을 제공하는 특정 업소에 대해 단속을 하지 않는 것이다.

(2) 제도화된 부패

부패 중에서 심각한 형태가 '제도화된 부패(institutionalized corruption)'이다. 다른 용어로는 '구조화된 부패', 혹은 '체제적 부패'라는 용어로도 불린다. 예를 들면, 인·허가와 관련된 업무를 처리할 때 소위 '급행료'를 지불한다든지, 은행에서 자금을 대출받을 때 '커미션(commission)'을 지불하는 것 등이다.

3) 부패의 영향

(1) 백색부패와 흑색부패

'선의의 거짓말'이 있듯이, 부패에도 '선의'의 목적으로 행해지는 부패행위가 있다. 이러한 행위는 대개 의사결정이나 발언의 형태를 통해 나타나게 된다. 그러나 이러한 발언은 공무원이 사적인 이익을 취하기 위한 것이라기보다는 공적인 이익을 위한 것이라는 점에서 일반적인 부패와 구분하여 '백색부패'라고 한다. 물론 그렇다고 이런 백색부패와 같은 유형의 행위가 용인될 수 있는 것은 아니다.

당연히 부패의 범주에 들어가는 것이지만, 일반적인 부패의 유형과는 구별되는 특징을 지니고 있기 때문에 백색부패라는 용어를 사용하고 있다. 이와는 반대로 부당하게 사익을 추구하는 부패의 유형은 '흑색부패'라는 용어로 불리고 있다.

(2) 회색부패

'회색부패(gray corruption)'는 백색부패와 흑색부패의 중간 점이지대에서 발생하는 유형의 부패를 의미한다. 명백한 부패에 해당한다고 할 수 있는 흑색부패의 유형들은 대개 「형법」이나 「공직자윤리법」, 「부패방지법」 등에 규정될 수 있다. 하지만 아직까지 일부 논란이 있거나, 혹은 가치판단을 요하는 유형들은 법률보다는 공무원 윤리강령이나, 혹은 행동강령 등에 규정된다.

예를 들면, 과도한 선물의 수수는 윤리강령에 규정될 수 있지만, 이를 「부패방지법」 등에 규정하는 것에 대해서는 반론이 있으며, 이 경우에 해당하는 사례들이 회색부패의 형태에 해당된다.

4) 부패의 원인

(1) 생계형 부패

경제가 어려웠던 시절에 주로 발생했던 부패들을 '생계형 부패'라고 부르기도 했다. 대단한 이익을 얻기 위해서보다는 적은 소득을 보충하여 생계를 유지하기 위해 부패행위가 이루어지는 형태로서 일반 국민들도 이러한 부분에 대해서는 어느 정도 관용적인 입장을 취하기도 했다. 이러한 부패 유형은 주로 민원 업무와 관련하여 하위직에서 주로 발생하게 된다. 외국에서는 이러한 유형의 부패를 '작은 부패(petty corruption)'라고 부르기도 한다.

(2) 권력형 부패

부패는 권력에서 나온다는 말과 같이 특히 정치인이나, 혹은 일반 공무원들 중에서도 상위직공무원들에 의해 행해지는 부패를 '권력형 부패'라고 부른다. 이러한 유형의 부패는 사회적으로 희소한 '권력'을 갖고 있는 사람들에 의한 부패로서, 앞에서의 생계형 부패와 명백히 구분된다. 즉, 권력형 부패는 '초과적인 막대한 이익'을 부당하게 얻기 위해 이루어지는 것으로서, 대개 사회적 지탄의 대상이 된다.

5) 거래의 여부

(1) 거래형 부패

가장 전형적인 부패의 형태, 혹은 수단이 '뇌물'이다. 뇌물을 주고 받음으로서 금전적 이익을 보는 사람과 이를 대가로 특혜를 제공하는 '거래'가 성립된다. 일반적으로 우리가 논의하는 부패들은 이렇게 거래의 형태를 취하고 있다. 전형적인 부패가 이와 같이 양 당사자가 상호작용하는 '거래형'의 특징을 지니고 있음에도, 그동안 부패방지를 위한 방안의 설계에서는 거래의 일방인 공무원에 대해서만 주로 논의가 진행되었다. 그런데 최근 들어와서 일반 시민들의 역할이나 책임성 문제가 논의의 대상으로 확장되고 있어 바람직한 흐름이라 할 수 있다.

(2) 사기형 부패

비거래형 부패인 공금 횡령, 개인적인 이익의 편취, 회계 부정 등은 거래를 하는 당사자가 없이 공무원에 의해 일방적으로 발생하는 부패의 유형이다. 상호작용이 발생하지 않는다는 점에서 '거래형'이라는 부패의 전형적인 특징이 발견되지 않는 유형이다. 이런 유형의 것들은 대개 「형법」에 규정되어 있어, 다른 유형의 경우와 비교했을 때 상대적으로 엄정하게 적발과 처벌이 이루어지고 있다.

4 부패의 원인과 대책

1) 부패의 원인

(1) 낮은 보수수준

빈곤은 관료들의 부패를 유발・조장하게 된다. 특히, 관료들의 욕구와 보수 간의 심각한 괴리현상이 빚어질 때 부패는 심화된다.

⑵ 자기신분이나 미래에 대한 불안감

미래에 대한 불확실, 신분불안은 자칫 한탕주의를 야기하게 되고, 미래에 대한 불안이 강할 때 그 강도는 커진다.

⑶ 전통적 · 후진적 행정문화

관존민비, 1차 집단을 중시하는 사인주의, 관의 민에 대한 시혜의식 등은 특혜와 차별적 태도를 야기시키며 이는 곧 부패행위가 된다.

⑷ 절차의 복잡성

절차의 복잡성(red tape)이나 수속의 까다로움은 고객의 입장에서는 시간낭비와 고통을 주게 되기에, 이를 회피하기 위해 고객은 뇌물(소위 급행료)을 지불하게 된다.

⑸ 정부주도형의 경제발전

정부주도형의 경제발전은 정치권력과 경제재력과의 밀착관계를 낳게 되고 이 과정에서 부패가 발생된다.

⑹ 통제장치의 불비(不備), 작동의 미흡

부패방지를 위한 내 · 외적 통제장치나 법 제도가 완비되어 있지 못하거나, 완비가 되어 있다고 하더라도 작동이 미흡하면 부패가 발생한다.

2) 부패의 방지대책

공무원의 부정부패를 방지하기 위에서는 부패의 원인을 제거하여야 하는데, 근본적인 대책으로는 처벌 위주의 사후 조치보다는 사전 예방의 노력이 중요하다.

⑴ 윤리의식의 함양

공무원 개인의 윤리의식을 제고하기 위한 노력이 있어야 한다. 즉, 관존민비(官尊民卑), 공직사유관 등 전근대적인 사고방식과 가치관을 국민을 섬기고 봉사를 한다는 근대적 가치관으로의 전환이 필요하며,

윤리교육을 통한 적극적 교화가 필요하다.

(2) 제도적 장치의 개선

부패방지를 위한 엄격한 규제장치를 마련하고 내부통제를 강화해야 한다. 즉, 강력한 처벌 수단의 마련, 재량권의 축소, 행정정보의 공개를 통한 투명성 확보 등이 필요하다. 또한, 현실과 괴리된 규제기준의 재조정, 행정규제의 완화, 근무여건의 개선 등 인사행정의 합리화가 필요하다.

(3) 외부통제의 강화

일반 시민의 가치관이나 사고방식이 변화되고, 의식수준이 제고되어 철저하게 부패를 감시하고 신고하는 노력이 강화되어야 한다.

5 부패방지 및 국민권익위원회의 설치와 운영에 관한 법률의 주요 내용

제55조【부패행위의 신고】 누구든지 부패행위를 알게 된 때에는 이를 위원회에 신고할 수 있다.

제56조【공직자의 부패행위 신고의무】 공직자는 그 직무를 행함에 있어 다른 공직자가 부패행위를 한 사실을 알게 되었거나 부패행위를 강요, 또는 제의받은 경우에는 지체 없이 이를 수사기관·감사원, 또는 위원회에 신고하여야 한다.

제57조【신고자의 성실의무】 신고자가 신고의 내용이 허위라는 사실을 알았거나 알 수 있었음에도 불구하고 신고한 경우에는 이 법의 보호를 받지 못한다.

제58조【신고의 방법】 부패행위를 신고하고자 하는 자는 신고자의 인적사항과 신고취지 및 이유를 기재한 기명의 문서로써 하여야 하며, 신고대상과 부패행위의 증거 등을 함께 제시하여야 한다.

제59조【신고의 처리】 ④ 위원회에 신고가 접수된 당해 부패행위의 혐의대상자가 다음 각 호에 해당하는 고위공직자로서 부패혐의의

내용이 형사처벌을 위한 수사 및 공소제기의 필요성이 있는 경우에는 위원회의 명의로 검찰에 고발을 하여야 한다.

1. 차관급 이상의 공직자, 2. 특별시장·광역시장 및 도지사, 3. 경무관급 이상의 경찰공무원, 4. 법관 및 검사, 5. 장관급 장교, 6. 국회의원

⑥ 위원회는 접수된 신고사항을 그 접수일부터 60일 이내에 처리하여야 한다. 이 경우 동조 제1항 제1호에 따른 보완 등을 위하여 필요하다고 인정되는 경우에는 그 기간을 30일 이내에서 연장할 수 있다.

제62조【신분보장 등】 ① 누구든지 이 법에 따른 신고나 이와 관련한 진술 그 밖에 자료 제출 등을 한 이유로 소속기관·단체·기업 등으로부터 징계조치 등 어떠한 신분상 불이익이나 근무조건상의 차별을 받지 아니한다(내부고발자 보호).

② 누구든지 신고를 한 이유로 신분상 불이익이나 근무조건상의 차별을 당하였거나 당할 것으로 예상되는 때에는 위원회에 해당 불이익처분의 원상회복·전직·징계의 보류 등 신분보장조치와 그 밖에 필요한 조치를 요구할 수 있다.

③ 누구든지 신고로 인하여 인·허가 등의 취소, 계약의 해지 등 경제적·행정적 불이익을 당한 때에는 위원회에 원상회복, 또는 시정을 위하여 인·허가, 계약 등의 잠정적인 효력유지 등 필요한 조치를 요구할 수 있다.

⑤ 위원회는 다음 각 호의 방법으로 제4항에 따른 조사를 할 수 있다.

1. 요구인, 또는 참고인에 대한 출석요구 및 진술청취, 또는 진술서 제출요구

2. 요구인, 참고인, 또는 관계 기관 등에 대하여 조사사항과 관련이 있다고 인정되는 자료 등의 제출요구

3. 요구인, 참고인, 또는 관계 기관 등에 대하여 조사사항과 관련이 있다고 인정되는 사실, 또는 정보에 대한 조회

⑥ 제5항 각 호의 요구·조회·조치를 받은 사람은 이에 성실히 응

하여야 한다.

⑦ 위원회는 조사결과 요구된 내용이 타당하다고 인정한 때에는 요구자의 소속 기관의 장, 관계 기관의 장, 또는 요구자가 소속한 단체·기업 등의 장에게 적절한 조치를 요구할 수 있다. 이 경우 위원회로부터 요구를 받은 소속 기관의 장, 관계 기관의 장, 또는 요구자가 소속한 단체·기업 등의 장은 정당한 사유가 없는 한 이에 따라야 한다.

第64조【신변보호 등】 ① 위원회 및 제59조 제3항에 따라 신고사항을 이첩받은 조사기관의 종사자는 신고자의 동의 없이 그 신분을 밝히거나 암시하여서는 아니된다.

② 신고자는 신고를 한 이유로 자신과 친족, 또는 동거인의 신변에 불안이 있는 경우에는 위원회에 신변보호조치를 요구할 수 있다. 이 경우 위원회는 필요하다고 인정한 때에는 경찰청장, 관할 지방경찰청장, 관할 경찰서장에게 신변보호조치를 요구할 수 있다.

③ 제2항에 따른 신변보호조치를 요구받은 경찰청장, 관할 지방경찰청장, 관할 경찰서장은 대통령령으로 정하는 바에 따라 즉시 신변보호조치를 취하여야 한다.

第66조【책임의 감면 등】 ① 이 법에 의한 신고를 함으로써 그와 관련된 자신의 범죄가 발견된 경우 그 신고자에 대하여 형을 감경, 또는 면제할 수 있다.

第68조【포상 및 보상】 ① 위원회는 이 법에 따른 신고에 의하여 현저히 공공기관에 재산상 이익을 가져오거나 손실을 방지한 경우, 또는 공익의 증진을 가져온 경우에는 신고를 한 자에 대하여 상훈법 등의 규정에 따라 포상을 추천할 수 있으며, 대통령령으로 정하는 바에 따라 포상금을 지급할 수 있다.

② 부패행위의 신고자는 이 법에 따른 신고로 인하여 직접적인 공공기관 수입의 회복이나 증대, 또는 비용의 절감을 가져오거나 그에 관한 법률관계가 확정된 때에는 위원회에 보상금의 지급을 신청할 수 있다. 이 경우 보상금은 불이익처분에 대한 원상회복 등에

소요된 비용을 포함한다.

제72조【감사청구권】 ① 19세 이상의 국민은 공공기관의 사무처리가 법령위반, 또는 부패행위로 인하여 공익을 현저히 해하는 경우 대통령령으로 정하는 일정한 수 이상의 국민의 연서로 감사원에 감사를 청구할 수 있다. 다만, 국회·법원·헌법재판소·선거관리위원회, 또는 감사원의 사무에 대하여는 국회의장·대법원장·헌법재판소장·중앙선거관리위원회 위원장, 또는 감사원장(당해 기관의 장)에게 감사를 청구하여야 한다.

③ 제1항에도 불구하고 지방자치단체와 그 장의 권한에 속하는 사무의 처리에 대한 감사청구는「지방자치법」제16조에 따른다.

제82조【비위면직자의 취업제한】 ① 공직자가 재직 중 직무와 관련된 부패행위로 당연퇴직, 파면, 또는 해임된 경우에는 공공기관, 퇴직 전 3년 간 소속하였던 부서의 업무와 밀접한 관련이 있는 일정규모 이상의 영리를 목적으로 하는 사기업체, 또는 영리사기업체의 공동이익과 상호 협력 등을 위하여 설립된 법인·단체에 퇴직일부터 5년 간 취업할 수 없다.

제90조【조치요구에 대한 불이행의 죄】 제62조 제1항에 따른 신분상 불이익이나 근무조건상의 차별을 한 자가 제62조 제7항(제67조에서 준용하는 경우를 포함한다)에 따른 조치요구를 이행하지 아니한 때에는 1년 이하의 징역, 또는 1천만 원 이하의 벌금에 처한다.

제91조【과태료】 ① 다음 각 호의 어느 하나에 해당하는 자는 1천만 원 이하의 과태료에 처한다.

1. 제62조 제1항(제67조에서 준용하는 경우를 포함한다)에 따른 신분상 불이익이나 근무조건상의 차별을 한 자
2. 제62조 제6항(제67조에서 준용하는 경우를 포함한다)을 위반하여 같은 조 제5항에 따른 요구·조회 및 조치에 응하지 아니한 자
3. 정당한 사유 없이 제62조 제7항(제67조에서 준용하는 경우를 포함한다)에 따른 위원회의 조치요구를 이행하지 아니한 자(제62조 제1항에 다른 신분상 불이익이나 근무조건상의 차별을 한 자를 제

외한다)

② 정당한 사유 없이 제42조에 따른 업무수행을 방해·거부, 또는 기피하거나 고의로 지연시킨 자는 500만 원 이하의 과태료에 처할 수 있다.

③ 제1항 및 제2항의 과태료는 대통령령으로 정하는 바에 따라 위원회가 부과·징수한다.

표 11-4 헌법상 독립기관

구 분	국 회	(대)법원	헌법재판소	중앙선거관리 위원회	감사원	
행정규제기본법 제외 대상	○	○	○	○	○	
인사청문대상	×	○(대법관)	○	×(호선)	○	+국무총리
국민감사 청구	×	×	×	×	×	당해 기관의 장
세출예산요구액 감액의견 청취	○	○	○	○	○	+국회에서 판단
고충민원의 각하	○	○	○	○	○	+지방의회

참고문헌

국내 문헌

강성철 · 김판석 · 이종수 · 진재구 · 최근열(2005, 2007, 2014). 「새인사행정론」. 서울: 대영문화사.

강인재 · 권해수 외(1998). 「행정사례문제」. 서울: 대영문화사.

강정대 · 황호영(1998). 「현대인적자원관리」. 서울: 박영사.

김렬(2014). 「인사행정론」. 서울: 박영사.

김종재 · 박성수(1995). 「인적자원관리」. 서울: 법문사.

김중양(1989). 「한국인사행정론」. 서울: 계명사.

———(1994). 「신고한국인사행정론」. 서울: 법문사.

———(2008). 「한국인사행정론」. 서울 : 법문사.

김흥기(1991). 「신고인사행정론」(개정판). 서울: 대왕사.

남진우(2015). 「에이스행정학」. 서울: 도서출판 에이스.

박동서(1984, 1994). 「인사행정론」. 서울: 법문사.

———(1988). 「한국행정론」. 서울: 법문사.

박연호(1984, 1990, 2001). 「인사행정신론」(개정판). 서울: 법문사.

———(1996). 「인사행정론」. 서울: 경문사.

박천오(2007). 우리나라의 공무원 징계와 퇴출. 「한국행정학보」. 7(1): 147-177.

박천오 · 강제상 · 권경득 · 조경호 · 조성한(2000). 「인사행정의 이해」. 서울: 법문사.

박천오 · 강제상 · 권경득 · 조경호 · 조성한 · 배귀희 · 박홍엽(2014). 「현대인사행정론」. 서울: 법문사.

박천오 외(2007). 「현대인사행정론」. 서울: 법문사.
백종섭(1992). 공무원단체 활동의 영향 요인에 관한 연구. 「한국행정학보」. 26(2): 389-406.
신유근(1989). 「인사관리」. 서울: 경문사.
안전행정부(2013). 「2013 지방공무원 인사실무」.
———(2014). 「2014 지방공무원 인사관련 지침」.
오석홍(1984). 「인사행정론」(전정판). 서울: 박영사.
———(1993, 2013). 「인사행정론」(신정판). 서울: 박영사
오성호(1997). 공무원의 능력 발전 진흥 방안: 행정개혁을 전제로 한 근무평정과 교육 훈련 제도의 개선. 「한국행정학보」. 31(4): 37-56.
유민봉(1997). 「인사행정론」. 서울: 문영사.
유민봉 · 박성민(2014). 「한국인사행정론」. 서울: 박영사.
유민봉 · 임도빈(2007). 「인사행정론」. 서울: 박영사.
유훈(1986). 「행정학개론」. 서울: 법문사.
이상윤(1994). 「인사행정론」. 서울: 대왕사.
———(2000). 「공무원 인사제도론」. 서울: 대왕사.
이선우(1999). 고위공무원단제도 도입과 활용 방안 모색. 「한국행정연구」. 7(4): 130-154.
이종수(2000). 「행정학사전」. 서울: 대영문화사.
이종수 · 윤영진(1993, 1997, 2008, 2012). 「새 행정학」. 서울: 대영문화사.
최종태(1981, 1986, 2008). 「현대인사관리론」. 서울: 박영사.
하상군 · 장문학(2009). 「행정학개론」. 서울: 대영문화사.
한영수 · 강인호(2009). 「인사행정론」. 서울: 형설출판사.
황대석(1986). 「인사관리」. 서울: 박영사.

국외 문헌

Bendix, R.(1974). *Higher Civil Servants in American Society: A Study of the Social Origins, the Careers, and the Power Position of Hight Federal Administrator*, Westport, Conn.: Greenwood Press.

Berman, E. M., J. S. Bowman, J. P. West & M. R. Van Wart.(2013). *Human Resource Management in Public Service: Paradoxes, Processes, and Problems*, Thousand Oaks, CA: Sage Publications, Inc.

Bhargava, V. K. & Emil P. Bologaita, Jr.(2004). *Challenging Corruption in Asia: Case Studies and a Framework for Action*. Washington, D. C.: The World Bank.

Bowey, Angela.(1974). *A Guide to Manpower Planning*. London: McMillan.

Byars, Lloyd L. & Leslie W. Rue.(1984). *Human Resource and Personnel Management*. Homewood, Ⅲ.: Richard D. Irwin, Inc.

Carter, I. F.(1989). Five Great Issues in Public Personnel Administration and Labor Relations, in Jack Rabin, W. Bartley Hildreth, and Gerald J. Miller(eds.), *Handbook of Public Administration*, NY: Marcel Dekker, Inc.

Cayer, N. Joseph.(2004). *Public Personnel Administration*. Belmont, CA.: Wadsworth.

Dresang, D. L.(1991). *Public Personal Management and Public Policy*. 2nd ed. New York: Longman.

Gould, David J.(1983). *The Effects of Corruption on Administration Performance: Illustration from Developing Countries, in World Bank Staff Working Papers(No. 580)*. Washington, D. C.: The World Bank: 1-41.

Hays, Steve W. & T. Zane Reeves.(1989). *Personnel Management in the Public Sector*. Dubuque, Iowa: Brown Publishers.

Hays, S. W., R. C. Kearn & J. D. Coggburn.(2009). *Public Human Resource Management: Problems and Prospects*, NY: Prentice Hall.

Ingraham, P. W. & S. Kim.(2012). *Public Sector Human Resource Management*. Volume 1-4, Sage Publications.

Kaufmann, Danial.(1997). Corruption: The Facts. *Foreign Policy*: 114-131.

Keefer, P. & S. Knack.(1997). Why Don't Poor Countries Catch up?: A Cross National Test of an Institutional Explanation. *Economic Inquiry 35(3)*: 590-602.

Klinger, D. E. & J. Nalbandian(2003). *Public Personnel Management: Contexts and Strategies*, Upper Saddle River, NJ: Prentice Hall.

Leap, Terry L. & Michael D. Crino.(1989). *Personnel/Human Resource Management*. Macmillan.

Lee, Robert D.(1993). *Public Personnel Systems*, Gaithersburg, Maryland: Aspen Publishers, Inc.

Massey, Andrew.(2011). *International Handbook on Civil Service Systems*, Cheltenham, UK: Edward Elgar.

Mosher, Frederick C.(1968). *Democracy and the Public Service*, NY: Oxford University Press.

Nigro, L. G., F. A. Nigro & J. E. Kellough.(2014). *The New Public Personnel Administration*, Boston: Wadsworth, Cengage Learning.

Nye, J. S.(1979). Corruption and Political Development: A Cost-Benefit Analysis, in

Bureaucratic Corruption in Sub-Saharan Africa, edited by Monday V. Expo. Washington: University Press of Africa, Inc.

Procter. A.(2010). *Principles of Public Personnel Administration*, Nabu Press.

Pynes, Joan E.(2004). *Human Resources Management for Public and Nonprofit Organization*. San Francisco, CA.: Jossey-Bass.

Riccucci, R. M.(2012). *Public Personnel Management: Current Concerns, Future Challenges*, Boston: Longman, Inc.

Riley, Dennis D.(1993). *Public Personnel Administration*. New York: Harper Collins College Publishers.

Stahl, O, Glenn.(1983). *Public Personnel Administration*, NY: Harper & Row, Publishers.

Tompkins, Jonathan.(1995). *Human Resource Management in Government*. N. Y.: Harper Collins College Publishers.

Van Riper, Paul P.(1958). *History of the United States Civil Service*, NY: Harper & Row, Publishers.

Werner, S. B.(1983). New Direction in the Study of Administrative Corruption. *PAR*. 43(2): 146-154.

White, Leonard D.(2003). Strikes in the Public Service, in Frank J. Thompson ed., *Classics of Public Personnel Policy*(3rd edition). Belmont, CA: Wadsworth/Thomson Learning.

찾아보기

ㅇ

ㅈ

ㅊ

ㅋ

ㅌ

하상군

단국대학교에서 행정학 박사학위(논문: "한국의 지방자치단체조합에 관한 연구")와 동국대학교에서 경찰학 박사학위를 취득하여(논문: "경찰 사회자본이 직무만족과 조직성과의 인식에 미치는 영향"), 금강대학교 행정학과 교수를 거쳐 현재는 한양여자대학교 교수로 재직하고 있다. 부산대학교 지역개발연구소 수석연구원을 역임하고, 행정학 원론과 도시행정, 자치경찰학 분야가 주된 관심 분야이며, 행정학과 경찰학의 학문적 융합에 주된 학문적 초점을 두고 있다.

주요 경력으로는 대전지방경찰청 시민감찰위원, 한국지방행정연구원 위촉연구원, 한국법률행정연구원 교수, 한국지방자치발전연구원 학술분과 전문위원, 원광디지털대학교 교수, 전남대, 충북대, 창원대, 한림대, 대전대, 경남대, 공주대, 동양대 특강교수 등을 역임했다.

주요 저서로는 『행정학개론』(2013), 『지방자치행정론』(2013), 『경찰학개론』(공저, 2013), 『지방행정론』(공저, 2011), 『행정학개론』(2007), 『도시 및 지방행정』(2002), 『행정학 도해』(공저, 1997) 등이 있고, 주요 논문으로는 "경찰공무원의 동기요인에 대한 인식이 직무열의에 미치는 영향"(2014), "공공 갈등의 합리적 관리를 위한 방안 연구"(2014), "한국 경찰사의 변천에 관한 연구"(2014), "해양경찰공무원의 공공서비스동기(PMS)와 직무만족, 조직몰입과의 영향관계"(2013), "경찰 사회자본과 개인 및 조직성과와의 관계에 관한 지역별 차이 검증"(2013), "지방보훈청의 기능재편과 발전방향"(2012), "해양경찰의 발전방안에 대한 탐색적 연구"(2011), "경찰거버넌스의 한국적 모형 정립방안"(2010), "경찰조직의 TQM 적용방안에 대한 조직론적 접근"(2009), "민영교도소의 이론적 토대와 적실성 검토"(2009), "경찰공무원의 경력몰입 결정 요인에 관한 연구"(2008), "지방 준정부조직 표류 과정의 효율성 분석"(2007), "행정조직의 변형 경로에 관한 연구"(2006), "준정부조직의 생성 · 변형 · 소멸에 관한 기초 연구"(2005), "지방자치단체의 자체감사 기능 개선 방안"(2004), "변형 공기업에 대한 국제 간 비교 연구"(2003), "지방자치단체 간 외부성 갈등의 극복 방안"(2001) 등이 있다.

인사행정론

펴낸날 제1판 제1쇄 2015년 12월 21일
지은이 하상군
펴낸이 임춘환
펴낸곳 도서출판 대영문화사
주소 서울특별시 용산구 청파로 61길 5(청파동 1가) 제일빌딩 2층
등록 1975년 12월 26일 제3-16호
전화 (02)716-3883, (02)714-3062
팩스 (02)703-3839
홈페이지 http://www.dymbook.co.kr

ISBN 978-89-7644-539-1
값 15,000원